Y Goleuad   John Aelod.   Mawrth '96

DIC TŶ CAPEL

LLYFRAU ERAILL YNG NGHYFRES Y CEWRI

1. DAFYDD IWAN
2. *AROGLAU GWAIR,* W. H. ROBERTS
3. ALUN WILLIAMS
4. *BYWYD CYMRO,* GWYNFOR EVANS
5. WIL SAM
6. *NEB,* R. S. THOMAS
7. *AR DRAWS AC AR HYD,* JOHN GWILYM JONES
8. *OS HOFFECH WYBOD,* DIC JONES
9. *CAE MARGED,* LYN EBENEZER
10. *O DDIFRI,* DAFYDD WIGLEY (Cyfrol 1)
    DAL ATI, DAFYDD WIGLEY (Cyfrol 2)
11. *O GROTH Y DDAEAR,* GERAINT BOWEN
12. *ODDEUTU'R TÂN,* O. M. ROBERTS
13. *ANTURIAF YMLAEN,* R. GWYNN DAVIES
14. *GLAW AR ROSYN AWST,* ALAN LLWYD

CYFRES Y CEWRI 15

DIC TŶ CAPEL

RICHARD JONES

Gwasg
Gwynedd

Argraffiad Cyntaf — Tachwedd 1995

ISBN 0 86074 122 2

Cyhoeddwyd ac Argraffwyd
gan Wasg Gwynedd, Caernarfon

ER COF AM
'NHAD A MAM

Cynnwys

Cip Drwy'r Niwl 9
Tŷ Capel 12
Plant Tŷ Capel 17
Ble'r oedd Tŷ Capel? 24
Fy Mam 37
Fy Nhad 42
Bwyd a Dillad 49
Capel Bach 55
Inffans a Rŵm Ganol 61
Y Rŵm Fawr 68
Difyrrwch Plant 76
Rhwng Mynd i'r Ysgol 86
Ysgol Ramadeg Caergybi 101
'Oes 'ma bobol?' 116
Amser Rhyfel 129
Perthnasau 141
I'r Coleg 151
Awyrlu 159
Be' Wna i Rŵan? 181
Llanfechell 197
Ysgol Llanfechell 211
Madael 226
Sut ma'i ers talwm? 232
Ymddeol 238

Cip Drwy'r Niwl

Pan oedd y cloddiau'n uchel, y coed ysgaw'n dal, gallt Coparét yn serth, Afon Alaw yn llydan a'r ffordd i'r ysgol yn faith, 'roedd cyrraedd adref a gorwedd ar y mat racs o flaen y tân bron cystal â swatio ar lin Mam, oherwydd yn amlach na heb ni fyddai Mam yno. 'Roedd hi yn y 'lle cefn' yn golchi a gwneud bwyd i'r giang, neu oddi cartref yn un o ffermydd neu dai 'pobol fawr' yr ardal yn slafio i ennill rhyw ddeuswllt y dydd i fagu'r teulu.

Oddi ar y mat racs y cododd Mam fi i'w breichiau i'm mwytho rhyw dro pan oeddwn yn torri fy nghalon. 'Ma' 'na ddwy hogan fawr wedi deud 'mod i'n mynd i farw,' ochneidiais.

'Roedd fy nhad, wrth ddod o'i waith yn yr Erw Fawr wedi gweld Afon Ffatri yn torri dros ei glannau i fynwent Pont yr Arw, a phawb yn y tŷ wedi dychryn wrth glywed am y fath beth. Drannoeth, mae'n debyg, euthum ar fy mhen fy hun bach i weld y dŵr yn y fynwent ac, ar ôl cyrraedd, 'roedd dwy hogan fawr yno.

'Ew, bychan wyt ti!' meddai un.

'Fasa ti'n lecio bod gymaint â ni?' gofynnodd y llall. 'Safa ar ben y pentwr pridd 'na a mi fyddi di'n fwy wedyn.'

Tra oeddwn i'n torsythu ar ben y pentwr pridd, chwarddodd un hogan fawr, 'Mi wnei di farw rŵan achos bod chdi 'di sefyll ar ben bedd. Ma' 'na rywun wedi marw o dan y pridd 'na, a ti'n sefyll arno fo. Fyddi di'n marw rŵan.'

Yn sŵn chwerthin y ddwy rhedais yr holl ffordd adref a gorwedd i farw ar y mat racs nes codwyd fi i ddweud yr hanes ar fraich Mam. 'Does gen i ddim syniad faint oedd fy oed yr adeg honno — rhyw dair neu bedair efallai. Er bod y ddwy hogan fawr yn dod o'r pentref nid oeddwn yn eu hadnabod gan mai'r unig bobl y deuthum i gysylltiad â hwy yn fy mywyd hyd hynny oedd fy nheulu gartref a phobl a fyddai'n galw yno, pobl y capel ac Evie Glan Llyn, fy nghyfaill cyntaf.

Mae'n debyg mai tua'r un adeg y cefais fy nhylcio i ffos gan fwch gafr Towyn Gwyn ar fy ffordd i lan y môr gyda brawd a chwaer hŷn na mi. 'Roedd Lena a Llew wedi medru dringo i ben clawdd rhag yr ymosodiad, tra gwaeddwn innau mewn ofn yn y ffos nes aeth y bwch gafr i ffwrdd.

Nid wyf yn cofio ychwaith pryd na phwy a'm hachubodd rhag boddi. 'Roeddwn wrth fy modd yn chwarae llongau bach gyda darnau o bren yn y gasgen o flaen y stabal. Y tro hwn 'doedd ond hanner llond y gasgen o ddŵr, ac wrth geisio estyn y llongau bach o'r dŵr syrthiais i mewn ar fy mhen. Dyna'r dychryn mwyaf a brofais erioed. Dan ddŵr tywyll y gasgen, heb lais i weiddi, llanwyd fy ffroenau fel petae rhyw annwyd dychrynllyd yn fy mygu. Mae'n dda fod yna gymaint o bobl yn Tŷ Capel. 'Roedd rhywun yn siŵr o fod wrth law o hyd, a thynnwyd fi o'r gasgen gerfydd fy nhraed i grio am hydoedd yn fy nychryn. Pan ddeuthum ataf fy hun cefais chwip-din am chwarae yn y gasgen, a dyna hi'n ail blwcs o grio!

'Rydym yn cofio'r pethau hynny a wnaeth argraff ddofn arnom mewn rhyw fodd ond heb fedru hoelio amser ar y digwyddiad rhywsut. Beth bynnag, gallaf roddi amseriad, a'm hoedran, i'r cof cyntaf sydd gennyf. 'Roedd fy nhaid Glan Llyn yn wael iawn, a byddai Mam, a oedd yn disgwyl ei nawfed plentyn, yn mynd yno i helpu ei mam hefo Taid yn ei waeledd. A minnau ond dwyflwydd oed, llusgai fi hefo hi i bobman.

Yn y llofft lle'r oedd Taid yn wael yr oeddwn i. 'Roedd Mam wedi cael darnau o goed o wahanol faint a ffurf o blith y siafins ar lawr gweithdy'r saer i mi gael chwarae hefo nhw ar sil y ffenestr. Yn sydyn, dyma waedd Taid o'm hôl, 'Welwch chi nhw? Welwch chi nhw?' Troais a gweld Taid yn eistedd yn y gwely ac yn pwyntio tua'r nenfwd. Edrychais innau a gweld dim. 'Wela'i monyn nhw wir, Taid bach,' atebais yn ddiniwed.

'Roedd Mam ar ben y grisiau ar ei ffordd frysiog i'r llofft pan glywodd fi'n ateb. Yn ôl Nain, gweld angylion yr oedd Taid. Bu farw'n fuan wedyn yn Awst 1928.

Tŷ Capel

Pan oedd Mam yn forwyn yng Ngheido Llannerch-y-medd caniateid iddi fynd adref i Dŷ Capel Ty'n y Maen, Llanfugail ddwywaith yr wythnos. Os digwyddai fod wedi nosi arni'n dychwelyd i Geidio byddai'n rhaid i un o'i brodyr ei hebrwng yn ôl, gan fod y daith ar droed yn faith, o leiaf dair milltir ar draws Cors y Bol, sydd dan ddyfroedd Llyn Alaw erbyn hyn. Ar un o'r achlysuron hynny yr hebryngwyd hi gan ei brawd Gruffydd, a galwodd y ddau yn siop 'Ginger Beer', Llanddeusant. Yno, tynnodd Gruffydd sgwrs â dyn ieuanc a oedd newydd ei gyflogi ar fferm Llynon Bach. 'Roedd Mam ar gwr y sgwrs yn gwrando bob yn ail â pheidio. Wedi i Gruffydd a Mam adael i fynd ymlaen am Geidio, dechreuodd Mam ei holi: 'Pwy oedd hwnna oedd yn cymryd arno bod mor dduwiol yn fan'a rŵan?'

'Nid cymryd arno 'roedd hwnna yldi. Mae hwnna'n ddyn agos iawn i'w le ac wedi cael diwygiad Evan Robaits. Mi fasa'n werth i ti'i glywed o ar ei liniau,' meddai Gruffydd.

Ymhen ychydig wythnosau, William Jones, y gwas fferm hwnnw oedd yn danfon Mam o'i chartref i Geidio. Yn fuan wedyn symudodd Mam i fod yn forwyn yn Nhremoelgoch Fawr. Yn 1909 priodwyd William Jones a Mary Ellen Owen yng Nghaergybi a buont yn byw am ychydig fisoedd yn Nhŷ Capel Ty'n y Maen gyda rhieni Mam cyn mynd i Dŷ Capel Llanfachraeth ym mis Tachwedd 1910 ar nos

Lun cyfarfod gweddi. Cymerodd fy nhad ran gyhoeddus yn y cyfarfod gweddi hwnnw.

Methodus oedd fy mam a Wesle oedd fy nhad ond buont yn ddigon ffodus i gael Tŷ Capel yr Annibynwyr, Llanfachraeth, fel eu cartref cyntaf a'u hunig gartref wedyn am eu hoes. Bu iddynt ddeg o blant, pedair merch a chwech o fechgyn ac, fel petae hynny ddim digon o drafferth, cymerodd Mam fab llwyn a pherth ei chwaer atom, sef Glyn, wedi marw Nain. A hithau'n hen ac yn weddw, aethai Nain druan ar ofyn y *living officer* am gymorth y plwy' i fagu Glyn. Yn galon-galed ac fel petae'n ei roi o'i boced ei hun caniataodd hwnnw y swm crintachlyd o chwe cheiniog yr wythnos i'r hen wraig i fwydo a dilladu hogyn ar ei dyfiant.

Tŷ cegin a pharlwr a 'lle cefn' oedd y tŷ capel, gyda dwy lofft iddo hefyd. Yn un llofft cysgai Mam a'r merched ac yn y llofft fwy yn y cefn y cysgai 'Nhad a'r hogiau lanciau. O galico y gwnaed nenfydau'r llofftydd ac yr oedd pwysau haen ar haen o bapur papuro ers 1832 wedi eu gwneud yn foliog yn y canol. Calico ar ffrâm bren oedd y parwydydd hefyd. Bu raid clytio twll yn y pared rhwng y llofft ffrynt a'r llofft gefn unwaith wedi i ddwrn un ohonom fethu'r targed mewn 'sgarmes.

Byddai'r gegin yn wastadol lawn o deulu a chymdogion, a rhyw fynd a dod rownd y rîl. 'Roedd yna decell yn canu beunydd ar bentan cul y lle tân yn y gegin ac ar y pentan llydan yr ochr arall uwch ben y popty 'roedd rhes o sosbenni i fwydo'r cegau parod. 'Roedd y lle tân wedi i Mam ei flacledio 'yn sgleinio fel ceillia' ci yn yr haul', chwedl nain Rhyd-wyn unwaith.

Soffa, setl a chadeiriau pren, bwrdd a dresel oedd

dodrefn y gegin, a'r mat racs o flaen y tân, wrth gwrs. O gylch y lle tân 'roedd haen o *coal tar*, ac er gwaethaf siars Mam cyn gadael y tŷ i ni beidio â chwarae hefo'r tân, unwaith y byddai'n troi ei chefn dyna'n union a ddigwyddai! Byddem yn rhoi'r procer yn y tân nes y byddai'n eirias ac yna yn ei stwffio i'r côl tar i wneud tyllau a swigod.

Wedi i'r plant lleiaf ohonom gael ein hanfon i'r ciando o'r ffordd codem o'r gwely'n ddistaw bach i eistedd ar ben y grisiau i wrando ar lond cegin o sgwrsio melys, nes i gymylau o faco Amlwch beri i un ohonom besychu ac yna ras o flaen y wialen fedw i wely pesgwyn (peiswyn) yn y llofft gefn gyfyng. Yn y gwely pesgwyn y chwysem yn yr haf a chael ein deffro ar ambell noson yn yr hydref gan bigiad ysgallen ymysg y pesgwyn ffres o fol y dyrnwr.

Ar y Sul, i bregethwyr yn unig yr agorid drws y parlwr. Er loes i Mam, 'roedd dau neu dri o grafiadau hanner cylch ar y drws hwnnw lle'r oedd y bwrdd 'lings' wedi gwisgo'i symudiadau i'r paent. Cefais aros ar fy nhraed ychydig yn hwyrach droeon i eistedd ar y mat bach o dan y bwrdd lings, i godi'r rhai a fethodd eu targed.

Yn y lle cefn cul 'roedd nifer o silffoedd i ddal bwyd er na welais fawr ddim wrth gefn arnynt erioed gan fod y porthiant yn cael ei sglaffio gennym fel y byddai Mam yn ei gario o'r siop. Yn y lle cefn y byddai'r eillio a'r ymolchi yn digwydd.

Byddai'n gas gennyf weld Mam yn tynnu'r mat racs o'i le o flaen y tân oherwydd gwyddwn mai'r gorchymyn nesaf fyddai, 'Tyn' dy ddillad iti gael 'molchi drostat.' Byddai hynny'n digwydd yn rhy aml o lawer gen i a cheisiwn ddadlau mai tro Llew neu dro Mair fyddai hi i ddioddef y dŵr gor-gynnes ond gwyddai Mam yn iawn tro pwy fyddai hi i fynd i'r twb sinc o flaen y tân.

Fel y cynyddai'r teulu crebachai Tŷ Capel. Yn 1832 yr adeiladwyd y capel, gyda'r tŷ 'yn cyffwrdd â'r synagog' chwedl Luc am dŷ Jwstus, ac yna'r stabal dalcen-yn-dalcen â'r tŷ. 'Roedd dwy stâl yn y stabal ar gyfer ceffyl y pregethwr a cheffyl rhyw aelodau eraill a ddôi o bell i addoli. Tu ôl i'r stabal 'roedd cwt mochyn a thu draw i hwnnw 'roedd tŷ bach a sedd i ddau ynddo. Ni fuasai'n ormod bod wedi cael sedd i dri neu bedwar yno. Pe clywem rywun yn gwahodd arall i'r fynd i'r 'peti' (fel y galwem ef) mynd yno y byddai'r ddwy neu'r ddau yn amlach na heb i rannu cyfrinach yn ogystal ag i ateb galwad natur. Ar hanner y seiadau weithiau deuai llais cyhuddol clustfeiniwr annisgwyl o'r tu allan i'r drws yn gweiddi "Dwi 'di clywed y cwbwl. Ha! Ha!'

O flaen y capel 'roedd y 'cowt capel' bychan a'i giât lydan i'r ffordd. 'Doedd wiw i ni adael i'n tad ein dal yn chwarae yn y cowt capel sanctaidd. 'Roedd gardd flodau o flaen y tŷ capel a chowt mawr o flaen y stabal. Tu ôl i'r adeiladau 'roedd yr Ardd Uchaf, y Forder a'r Ardd Fawr yn dwyn eu cnydau blynyddol o datw, riwbob a chwsberis. Ar fin yr Ardd Fawr 'roedd hen furddun Tŷ Lawr a'i erddi helaeth. Cafodd fy nhad ganiatâd y saint i blannu tatw yn y gerddi hynny hefyd gan mai'r capel oedd piau'r Tŷ Lawr. Yn ogystal â thatw'r gerddi cawsai blannu rhes yng nghae tatw'r Erw Fawr lle gweithiai, ac felly Ifor yn Fferm Goch hefyd.

Tua Moddion Diolchgarwch am y cynhaeaf cesglid y tatw o'r gerddi a'r caeau i gyrnen yn yr Ardd Fawr. Gwneid y gyrnen drwy balu twll crwn tua theirllath ar ei draws a dwy droedfedd o ddyfnder, ac yn ei leinio â gwellt cyn bwrw'r holl datw iddo nes oeddynt yn codi fel pyramid uwch lefel y ddaear. Rhoddid gwellt i orchuddio'r tatw ac yna drwch o bridd dros y cyfan. Pan ofynnai Mam i mi nôl pwcedaid o datw o'r gyrnen byddwn wrth fy modd yn gwthio fy llaw drwy orchudd y storfa nes oedd fy mraich o'r golwg yn palfalu am y tatw. Diflannodd y pleser hwnnw pan ddywedodd Ifor yn bryfoclyd y gallai fod yno lygoden fawr. Oedd 'roedd y gyrnen datw'n gynhaliaeth i deulu mawr Tŷ Capel dros y gaeaf.

Plant Tŷ Capel

Yng Nhŷ Capel Ty'n y Maen, cartref rhieni fy mam, y ganed y ddau hynaf o'n brodyr a'n chwiorydd.

Ganwyd Lisi Elin yn Chwefror 1910 ac yn ôl pob hanes hiraethus gan Mam ac eraill 'roedd hi'n eithriadol o ddeallus a hen-ffasiwn o'i hoed. Wedi gwaeledd difrifol o'r pâs, niwmonia a'r frech goch ar ei thafod bu Lisi bach farw ym Mehefin 1913 yn deirmlwydd oed ac wrth gwrs bu hynny'n loes fawr i 'Nhad a Mam.

Ganwyd Huw Richard ym Medi 1911. Wedi gadael yr ysgol yn 1925 dilynodd fy nhad fel gwas fferm yn canlyn ceffylau. 'Roedd ei allu rhwng cyrn y gwŷdd i dynnu cwys union wedi ennill edmygedd cylch eang. Byddai Huw yn darllen y *Daily Herald* bob dydd, yn Sosialydd eithafol, yn bêl-droediwr da, yn ymladdwr ffyrnig ac yn 'hen ben'. Pan oedd ef, Ifor, Glyn a 'Nhad yn gweithio ar un fferm, Huw oedd yr achos i'r pedwar golli eu gwaith yno. Mynnai'r ffermwr a'u cyflogai iddynt fynd i'r caeau i aredig un bore a hithau'n pistyllio bwrw glaw. 'Roedd fy nhad am ufuddhau ond safodd Huw yn nrws y stabal i wahardd mynd â'r un ceffyl allan. Aeth yn ffrwgwd geiriol rhyngddo ef a'r ffermwr, a'r *Daily Herald* a orfu. Yna aeth yn edliw a bygwth, a dwrn Huw dan ên y ffermwr a dorrodd y ddadl. Cafodd fy nhad ei waith yn ôl ymhen rhyw deirawr ond 'doedd dim ond y fyddin neu'r dôl yn wynebu'r tri arall. Priododd Huw ym Medi 1939 â Minnie Williams, merch o Gaergybi ac un o ffyddloniaid yr Eglwys ym Morawelon. Mae iddynt un ferch, Yvonne.

Er bod 'Nhad a Mam yn byw yn Nhŷ Capel yr Annibynwyr yn Llanfachraeth ers 1910 Ifor oedd eu plentyn cyntaf i gael ei eni yno, ym Mai 1915. Gadawodd Ifor Ysgol y Cyngor yn 1929 i weithio ar fferm. Bu'n gweithio hefyd i adeiladwyr, ac 'roedd o'n ddigon ffetus i droi ei law at rywbeth ac yn od o dwt yn ei waith. Yn amlach na heb Ifor fyddai'r diwethaf i ddod i'r tŷ ac i fynd i'w wely. Fo hefyd fyddai'r diwethaf i godi o'i wâl. 'Roedd o'n ddifrifol o ddiog yn y bore, ac mor wahanol i Huw oedd mor 'wreciol' yn y bore, chwedl Mam. 'Roedd o'n un da am wneud llun â phensel, yn bêl-droediwr reit dda, yn un da am ddweud stori ac yn fachog ei sylwadau. Ni symudodd fawr ddim erioed o'i filltir sgwâr. Cafodd Grês ac yntau ddwy ferch, Janet a Dawn.

Ganwyd Bessie yn Chwefror 1918. Gadawodd Ysgol y Cyngor dri mis cyn ei bod yn bedair ar ddeg oed, ac aeth i weini i'r Bedo am bedwar swllt yr wythnos. Codai tua chwech o'r gloch y bore i ddanfon llefrith ar feic i gartrefi yn y pentref. Derbyniodd lythyr oddi wrth Anti Sali yn cynnig lle da iddi yn forwyn i gyfreithiwr yn Rochdale, a daeth Mrs Clegg, gwraig y cyfreithiwr, a'i mab Sydney i nôl Bessie. Pedair ar ddeg oedd hi pan aeth i Rochdale yn Nhachwedd 1932. Ei chyflog yno oedd chweugain yr wythnos (50c heddiw). Yn ystod rhyfel 1939-45 bu raid iddi fynd i weithio i ffatri gwneud bwledi am gyflog o £3.15.0 yr wythnos (£3.75), a'i chyfarwyddo, *'You're joining th'union. Tanner a week.'* Priododd yn 1942 â Jack Coupe, brodor o Rochdale a chawsant dri o blant, Richard, Emrys a Menna. Wedi'r rhyfel daethant i fyw o Rochdale i Lanfachraeth a chafodd Bessie ysgariad oddi wrth ei gŵr yn y chwedegau.

Ganwyd Arthur 'Bach' yn Chwefror 1920, a bu yntau farw yn bymtheng mis oed a chladdwyd ef gyda Lizzie yn Llanfugail.

Lena, neu Ellen Jane, wrth ei henw bedydd, a anwyd nesaf, ym Mawrth 1922. Collodd Lena lawer iawn o'i hysgol oherwydd gwaeledd a phan âi i'r ysgol dioddefai lawer gan dafod edliwgar Robert Pritchard am ei habsenoldeb. Bu'n gymorth mawr i Mam gyda'r gwaith tŷ di-ben-draw yn ein cartref, yn enwedig gan fod Mam yn gorfod mynd allan i weithio i gael dau ben llinyn ynghyd. A hithau eto'n ddim ond hogan ysgol dysgasai Lena wneud teisen. Pan fyddai Mam yn gweithio mewn rhyw ffermdy neu'i gilydd arferem swnian ar ein chwaer i wneud teisen i ni. Cadwai Ifor ieir yng ngardd Tŷ Lawr ac o'i gwt ieir yno y câi Lena'r wyau i'w theisennau, hyd nes i Ifor amau tlodi cynhyrchiol ei stoc a gosod clo ar ddrws y drysorfa wyau. 'Roedd yna dwll yn nrws y cwt er mwyn i'r ieir fedru mynd a dod drwyddo. A minnau'n fychan o gorff, cefais fy stwffio drwy'r twll i ddwyn wyau i Lena.

Un tro wedi i mi roi fy llaw i chwilota am wyau yn y nythod tywyll teimlais ryw gosi rhyfedd, a sylwi wedi dod i olau'r ffenestr wifren-neting, fod 'miliynau' o chwain ieir drosof i gyd. Ni allwn ddod allan o'r cwt yn ddigon buan, tynnu amdanaf yn noethlymun groen ar yr ardd a fflantian fy nillad yn y gwynt cyn mynd i gasgen ddŵr dros fy mhen i foddi'r chwain. Bu raid i Ifor dderbyn y ffaith nad oedd yr ieir yn dodwy cystal ac o ganlyniad aeth y ceiliog druan i'r sosban yn swper Nos Wener. Cafodd y ceiliog newydd ganmoliaeth y dylasid bod wedi ei phriodoli i'r chwain ieir!

Bu Lena'n gweini hefyd fel morwyn mewn ambell le yn y cylch cyn priodi ag Owen Richard Jones o Gaergeiliog yn Ionawr 1941. Ganed mab a merch iddynt, Arthur a Marian. Eu cartref cyntaf oedd Ucheldref Uchaf, Llanddeusant ond ni fuont yno'n hir gan fod bwgan yn aflonyddu arnynt. Arferai'r bwgan riddfan ac ochneidio dros y tŷ gefn trybeddion nos. Pan arhosodd fy nhad yno un noson a chysgu ar y soffa yn y gegin fe welodd ddynes yn ei gwyn yn diflannu drwy'r drws ddwywaith!

Canlyn ceffylau hefyd oedd gwaith Dic, gŵr Lena, a byddai darparu anifeiliaid i'w dangos mewn preimin yn bleser iddo. Byddai croeso cynnes bob amser ar aelwyd Dic a Lena, a Dic yn ei elfen pan alwai rhywun heibio am sgwrs, ond 'roedd ganddo ei bobl. Lluniais englyn coffa iddo pan fu farw:

Dic annwyl 'di noswylio — wedi oes
O d'wysu a slafio;
I'r hoff was daeth gorffwyso
Wedi'i gwys flinedig o.

Llew, a fedyddiwyd yn William Llewelyn Jones, oedd y seithfed plentyn ac fe'i ganwyd ef ym Medi 1923. Llew oedd y cyntaf o'r tylwyth i fynd i'r Cownti Sgŵl, gan fod amgylchiadau'r teulu yn gwella rhyw ychydig. Nid diffyg gallu fu'n gyfrifol am i rai o'r brodyr a chwiorydd hŷn beidio â mynd i'r Cownti ond prinder ceiniog. Wedi gorffen yn y Cownti cafodd Llew waith fel clerc yng ngorsaf Caergybi nes galwyd ef i'r Awyrlu yn 1942. Bu'n gwasanaethu yn Burma yn ystod y rhyfel. Pan ddaeth adref aeth i goleg Llandrindod i'w gymhwyso'i hun yn athro ysgol. Wedi cyfnod yn ysgol Niwbwrch aeth i Ysgol Gyfun

Caergybi lle bu'n bennaeth yr Ysgol Uwch am bron i ugain mlynedd hyd ei ymddeoliad yn 1983.

Yn 1951 priododd Llew â Margaret Mona Williams, merch y Rhingyll Edward Williams o'r heddlu, a adwaenid gydag ofn a pharch fel 'Llannerch-y-medd'. Athrawes oedd Margaret, a dawn arlunio arbennig ganddi. Un mab, sef Gerallt, sydd gan Llew a Margaret.

Ar y degfed o Ebrill 1926 y'm ganed i, a chael rhan o enw fy mrawd hynaf — Richard.

Ganwyd Mair Christiana yn Rhagfyr 1928. Helpu Mam gartref a gweini yma ac acw fu hanes Mair hefyd. Hi fyddai yn ysgrifennu ataf amlaf pan oeddwn i ffwrdd am ddwy flynedd a hanner gyda'r Awyrlu. Byddai'n dyfynnu barddoniaeth yn ei llythyrau bob tro. Priododd â Thomas Richard Hughes o Gemais yn 1953 a chawsant ddau o blant, sef Goronwy a Phrydwen.

'Roedd Twm druan yn gymeriad a hanner, a chefais lawer o hwyl yn ei gwmni. Gydag ef y bûm yn tryfera samon ar Afon Alaw gyda lamp hyd oriau mân y bore, a rhew cefn gaeaf yn weldio'n bysedd yn un â beth bynnag a fyddai yn ein dwylo, boed lamp, bysgodyn neu dryfer. 'Roedd croeso yn llifeirio o Twm bob amser gyda'i 'Ew, ma'n dda gin i'ch gweld chi, hogia'!' Trueni oedd iddo farw o wendid ar ei galon ac yntau'n ddim ond 46 oed, a Mair druan yn ei ddilyn yn fuan o'r cancr, a hithau'n ddim ond hanner cant. Ym mynwent drawiadol-hardd Llanbadrig, ar glogwyni uwch ben y môr, y claddwyd y ddau. Mae englyn a luniais i'w cofio ar eu carreg fedd yno:

Egni y ddau a'u dygnwch — a heriai
Bob cur ac eiddilwch;
Gorwedd eu cyfeillgarwch
Heini a llon yma'n y llwch.

Ym Medi 1930 y ganwyd Owen John, tin nyth y teulu mawr. Wedi gorffen yn ysgol y cyngor aeth i weithio ar ffermydd am beth amser. Treuliodd y rhan fwyaf o'i dymor gwaith yn gyrru lori i Gyngor Gwledig y Fali ac yna i Gyngor Bwrdeisdref Môn. Priododd ag Annie Mary Williams o'r un pentref yn 1959 ac mae iddynt un ferch, sef Carol.

Gwedd bryd golau oedd i 'Nhad, a Mam yn bryd tywyll, a rhannwyd y plant hefyd mewn pryd a gwedd yn olau a thywyll. Weithiau, byddai'r gwahaniaeth yma — Du a Gwyn y galwem y ddwy garfan — yn gweithredu'n chwyrn fel *apartheid* i'n rhannu mewn dadl neu ffafr. Naturiol i mi fel un o'r Gwynion oedd cefnogi Huw, Bessie neu Mair, a disgwyliwn yr un gefnogaeth yn ôl pan fyddwn mewn helbul ag un o'r Duon! Cawn gefnogaeth weithiau gan un o'r Duon hyd yn oed yn erbyn un o'm llwyth fy hun pan fyddai'r achos yn gyfiawn! Ychwanegai hyn at yr hwyl oedd yn Nhŷ Capel.

Pan fu farw Nain Glan Llyn, sef mam fy mam, daeth Glyn atom i fyw ac fel brawd yn hytrach nag fel cefnder y cyfrifem ef. Ganwyd Glyn yn 1915, yn fab i chwaer fy mam. Oherwydd diffyg gwaith yn lleol aeth Glyn a Jac Bwli i Gaernarfon yn 1932 i ymuno â'r Ffiwsilwyr Cymreig. Daeth Jac Bwli adref wedi methu'r prawf meddygol ond aeth Glyn i Wrecsam wedi iddo arwyddo i aros yn y fyddin am saith mlynedd. 'Roedd Glyn yn annwyl iawn gennym oll ac yn bersonoliaeth hyfryd. Cafodd ei anafu gan y Siapaneaid yn Shanghai yn 1937. Bu hefyd yn yr India, Swdàn a'r Aifft. Wedi i'r rhyfel ddechrau yn 1939, er iddo fod wedi gorffen ei saith mlynedd yn y fyddin, ni ryddhawyd ef. Yn hytrach anfonwyd ef i'r Dwyrain Canol ac yna i Burma i ymladd yn erbyn y Siapaneaid. Cafodd ei glwyfo eto a'i anfon i Darjeeling i'w adfer i'w iechyd. 'Roedd Glyn yn hoff iawn o faledi Rudyard Kipling a gallai adrodd amryw ohonynt ar ei gof. Er tynered ei natur cymerai ran mewn gornestau paffio ac enillodd bencampwriaeth pwysau canol y *South East Asia Forces*. 'Roedd ganddo 'uffern o slap', chwedl Jac Bwli pan gafodd hwnnw ei blas ar sgwâr y Fali rhyw nos Sadwrn.

Hiraethai am Fôn. 'Nid af byth dros Bont Borth eto,' meddai mewn llythyr at Mam. Er hynny fe briododd â Winnie, merch o Fleetwood, ac yn yr ardal honno y bu fyw ar hyd ei oes wedyn gyda'i wraig a'i ddau blentyn, Pat ac Alan.

A dyna blant Tŷ Capel.

Ble'r oedd Tŷ Capel?

Atebwyd y cwestiwn uchod gennyf yn fanwl mewn ysgrifen bensel ofalus o'r tu mewn i glawr Caniedydd yr Annibynwyr i dorri ar ddiflastod pregeth faith nas deallwn ar brynhawn Sul trymaidd yn 1934: Richard Jones, Tŷ Capel (A), Llanfachraeth, Valley R.S.O., Anglesey, Wales, Great Britain, Europe, Earth, Solar System, Milky Way, Universe.

Mae'n go bell i chi feddwl am ddod yno pe baech yn cychwyn o Plwto dyweder. Ond os digwydd i chwi gyrraedd y Fali dilynwch y ffordd i gyfeiriad Amlwch drwy Lanynghenedl ac fe ddowch i bentref Llanfachraeth ymhen cwta dair milltir. Wedi croesi Afon Alaw dros bont y Ffatri a throi i'r chwith wrth yr Holland Arms i lôn Neuadd, fe welwch yr hen Dŷ Capel ar y chwith. O groesi pont Tan 'Rallt dros Alaw Fach, ar eich ffordd o'r pentref i gyfeiriad Llanfaethlu ac Amlwch, byddech wedi gadael Llanfachraeth. Fel Mesopotamia, rhyw le rhwng-dwy-afon yw Llanfachraeth hefyd.

Pan oeddwn yn blentyn yn y tridegau prin y clywech chwi air o Saesneg yn yr ardal. Ni welid John Bye, y Sais a'r bwytawr treip o Fanceinion, o gwbl yn gyhoeddus. Yr unig dro y gwelais ef allan o dŷ oedd pan symudwyd ei ugain stôn a mwy mewn trol o'r Neuadd i'r Hen Efail i fyw. Deuai ymwelwyr prin heibio yn yr haf, rhai fel Peter a Michael a'u teulu, i'r Newstead. 'Roedd y rheiny, chwedl R. J. Rowlands, yn

> Hamddenwyr proffesiynol yn haul gwyn
> Eu dyddiau diddan pan oedd gwas yn was.

Bu mam Michael yn dweud y drefn yn hallt wrtho, a'i guro hefyd, am iddo fynnu dod i chwarae hefo 'pethau' mor 'gomon' â hogiau Cymraeg Tŷ Capel. Ymhen dwy flynedd wedyn rhoisai ei fam y byd yn grwn pe gallai ddod ag ef i chwarae at hogiau Tŷ Capel. Bu Michael farw cyn bod yn ddeuddeg oed.

A dilyn y dyfyniad uchod ymhellach, ardal o feistri, sef y ffermwyr, a gweision, oedd bro fy mebyd, fel Môn wledig drwyddi draw yr adeg honno ac 'roedd 'gwas yn was' yn ei dlodi. Cyflog a'i fwyd a gawsai gwas ar fferm, er bod rhai gweision yn byw a chysgu yn y llofft uwch ben stabal. Byddai rhai ffermwyr yn grintachlyd iawn gyda'u bwyd ac ambell ffermwr yn disgwyl deuddeg awr o waith y dydd gan was heb roi fawr mwy yn ei fol na phowliad o de a bara wedi llwydo, ond eithriadau oedd y rheiny. Rhoddid cyhoeddusrwydd i'r fath 'Lan-llwgu' gan feirdd lleol, fel yn y pennill hwn gan Idwal Manor wedi iddo fynd i'r môr ar ôl cael llond bol ar weithio ffarmwrs:

Ffarwèl i Bottan Davies,
Ffarwèl i Fadog Lwyd,
Ffarwèl i Ddu Bodfarddan —
Lle digon gwael am fwyd.

Do, aeth Idwal Manor i'r môr ar y *Scotia*, un o longau Caergybi. Anfonwyd hi i Dunkirk ym Mehefin 1940 i achub rhai o filwyr Prydain oddi ar y traethau ond ni ddaeth y *Scotia* nac Idwal Manor yn ôl i Gymru.

Cofiaf ddau Dŷ Popty neu fecws yn y pentref. Holland, a fu yn dafarn, y gelwid y naill a'r Becws y gelwid y llall. Byddai Mam neu un o'm chwiorydd yn tylino toes mewn padell bridd fawr gartref ac un ohonom yn danfon y toes mewn bag gwyn i'r becws a chael talis yno, sef un *tally* i'w roi yn y toes ac un arall yr un fath i'w gadw er mwyn adnabod ein torthau ni pan ddeuent o'r popty.

Er nad oedd tafarn o fewn tair milltir i'n pentref pan oeddwn i'n blentyn, clywais ddweud fod tair ar ddeg o dafarnau yno pan oedd Bragdy Bryn Afon yn ei anterth cynhyrchiol. Cadwyd enwau rhai ohonynt ar dai annedd — 'Roe Buck', 'Holland', 'Y Bedol Felen', 'Cross Keys', 'King's Head' (Trygarn House, heddiw) ac yn y blaen. Byddent yn cario cwrw o Fragdy Bryn Afon i bob rhan o'r sir. Clywais sôn am fachgen pump oed o'r enw Richard Owen ('Saceus' yn ôl ei lysenw) a feddwodd yn aroglau'r cwrw poeth a lifai o'r cafnau pren i'r casgenni! Clerc y Bragdy yn wythdegau a nawdegau'r ganrif ddiwethaf oedd Owen Williams (Machraeth Môn). Rhoddwyd hen lyfr nodiadau o'i eiddo i mi yn 1941 gan Mrs Owen, Victoria. Ar glawr brown y llyfr mae MONA BREWERY, LLANFACHRAETH wedi ei stampio mewn llythrennau aur. O'r tu mewn i'r llyfryn ceir englynion a chywyddau o waith y bardd, a nifer o straeon digrif a ddefnyddiai wrth arwain cyngherddau ac eisteddfodau lleol.

Rhyw Mrs Jones oedd perchennog olaf Bragdy Bryn Afon ac Edward Williams, Preston House oedd ei *'coachman'* yn gyrru ei *'Carriage and Pair'* i ddanfon y feistres i'r eglwys ar y Sul. Âi yntau wedyn i Bont-yr-Arw i addoli cyn mynd i nôl Mrs Jones drachefn o'r eglwys. Wedi i Lady Reade, Garreg Lwyd, Llanfaethlu sefydlu *Coffee House* yn y pentref hwnnw yn ei hymgyrch dros ddirwest, fe geisiodd sefydlu *Coffee House* yn Llanfachraeth, yn yr Holland mae'n debyg, yn 1891, ond byr iawn fu ei barhad. Cofiaf weld meinciau o'r hen Dŷ Coffi yn cael eu defnyddio ar y llwybrau yn ein capel ni pan fyddai'r hen addoldy bach yn gorlenwi ar achlysur cyfarfod pregethu. Ni fyddai dim yn rhoi mwy o bleser i 'Nhad na rhoi gorchymyn i ni i nôl y meinciau o Holland fel y gwelai'r dyrfa ddisgwylgar yn llenwi cowt y Capel — 'A mwy i ddod', ychwanegai'n optimistaidd. Yn un pen i'r pentref yr oedd Pont-yr-Arw, capel y Bedyddwyr ac yn y pen arall yr oedd eglwys y plwyf. Rhwng y ddwy eglwys yna 'roedd Bethesda neu'r Capel Bach, ein capel ni, ac Abarim, capel y Methodistiaid. Cynhelid *Band of Hope* gan y Bedyddwyr a'r Methodistiaid yn wythnosol ar wahanol nosweithiau, a byddai plant y pentref yn undebol fynychu'r cyfarfodydd hynny.

'Roedd yn ein pentref weithdy trin beiciau a dyfodd i fod yn garej Thomas Jones wedyn. Syllais yn hir-freuddwydiol lawer gwaith ar y modur 'Gloria' newydd oedd yno, gyda model metel gloyw o ben merch a'i gwallt yn llif tonnog o'i hôl yn ffurfio cap cronfa ddŵr ar ei fonet. Beth pe bawn yn canfod trysor ym mhoncan Cae Mawr dan y graig oedd ynghanol yr eithin! Prynu'r 'Gloria' a fyddai'r gwario cyntaf a wnawn a'i ddreifio yn ôl ac ymlaen o Lanfachraeth i'r Fali, yn enwedig pan fyddai mam Peter a Michael ar ei gwyliau yn y pentref.

Harri Jones-Roberts oedd perchennog y busnes glo ond fel Harri Jones neu Jôs y cyfeirid ato amlaf yn yr ardal. 'Roedd ganddo lori ac un neu ddau o hogiau lleol yn gweithio iddo. Pan ffurfiwyd yr *L.D.V.* neu'r *Home Guard* ar ddechrau rhyfel 1939-45 Harri Jones a benodwyd yn swyddog o Lifftenant i ofalu am y sgwad. 'Roedd Harri Jones yn gloff a 'doedd dim trefn ar ei fartsio. Penodwyd

Edward John (Jones), Pen Bont Dronwy yn rhingyll oherwydd iddo fod yn 'regiwlar' ym Myddin Prydain am saith mlynedd a gwasanaethu yn yr India am gyfnod maith. 'Roedd un o weithwyr Harri Jones, sef Twm Pen Rhenc, yn y sgwad hefyd ac 'roedd rhywfaint o gloffni yn ei gerddediad yntau. 'Roedd Ifor fy mrawd a Bob Neuadd yn waeth na neb am dynnu coes a chreu hwyl yn yr Hôm Gârd. Wrth fartsio rhyw dro o'r tu ôl i Lifftenant Harri Jones a Thomas Richard Owen (Twm Pen Rhenc) daeth rhyw awydd dros Ifor i efelychu'r ddau a dechreuodd yntau fartsio'n gloff a dilynwyd ei esiampl gan y gweddill o'r sgwad ling-di-long nes i Harri Jôs gael ei wylltio gan y chwerthin o'i ôl. Dro arall cyhoeddodd Harri Jôs fod angen penodi corporal yn lle Wili 'Green', a oedd yn brysur gyda'i gynhaeaf am wn i, a'i fod am adael i'r sgwad bleidleisio i ddewis un ohonynt hwy eu hunain. Ar awgrym Bob Neuadd pleidleisiodd pawb i Dafydd Richard, yntau hefyd gyda rhyw gymaint o gloffni yn ogystal ag ychydig o grwbi ar ei gefn. Dyna ddiwedd ar ffydd Harri Jôs mewn democratiaeth!

'Roedd 'Dewyth Ifan yn yr Hôm Gârd hefyd ac ar ôl goroesi Mametz Wood yn wyrthiol yn 1916, bu bron iddo gael ei saethu gan ringyll o wersyll Penrhyn yn ystod arddangosiad yn ysgol Llanfachraeth un noson. Ni wyddai hwnnw fod bwled yn y gwn, a phan wasgodd y triger chwibanodd y bwled heibio i ben 'Dewyth Ifan a thrwy'r llun *When Did You Last See Your Father* — yn eironig iawn — a malu'r sgrin o'r tu ôl iddo!

Mae yna olion yn aros o hyd o'r hen ffatri ddŵr ger Pont y Ffatri. Bu mangre'r hen ffatri hon yn ysgogi'r awen i'r bardd alltud Thomas Morris Owen ambell dro. Yn nhŷ'r ffatri y trigai Ned a'i fam, Nan. Hen wraig fach fywiog oedd Nan Ffatri yn cerdded yn gyflym ar gwr y lôn gan siarad hefo hi ei hun yn ddi-daw ac edrych i'r ffos fel petae wedi colli rhywbeth yno. Câi Ned Ffatri byliau o wallgofrwydd weithiau a byddai'n rhaid galw Doctor Mynydd-y-Gof a phlismon Bodedern ato i'w bacio am y Seilam yn Ninbych.

Motors Rhyd-wyn a Gruffydd Parry Llanddeusant a ddisodlodd y ceffylau a'r waganét i nôl a danfon pobl i'r dre' i Gaergybi. Yna daeth y Crosville gyda'r *duplicates* hwyr ar nos Sadwrn yn llawn o feddwon a chariadon ac ambell bregethwr yn cyrchu ei lety erbyn taith y Sul.

Yn Roe Buck y cofiaf weithdy'r saer yn ngofal Frank Jones, a Ted Jones ei frawd yn saer maen yno. Yno y gwneid eirch, o goed llwyfen fel rheol, yn ogystal â giatiau, troliau, ysgolion, berfâu ac ambell ddodrefnyn.

Yn y Tŷ Crydd byddai John Williams wrthi'n ddinoswyl yn gwadnu a sodlu gyda chymorth ambell brentis o grydd. Er mwyn cyflymu'r broses o wadnu esgid daliai'r crydd res o hoelion rhwng ei ddannedd. Er hynny gallai borthi sylw a wneid neu ebychu anghytundeb heb lyncu yr un hoelen. Byddai'r Tŷ Crydd yn gyrchfan i lawer o'r di-waith i ddod i drin, trafod a dadlau. O ganlyniad i ymweliad gennyf â'r Tŷ Crydd yn 1937 daeth elfen newydd o wleidyddiaeth i ychwanegu at y rhaniadau Sosialaeth-Rhyddfrydiaeth a fodolai yn y Tŷ Capel ar y pryd.

Wedi cael fy anfon yno i edrych a oedd esgidiau gorau Huw wedi eu gwadnu yr oeddwn. 'Roedd y lle'n llawn o ddynion di-waith, ac o leiaf un yn eu mysg na fu ganddo unrhyw awydd gweithio erioed, ac eto, bob tro yr agorai ei geg dechreuai gyda 'Ni'r gweithiwrs . . .' sydd yn fy atgoffa o gymeriad y moch yn *Animal Farm*, George Orwell. Nid oeddwn yn or-hoff o'r dyn ac ef oedd yn taranu pan euthum i mewn i'r gweithdy. Rhywbeth yn debyg i hyn a ddywedai: ' . . . isio saethu'r ffernols sydd neu eu crogi nhw. 'Fasa ddim gin i fynd yno i wneud fy hun . . .' Cyfeirio yr oedd at Saunders Lewis, D. J. Williams a Lewis Valentine. Aeth ymlaen i fytheirio a thyngu a rhegi yn debyg i hyn: ' . . . 'dydi petha' 'run fath â nhw ddim yn ffit i bregethu nac i fod yn ditshiars . . .'

Ni wyddwn i fawr ddim am hanes y Tân yn Llŷn ac felly 'doedd gen i ddim barn ar y mater ac ni fuaswn wedi agor fy ngheg o gwbl oni bai i mi ddrwg-lecio'r siaradwr anwybodus, dialgar. Ni wyddwn fawr ddim ychwaith am Blaid Cymru oherwydd mai sosialydd *Daily Herald* Huw oeddwn, os rhywbeth. Beth bynnag, torrais ar ei draws dan fy nannedd, ''Roedd Mr Huws, Tregwehelyth yn deud eu bod nhw'n ddynion da iawn.'

Troes ataf a dirmyg wedi ei blastro dros ei wyneb cuchiog ac yna trodd at ei gynulleidfa gan chwerthin i'm sarhau i a Mr Huws druan. 'Glywsoch chi hyn'na, hogia? Glywsoch chi'r bychan 'ma'n malu cachu am betha nad ydio'n dallt dim amdanyn nhw? A dydio ddim yn Cownti eto, a phasith o ddim yno chwaith os na challith o. Wyt ti'n blydi Welsh Nash, dywad? Ac am y Now Tregwehelyth 'na, dydi hwnnw ddim yn gall chwaith. Ac yn ddyn mawr tua'r capal 'na. Dwi'n falch myn diawl nad ydwi'n cyboli mynd i'r capal. Tacla sy'n mynd i fan'o i gyd . . .'

Aeth ymlaen ac ymlaen i gega am Mr Huws Tregwehelyth tra disgwyliwn i esgidiau Huw fod yn barod.

Yna pan oeddwn yn gadael drwy'r drws dywedodd wrthyf, 'Dywad wrth y mwnci Tregwehelyth 'na be dwi'n ddeud, neu mi ddeuda' i wrtho fo fy hun.'

Y cymal olaf yna a'm poenai i. Mr Owen Huws, Tregwehelyth oedd ein pen-diacon yn y Capel Bach ac yn ddyn annwyl, dymunol a Christionogol iawn. Oherwydd fy mod wedi gwylltio'n sydyn ar y dechrau ac yn methu â meddwl beth i'w ddweud 'roeddwn wedi defnyddio enw Mr Huws i geisio gwneud argraff ar y lembo cegog. Ni fuasai fy marn i'n cyfrif o gwbl yn y ddadl, a dyna paham, yn ddeg oed ac yn anwybodus amharod, y dyfeisiais yr hanes am Owen Huws, Tregwehelyth yn cefnogi'r Tri. Yn naturiol wedyn, 'roeddwn yn edifarhau ac yn ofni i rywun ddweud wrth Mr Huws er fy mod yn siŵr mai o blaid Y Tri y byddai ef.

Dysgais wers boenus ynglŷn â dyfeisio anwiredd yn gynnar yn fy mywyd ond ni fu'n rhaid i mi dalu'r pris y tro hwnnw. Drwy'r profiad hwn y deuthum yn sosialydd a oedd yn cefnogi'r 'Welsh Nash' ac, am ychydig amser, yr unig gefnogwr i'r Blaid Genedlaethol yn Senedd Tŷ Capel.

Ni fyddai efail Huw Owen y Go' a'i fab na'u sied bedoli yn y cefn byth yn ddigwmni ychwaith. Yn ystod y dydd byddai llawer o fynd a dod yno gyda cheffylau gwedd i'w pedoli. Yn yr Erw Fawr 'roedd ceffyl coch o'r enw Dic a chanddo draed anferth. Eliffant o geffyl a allai dynnu dyrnwr i fyny gallt Neuadd ar ei ben ei hun. O domen yr hen bedolau o flaen yr efail, pedolau'r ceffyl hwnnw a geisiwn bob amser i chwarae coits.

Wedi i'r Parch. T. W. Jones ddod yn berson i Lanfachraeth o ryw le o'r enw Tonpentre, 'tua'r Sowth 'na', synnai'r ardal glywed y gwelid yntau ambell gyda'r nos yn y sied bedoli yn cefnogi'r *noble art of self defence*. Byddai llawer o hogiau'r pentref yn mynd yno i focsio, a Huw, mab y gof, yn un o'r rhai mwyaf eiddgar.

Un siop yn unig sydd yn y pentref heddiw. Dim ond un ar ôl o'r saith a gofiaf yno. Gellid prynu ein holl anghenion yn y siopau hynny, popeth o dorth frith i liw glas, o baraffîn i grys gwlanen, o flawd peilliad i drywsus melfaréd ac o wydr lamp i asiffeta.

Yn ymyl yr ysgol yr oedd O. J. Roberts yn cadw Mona Stores, yn brysur glên tu ôl i un cownter a Gwladys ei wraig yn gymorth iddo tu ôl i'r cownter arall. Hanner ffordd drwy'r pentref yr oedd y *Co-operative Stores*, neu'r Coparét ar dafod leol. Mae'n debyg mai Mr Davies oedd y giaffar yno ond byddai Huw Roberts, Pen y Groes yn mynd o gwmpas y fro hefo'r fan. 'Roedd Coparét yn lle da am deisen bwdin.

Ym mhen arall y pentref 'roedd Rose House a gedwid gan Miss Jones, Pen 'Rorsedd. 'Roedd pasej o'r tŷ i'r siop. Un tro, aeth Glyn ac Ifor Ni a Frank, Roe Buck yno ar eu ffordd o'r ysgol gan feddwl y gallent ddwyn afal yr un o'r ddysgl ar y cownter rhwng yr amser y byddai cloch y drws yn canu a Miss Jones yn troedio drwy'r pasej. Yn ei frys trawodd Glyn ymyl y ddysgl ac fe rowliodd yr afalau oddi ar y cownter ac ar hyd y pasej i gyfarfod Miss Jones. Bu bron iddi lithro ar un ohonynt ond 'roedd y tri hogyn wedi'i gloywi hi o'r siop cyn iddi weld neb.

Ar gongl Mona Terrace byddai Mr Abraham yn cadw'r Post, nes digwyddodd trychineb, sef i Joan ei ferch fach bedair oed gael ei lladd ar y ffordd gan lori-dracsion Ty'n

Siencyn. Yn 1930 y bu hynny ac 'roedd trychineb o'r fath yn bur anghyffredin yn yr oes honno.

Ar gongl arall Mona Terrace cadwai Mrs Hughes y Siop Fawr. Gwerthai lawer o ddillad. Gwerthai bentwr o baraffîn hefyd, a byddai blas paraffîn ar y *boiled sweets* a bwysid ganddi o'r botel wydr fawr. 'Doedd hi ddim yn barticiwlar ynglŷn â golchi ei dwylo, yn ôl Twm Pen Rhenc. Gwraig weddw oedd hi ac fe fu farw ei gŵr, Richard Hughes y cigydd, mewn amgylchiadau amheus. Arferai brynu a gwerthu nwyddau ac anifeiliaid a mynd gyda chyfaill neu ddau i Fanceinion i ddelio. Ni ddychwelodd o un o'r teithiau hynny a hysbyswyd Mrs Hughes fod yr heddlu wedi dod o hyd i'w gorff yng nghamlas llongau Manceinion. Dyfarnwyd ei fod wedi syrthio i'r dŵr ond y gwir yw na fyddai Richard Hughes yn debyg o fod wedi mynd yn agos i'r gamlas a phan godwyd ei gorff nid oedd na phwrs nac arian o gwbl ganddo — peth arall anodd i'w ddeall. Ni fu ei 'gyfaill neu ddau' o ddim cymorth ychwaith i Mrs Hughes druan gael y gwirionedd.

Ar y sgwâr yr oedd Siop Pender a'r Llythyrdy yn un. 'Roedd rhai yn dal i'w galw yn Siop Powell a gellid gweld rhyw ychydig ar y geiriau pŵl 'Reade House' yn uchel ar y mur. Fferyllydd o'r enw Richard Lloyd Powell oedd perchennog blaenorol y siop. Gwerthai bob math o nwyddau a hefyd sawl cymysgedd gemegol i wella anhwylderau'r ardalwyr gan ennill clod iddo'i hun fel 'doctor da'. Os methai â gwella 'fanodd' (dannoedd) byddai'r fferyllydd dawnus yn troi'n ddeintydd i dynnu'r dannedd drwg. Daeth Capten o'r môr i brynu'r busnes gan Powell yn y dauddegau ond bu'r hen gapten farw wedi dwy flynedd a gadael ei wraig weddw a'i chwaer, Miss

Edwards, i redeg y lle nes daeth eu brawd Joe Edwards atynt i'w helpu ac i redeg gwasanaeth llythyrdy yno. Saer yn Lerpwl fu Joe Edwards cyn hynny. Bob, ei fab, oedd un o'm ffrindiau pennaf yn ysgol y cyngor ac yn y Cownti wedyn a Bob a gymerodd y busnes trosodd ganddynt hyd ei ymddeoliad. 'Roedd yna olion o fusnes Powell yn Siop Pender am flynyddoedd lawer — labeli ar ddroriau yn cyhoeddi eu cynnwys, *Tincture of Rhubarb*, *Spirit of Nitre* a chemegau dieithr a ddaeth yn tentiriwbob, smeritneitar ac asiffeta a'u tebyg ar lafar gwlad. Hoffai Joe Edwards dynnu coes ac 'roedd direidi yn ei lygaid. Aeth Ifor fy mrawd yno unwaith i brynu llafn i eillio, ac meddai Joe Edwards, 'Be gym'ri di, Ifor?' 'Llafn, Mr Edwards,' atebodd Ifor. Dyma'r siopwr yn estyn cyllell peiriant torri gwair iddo gan wenu. Cymerodd Ifor y gyllell a throi am y drws i fynd allan. Diflannodd y wên o wyneb Joe Edwards a rhuthrodd i goler Ifor i'w dynnu'n ôl i'r siop.

Tua'r Nadolig treuliwn lawer o amser yn edrych yn ffenestr fawr Penders ar deganau na allai Mam fforddio'u prynu. Y naill ochr i Penders yr oedd Victoria House a'r ochr arall yr oedd Siop Graig (Siop 'Raur ar lafar gwlad). Mrs Maggie Owen a gadwai Victoria a gwerthai hithau amrywiaeth o nwyddau. 'Roedd Tedi Jones yno hefyd yn deiliwr. Byddai'r teiliwr yn clecian ambell gynghanedd, yn enwedig wrth estyn nwyddau o'r siop i chi, fel

'Clawr enwog *Y Cloriannydd*.'
'*Sorry*, 'does gen'im *syrup*.'
'Hwyrach mai hwn 'di'r *Herald*.'

Yn ei gwtrwm yr oedd y gadair a enillodd Machraeth Môn am ei awdl 'Y Rhyfeddodau Wybrenol' yn Eisteddfod Llandudno yn 1889. Daethai'r gadair yno gydag Edward

Owen, brawd Machraeth Môn, a gymerwyd i'w 'edrych ar ei ôl' gan Magi Owen. Ym Mona Terrace y trigai Edward Owen a'i chwaer, Grace Owen. Wedi iddo golli ei chwaer ac wedi i lesgedd a gwaeledd ei gornelu yntau y cymerwyd ef i'r Victoria. Fel llawer o anffodusion eraill collasai Edward Owen lawer o arian a fuddsoddodd ym musnes 'Coastal Resorts' R. J. Thomas pan dorrodd hwnnw tua dechrau'r ganrif. O wybod na fyddai Edward Owen byth yn rhegi gellir synhwyro maint ei gasineb tuag at R. J. Thomas pan glywodd rhywun ef yn torri priciau rhyw dro ac, ar ôl taro'i fys yn ddamweiniol, yn lluchio'r fwyell heibio a gweiddi, 'Go damia'r R. J. Thomas ddiawl!'

Daeth y newydd syfrdanol i'n tŷ ni rhyw ddiwrnod fod Siop Victoria ar dân. Ymunais â'r dyrfa a aeth yno i weld ond erbyn hynny 'roedd pethau dan reolaeth a dim ond mwg a welem yn cymylu o'r siop i'r ffordd fawr. Cyflogwyd Mam yno i glirio a glanhau am ddeuddydd da. Buom yn gwisgo dillad ac esgidiau ag aroglau deifio arnynt am fisoedd wedyn — bargeinion o'r tân! Cawsom hefyd nifer o boteli mawr o bethau da gyda blas mwg arnynt. Yng ngwres y tân 'roedd y *boiled sweets* a'r *liquorice sticks* wedi toddi ac yna wedi ailgaledu yn un ag ochrau gwydr y poteli. Gwaith go anodd oedd malu gwydr y botel a'i ddidoli oddi wrth y lwmpyn mawr llosg o beth da. Llawer gwaith y buom yn poeni ein bod wedi llyncu darn o wydr a rhedeg allan i boeri er mwyn gwneud yn siŵr nad oeddym yn gwaedu o'r tu mewn!

Miss Jane Hughes oedd siopwraig Siop Graig. 'Roedd hi'n aelod yn ein capel ni ac yn athrawes yr Ysgol Sul arnom. Un dosbarth oedd i'n Hysgol Sul, a Miss Jane Hughes, drwy gyfrwng *Y Tyst*, a hyfforddai'r ychydig ddisgyblion. Yn chwech oed ’doedd gen i fawr o ddiddordeb mewn esboniadau diwinyddol ac un tro dechreuais chwarae gyda botymau fy nghôt nes cefais drawiad ar fy mhen gan Miss Hughes gyda chas ei sbectol. Nid oedd fawr o amrywiaeth nwyddau yn Siop Graig — ambell dún samon, te, siwgwr, teisen gartref a diod ddail. ’Roedd gan Jane Hughes y ddawn a’r gyfrinach i wneud cymysgedd o ddail yn ddiod a oedd yn fwy llesol i chwi na dyfeisiadau cemegol Siop Powell. Gellid eistedd ar fainc yno i yfed y ddiod ddail a blasu ei theisen gartref — am bris. Pwysai chwarter o de i fanylder deilen a’i dywallt ar bapur gwyn ac yna ei lapio’n barsel bach a’i rwymo â llinyn gwyn. Byddai’r papur gwyn yn ddefnyddiol iawn i Ifor fy mrawd wneud llun pen ceffyl arno a’r llinyn yn ddefnyddiol i minnau i chwipio top. Os awn yno i nôl neges i Mam byddai Jane Hughes yn siŵr o holi:

‘Ydi’ch adnod chi’n barod erbyn dydd Sul, Richie?’

‘Ydi, Miss Hughes.’

‘Deudwch hi.’

Mor bwysig oedd cofio unrhyw adnod i fynd yno!

’Roedd rhan o’i gardd yn sanctaidd ganddi a gelwid y fan honno yn Glwt y Pagan. Tyfid tatw, moron a letys, ymysg llysiau eraill yng Nghlwt y Pagan. Gwerthai hithau gynnyrch y clwt hwnnw dros ei chownter a chadwai’r elw mewn tún wrth ochr tún elw’r ddiod ddail a byddai seremoni flynyddol yn ein capel pan agorid y tuniau i drosglwyddo’r cynnwys i’r Genhadaeth Dramor. Llawer gwaith y dywedodd ei nai, y Sgŵl, wrthi nad âi’r arian ddim pellach na Llundain! Llawer gwaith hefyd y dywedodd Mam yn ei thlodi fod cenhadaeth ac angen yn llawer nes adref iddi na Bryniau Cassia.

Fy Mam
(Mary Ellen Jones 1888-1963)

Ganwyd fy mam yn Nhŷ Capel Ty'n y Maen, Llanfugail ar y trydydd o Fedi 1888, y pedwerydd plentyn o bump i Evan ac Elizabeth Owen. Cafodd ei haddysg yn yr Ysgol Sul ac yn ysgolion Bwrdd Llanddeusant a Llanfachraeth. Wedi pasio i *Standard Four* bu raid iddi adael yr ysgol i geisio ennill ei bara fel morwyn fach. Bu'n gweini ym Mhandy Llywenan, Gwredog Isaf a Cheidio, Llannerch-y-medd ac yn Nhremoelgoch Fawr, Llanfugail cyn priodi.

Cafodd lawer o brofedigaethau a phryderon yn ei bywyd a'u dwyn yn ddewr. Ergydion trwm iddi oedd claddu dau o'i phlant a bu'n galed arni wrth fagu'r gweddill heb gymorth Gwladwriaeth Les na pherthynas hael. 'Roedd yn orfodaeth arni fynd allan i weithio am dri neu bedwar diwrnod yr wythnos i gael dau ben llinyn ynghyd. Telid dau swllt (10c) iddi i ddechrau ond codwyd i hanner coron wedyn ym Mhen-yr-Orsedd am olchi a glanhau am ddiwrnod, a hanner coron (12½c) yn Nhŷ Croes a Thŷ'r Ysgol am wneud yr un gwaith. Bu'n glanhau a gofalu am ysgol y cyngor Llanfachraeth o 1933 hyd 1940 (i gael dillad i'r hogiau) a'r cyflog am hynny oedd £1.4s.0d. (£1.20c) y mis. Byddai'n codi o'i gwely yn fore iawn ac o flaen pawb arall a hi oedd y ddiwethaf i fynd iddo hefyd wedi'r s'beru, y golchi a'r smwddio diddiwedd, a brodio a chlytio hen ddilladau gwael eraill er mwyn i ni edrych yn dwt a glân. Arfau mwyaf cyffredin ei gwaith oedd barclod bras, sgelatferwi-wyau, sosban, doli-twb, hetar smwddio a nodwydd ddur.

Pan oeddwn i yn dathlu fy mhen-blwydd yn hanner cant oed gyda miri a chinio mewn gwesty cofiais am Mam yng nghanol ei gwaith yn 'digwydd cofio' ei bod yn hanner cant. Yn eironi'r gwrthgyferbyniad gwneuthum lun ar soned:

Medi y trydydd, mil naw tri deg wyth,
Hen ddiwrnod trymllyd, chwyslyd llawn o chwiws,
A Mam yn bwrw dillad lwyth ar lwyth
I'r twb i'w dolio ganddi ar lawr y briws;
Condemniai'r *Daily Herald* Ffranco'n ffri
A rhyw Herr Hitler ar ei gyrch o drais;
Yn 'refail, canmol peltan roes Huw Ni
Yn Rhyl ar drip yr Ysgol Sul i Sais.
Cynefin Mam oedd barclod bras a gwaith,
Cael bwyd a dillad glân i'w theulu o ddeg,
Ond rŵan cym'rodd sbel am 'r unig waith
Im' gofio — nid i orffwys, chwarae teg —
Dim ond i grybwyll, 'Heddiw os nad dwi'n mopio
Dwi'n hanner cant.' Ac aeth ymlaen â'r dolio.

'Roedd Mam yn wraig Tŷ Capel ddelfrydol. Fel i 'Nhad, 'roedd y capel yn bwysig iddi. Fore Sadwrn byddai'n glanhau gwydrau'r lampau paraffîn a gofalu fod olew o'r Siop Fawr ynddynt. 'Roedd yn rhaid trin wigiau'r lampau drwy dorri'r 'clustiau mul' a achosai i'r fflam fygu a duo'r gwydr, ac 'roedd mynd o sedd i sedd i dynnu llwch gan lafarganu emyn yn rhoi pleser iddi. Yn aml iawn, wedi i rai o'r teulu adael y nyth ac wedi ehangu lleoedd cysgu yr hen Dŷ Capel byddai Mam yn mwynhau lletya pregethwyr ar nos Sadwrn.

Byddai ei chinio dydd Sul gyda grefi a phwdin reis dihafal yn wledd na ellid gwella arni. Pan ddisgwylid pregethwr i ginio'r dydd Sabath ymbiliai'n daer ar y cigydd ddydd Sadwrn am ddarn 'go sbesial' o gig erbyn y Sul gan ychwanegu, 'Mae gen i bregethwr i ginio.' Yn aml, ni allai'r cigydd beidio â gofyn yn bryfoclyd, 'Wel, be 'dach chi isio cig hefyd, Misus Jôs?' Bu'n fforddiol eithriadol drwy ei bywyd, o natur ac o reidrwydd. Gwnâi ddefnydd o bopeth a gwerthfawrogai bob rhodd. A dyfynnu llinell anfarwol o englyn yr hen Siôn Jones, hi a wnâi 'Y wyrth o rannu'r torthau.' Mae'n anodd gen i feddwl fod neb wedi torri mwy o frechdanau na Mam drwy gydol ei hoes. Yn aml iawn, er i'w thwca-dorri-bara symud gyda chyflymder cyllell ladd gwair methai â chadw i fyny â'r safnau gwancus o gylch y bwrdd. Ni waeth pwy a alwai yn y Tŷ Capel byddai'n siŵr o gael paned a chroeso ganddi. Byddai'n wrjo hyd at syrffed yn ei chroeso.

Mam fyddai'n gofalu am ddisgyblaeth yr aelwyd. Gwyddem ein bod am 'ei chael hi' pan âi i dorri gwialen fedw. Os digwyddem droseddu yn y tŷ, drwy fod yn hy neu gwffio â'n gilydd, ei ffordd o setlo hynny fyddai'r cadach llestri gwlyb ar war neu gefn y pen. Er ei disgyblu llym 'roeddem i gyd yn ei charu a chwestiwn cyntaf pob un ohonom wrth ddod drwy'r drws i'r tŷ fyddai, 'Ble mae Mam?' Gwyddem hefyd ei bod hithau'n ein caru ninnau a 'doedd dim prawf sicrach o hynny na'r dagrau distaw a gollai pan fyddem yn gadael y cartref i fynd i ffwrdd.

Deuai papurau Cymraeg yn ail-law o'r siop yn rheolaidd i'n cartref — *Y Cloriannydd*, *Papur Pawb*, *Yr Herald* a'r *Cymro*. Mam fyddai'n darllen fwyaf arnynt pan eisteddai gyda'i phaned wedi i bawb gael ei wala a'i weddill, a deuai ffrwyth ei darllen yn gyhoeddus i 'Nhad a phawb wrth iddi startsio coler neu smwddio'r dillad, yr hangings a'r antimacasars. Cyn inni fynd i'r gwely byddai hefyd yn gwneud amser i ddarllen stori i ni o dudalennau treuliedig *Nedw, Hunangofiant Tomi, Teulu Bach Nant Oer* a *Dilyn y Wawr*.

'Roedd hi'n un dda am ddweud straeon, yn enwedig am fwganod neu ysbrydion ac 'roedd ganddi nifer o droeon digrif ar ei chof hefyd. Pan oedd yn forwyn yn Nhremoelgoch Fawr, ychydig cyn iddi briodi, cafodd ddyrchafiad o fod yn Forwyn Briws i fod yn Forwyn Drwadd, sef gweini ar y ffermwr a'i deulu yn unig. Felly, gyda'r nos gallai eistedd yn yr un ystafell â'i meistres i wnïo. Yr oedd Mrs Griffiths, y feistres, braidd yn fyddar a phan ofynnodd Mam iddi un noson ynghanol y gwnïo, 'Ble mae'r rîl du, Mrs Griffiths?' atebodd yr hen wraig, 'Dwi ddim yn siŵr, Meri, ond mae gen i ryw syniad ei fod o rywle rhwng Caernarfon a Beddgelert.'

Ni fu gan Mam erioed amser i 'fynd' i unlle dim ond i 'bicio' yno. Os byddai eisiau picio i Fodedern cychwynnai gerdded o flaen y bws rhag ofn iddi ddigwydd cael pás gan fodurwr. 'Roedd hi mor chwim ei cherddediad fel y byddai'n cyrraedd pen ei thaith heb lifft ac o flaen y bws yn aml.

Byddai galw mawr arni yn yr ardal i wneud y 'gymwynas olaf'. Pan fyddai rhywun wedi marw gelwid arni i fynd i'r cartref trallodus i olchi'r corff a'i wisgo wedyn â dillad isaf ac, am ryw reswm rhyfedd, mynnai aerio'r dillad hynny! 'Roedd rhoi'r dillad o flaen y tân i'w haerio cyn eu rhoi am y corff yn bwysig ganddi, rhag i'r marw gael annwyd am wn i! Cofiaf i mi ei phechu rhyw dro pan oeddwn yn y Cownti Sgŵl, ac yn glyfar i gyd wrth gwrs, a Mam yn adrodd ei hanes wedi bod yn gwneud y gymwynas olaf â rhywun ac yn dweud, 'Mi ofalais hefyd fod y dillad wedi eu haerio.' A dyma finnau'n gofyn, 'Am faint, Mam?'

'Am faint be'?'

'Wel, os 'dach chi wedi eu haerio nhw mi fydd raid i chi godi'r corff o'r bedd 'rwythnos nesaf, tynnu'r dillad oddi amdano fo, a mynd â'r dillad yn ôl i'r siop lle ddaru chi eu haerio nhw!'

'Paid ti â siarad yn ysgafn fel 'na,' meddai. 'Does 'na ddim un gair segur yn mynd i'r ddaear.'

Pan fyddai person yn ddifrifol wael byddai'n arferiad cael rhywun i 'aros ar ei draed nos' i weini ar y claf. Daeth Mam adref un bore wedi cyflawni dyletswydd felly wrth erchwyn gwely angau Joni Pen Corn a dywedodd ei bod yn gwybod bellach pwy oedd wedi lladd Harri Joci flynyddoedd ynghynt rhwng Aberalaw a Bodlasan Bach.

'Ma' Joni wedi mynd,' meddai. 'Tua chwarter wedi pump y bore 'ma y buo fo farw. 'Roedd o'n methu'n glir â chroesi am fod rhywbeth yn ei styrbio fo. Troi a throsi a chwysu ac ochneidio am oria', a thaflu'r dillad oddi arno. Tua phump o'r gloch dyma fo'n gwneud sŵn gyrru ceffyl yn ei geg cyn dweud "ac yn union fe waedodd". Cyn gynted ag y dywedodd o hynny mi fuo fo farw! Ei gydwybod o mae'n siŵr yn gwrthod ei ollwng o — cena' drwg iddo fo. Meddwl llawer am Harri Joci druan, fel cafodd o'i adael yn ei waed wrth gilbost ar lôn Aberalaw. Harri druan, na wnaeth o ddim drwg i neb erioed. Ond dyna fo, mae tâl yn disgwyl pawb.'

Ys gwn i a oedd Mam wedi llwyddo lle'r oedd *Scotland Yard* wedi methu! Braidd yn hwyr beth bynnag.

Fy Nhad
(William Jones 1882-1958)

Ganwyd fy nhad yng Nghytrhos, Llandyfrydog, Môn yn 1882, yr ail o bedwar plentyn Richard ac Elin Jones. Wedi pedair blynedd symudodd y teulu o Gytrhos i Bwll yr Olwyn, Llanfair-yng-Nghornwy, ac yn y plwyf hwnnw, yn Nhyddyn Lawrence wedyn, y magwyd fy nhad. Bu ei dad ef farw yn naw ar hugain oed ond bu ei daid Richard Jones a'i hen daid Richard Jones fyw i fod dros gant oed. 'Roedd gan fy nhad gof plentyn o ymweld â'r ddau a gweld ei daid, dros ei bedwar ugain oed, yn chwynnu rwdins mewn cae. Pan aeth fy nhad i'r tŷ 'roedd ei hen daid, yntau dros ei gant oed, yn yfed llaeth o gwpan dún am ei fod yn gollwng cwpanau tseina o hyd nes oeddynt yn deilchion ar lawr. Ni ddeallodd fy nhad am bwy 'roedd o'n sôn pan ofynnodd yr hen batriarch, 'Welis di'r hen hogyn 'ma'n r'wla?'

Rhyw naw mis o addysg ffurfiol yr oes a gafodd fy nhad cyn mynd i weithio ar fferm fel gwas bach yn wyth neu naw oed. Gallai ysgrifennu ei enw yn dwt iawn ond ni fu ganddo fawr ddim Saesneg ar hyd ei oes. Yn ôl ei fam, creadur anystyriol ydoedd pan oedd yn llefnyn, yn yfed a chwffio, a threuliodd noson yn y rhinws yng Nghaergybi am roi cweir go egar i blismon mawr tew a lysenwid yn Bol Uwd, a hwnnw bron ddwywaith ei faint o. 'Doedd ryfedd yn y byd felly i'w fam fethu â choelio cymydog a alwodd gyda hi rywdro yn 1904 i ddweud fod 'William chi yn y capel neithiwr, wedi cael diwygiad.'

Dod adref o Amlwch gyda dau neu dri o gyfeillion mor feddw ag yntau yr oedd, ac oedfa bregethu yn digwydd bod yn Nebo, Llanfair-yng-Nghornwy. Pan glywodd y meddwon sŵn y canu a'r moli yn dod o'r capel gorlawn dyma benderfynu mynd i mewn i aflonyddu ar yr addoliad. Ni chofiai fy nhad sut na beth a barodd iddo fynd at ymyl y sêt fawr. Cofiai i'r pregethwr ddod i sefyll ato ar ôl gweld na allai ollwng ei afael ar gefn y sêt gyda rhyw gryndod rhyfedd wedi dod trosto. Dechreuodd fy nhad weddïo'n gyhoeddus a'r gynulleidfa'n amenio ac yn torri i 'ferw o gân ac i gynnwrf ar goedd'. Wedi hynny cymerodd ran amlwg yn oedfaon y Diwygiad yn lleol, Sul, gŵyl a gwaith. Oherwydd i Iesu Grist ei aileni yn 1904 bu'n deyrngar i Achos Duw ar hyd ei oes a'i bleser mwyaf oedd bod yn y capel a gweld ei gapel yn llawn ar achlysur cyfarfod pregethu. O'i gongl yn y sêt fawr ym Methesda neu o'r llawr mewn unrhyw gapel arall ni allai beidio â phorthi'r pregethwr gydag 'Ia, ia,' neu 'Ia'n wir,' a chymryd ei wynt drwy'i geg yn uchel yr un pryd. Cafodd ei wneud yn godwr canu yn y capel. Wedi iddo ddod o hyd i'r emyn a lediai'r pregethwr clywid ef wedyn yn solffeuo'r dôn wrtho'i hunan cyn ei tharo hi. Ei hoff emyn oedd 'Y Gŵr wrth ffynnon Jacob'. Bu'n ddiacon am flynyddoedd maith ac ar ei liniau'n gyhoeddus soniai am 'raffu'n hasynnod wrth odre'r mynydd wrth droi atat Ti,' 'maddau i'r pum cant fel ag i'r deg a deugain,' 'cofia am y rhai sydd ar erchwynau gwelyau cystudd tu hwnt i feddyginiaeth meddygon daear,' 'cofia am y rhai sydd wedi eu hamddifadu o freintiau Dy gysegr,' 'cadw ni rhag llaesu dwylo,' 'tynnu yn rhaffau'r addewidion,' ac yn y blaen.

Codai'n fore ar y Sul gan wisgo'i ddillad-bob-dydd i lanhau ei esgidiau, berwi'r tegell ac agor giât y capel. Yna dôi'n ôl i fyny'r grisiau dan ganu 'Tyrd Ysbryd Sanctaidd' er mwyn creu awyrgylch Sabothol a styrbio pob cysgadur dan ei do i 'siwtio am y capel'. Byddai'n rhaid i ni i gyd fynd i bob oedfa oherwydd na wyddem sut i'w wrthod, hyd yn oed wedi i ni dyfu'n oedolion.

Yn y seiat, wedi'r oedfa ar nos Sul, byddai'n hael ei ganmoliaeth i'r pregethwr drwy gyfeirio at ei neges fel 'pregeth gymanfa'. Byddai'n hoff iawn o gwmpeini pregethwyr ar ei aelwyd i sôn am bregethau. Cyfarchai wrandawyr ar y stryd neu yn y capel gyda 'Wel deulu,' neu 'Annwyl deulu'. Ni fynnai bechu neb a byddai ar delerau da gyda phawb bob amser. Byddai'n ymddwyn yn foneddigaidd iawn tuag at bawb. 'Syr,' fyddai pob meistr iddo a byddai ganddo hen duedd anffodus a etifeddodd o'i blentyndod i 'Syrio' pob Sais. Tri defnydd oedd i'w gap — i gadw'i ben moel yn gynnes, i'w gyffwrdd i ddangos parch i bobl a hefyd, braidd yn anaml, i'w dynnu i'n slapio ni pan oeddem yn camymddwyn. Pan eisteddai un ohonom wrth ei ochr i gael pryd o fwyd 'roedd ganddo ryw arferiad o rwbio'i ben yn ein pennau i'n mwytho a dweud 'A-a-a 'ngwas i,' neu 'A-a-a'n lodes i' wrth un o'r merched.

Ac eithrio pan fu'n wael gyda'r 'ddafod wyllt' am chwe wythnos heb ddimai o gyflog nid wyf yn cofio iddo fod gartref yn ddi-waith o gwbl.

Ar ffermydd Môn cyn dyddiau'r tractor cyflogid nifer mawr o weision, a rhagor na dwsin ar fferm fawr ar ambell dymor. Fy nhad fyddai'r hwsmon yn amlach na neb am mai fo fyddai'r pen-gwas yn canlyn y ceffylau. 'Roedd yn hoff ac yn falch o'r ceffylau dan ei ofal ac, fel yr arferid gwneud ar lawer fferm arall 'roedd ganddo yntau ryw ystryw i 'ddwyn' bwyd ychwanegol oddi ar ei feistr i geffylau ei feistr. Falched oedd pan enillai ceffyl gwedd dan ei ofal y wobr gyntaf ym mhrimin Bodedern. Byddai'n rhaid iddo fod yn y stablau gada'r ceffylau erbyn chwech o'r gloch y bore ac ni châi noswyl am o leiaf ddeuddeg awr arall, a mwy na hynny yn y gwanwyn a'r haf. Ni chofiaf iddo gael mwy na phunt yr wythnos erioed am stryffaglio rownd y rîl yn ddigwyno, ddiflino, ddiwyliau. Dyna paham mai yn y capel y gwelem ef amlaf pan oeddem yn blant bach.

Cerddodd gannoedd o filltiroedd rhwng cyrn gwŷdd y tu ôl i wedd o geffylau. Pan fyddai'n aredig awn i'r cae ato weithiau i chwilio am wyau cornchwiglod a phan ddeuai amser noswyl a gollwng codai fy nhad fi ar gefn un o'r ceffylau i gael fy nghario at y stabal. Dyna gynnes fyddai cefn llydan y ceffyl oddi tanaf a'r mwng fel cobennydd ddidudded esmwyth dan fy mhen.

Difyr fyddai mynd i fferm lle gweithiai fy nhad amser cynhaeaf gwair hefyd. Byddai'r cynhaeaf, o ladd y gwair hyd at y llwyth olaf i gau'r das, yn cymryd tua chwe wythnos fwy neu lai. Lladdfa oedd codi'r gwair rhydd gyda phicwarch o'r cocyn gwair i ben llwyth y drol neu o waelod trwmbal y drol i ben y das ar ddiwrnod poeth, gyda chymysgedd o chwys a had gwair ar gefn blinedig. Dyna adfywiad i gorff ac enaid fyddai ymweliad morwyn â'r cae gyda llond piser o laeth enwyn i ddisychedu'r lluddedig. Byddai'n well gennyf hongian fel mwnci wrth raffau'r llwyth ar din carfan y drol na chael fy nghario yn y drol wag i'r cae am lwyth arall. Mor hamddenol oedd teithiau'r hen drol yn ôl ac ymlaen i'r ardd-ŷd ac o'r naill gocyn gwair i'r nesaf yn y cae.

Nid oedd gwell crefftwaith na thoi tas gyda brwyn fel na fyddai diferyn o law yn cael drwodd at y gwair yn stormydd gwaetha'r gaeaf. Gresynwn weld y llun perffaith a wnaethai fy nhad yn cael ei ddifetha pan dorrid y wanaf gyntaf o'r das â chyllell wair enfawr. Yr un chwithdod ag a deimlir wrth weld torri teisen briodas hardd. Mynd i'r ffasiwn drafferth, ac i beth?

Ar wahân i'w deulu a'i gapel a'i geffylau a'i Faco Amlwch, diddordeb nesaf fy nhad, yn rhyfedd iawn, oedd paffio. 'Roedd yn ddyn heini ac, er yn fychan o gorff, yn ei ddydd 'roedd ganddo ddyrnod sydyn. Byddai'n rhaid i Huw o'i *Daily Herald* roddi pob gwybodaeth iddo am Jack Peterson, Max Schmelling, Ben Foord ac eraill, ac yn hwyliog ddireidus byddai'n galw Mam yn 'Mrs Larry Gains' weithiau. Daeth Tommy Farr yn arwr mawr iddo. Cafodd Bessie, fy chwaer, lofnod Lee Savold, pencampwr paffio pwysau trwm y byd, ynghyd â nodyn personol i 'William Jones' gan y paffiwr. ''R'uwd annw'l!' meddai 'Nhad gyda balchder hogyn bach, 'A'i sgwennu o 'di hwn ia? Tewch da chi!' Pan ddeuai'r Parch. Talwrn Jones (Capel Mawr, Bodorgan) heibio i bregethu byddai'r ddau hen sant yn ymgolli mewn sgwrs am baffwyr er iddi fod yn Sul!

'Roedd gan fy nhad nifer o faledi ar ei gof ac adroddai hwy'n ddifyr inni. Baled am y *Primrose Hill* a suddwyd mewn storm ger arfordir gogledd Môn:

Ei llwyth hi ydoedd gwartheg
A defaid hefyd rai
Ond ar hen gorn y 'Skerries'
Y rhoddai'r byd y bai.

ac am y *Royal Charter*:

Fe basiodd ben Caergybi
Heb lechu at y lan,
Ond cafodd storm ofnadwy
Rhwng Môn a'r *Isle of Man.*'

Dylaswn fod wedi eu hysgrifennu i'w cadw fel yr adroddai fy nhad hwy.

Gallai rigymu'n ddifyr ddoniol ei hun hefyd ac 'roedd brawd ei fam, Gwilym Grug, yn fardd lleol reit dda. Pan fyddem yn y gegin gydag ef ambell noson, ar ambell achlysur go brin, byddai'n sydyn iawn i gyfansoddi pennill am bob un ohonom. 'Roedd yn llawn hiwmor a direidi a hynny'n treiddio i'w benillion i greu hwyl.

Fel rheol, cysgai chwech ohonom yn y llofft gefn mewn dau wely. Byddai fy nhad eisiau mynd i gysgu ar ei union a diffodd y gannwyll gan fod rhaid iddo godi i fynd am y ceffylau tua phump o'r gloch y bore. Mynnai Ifor a'r gweddill ohonom siarad a chyboli wedyn yn y tywyllwch. Byddai 'Nhad o'i go' ac yn bygwth y byddai'n galw am 'Bodedar' i'n setlo ni'r noson wedyn. 'Bodedar' oedd plismon Bodedern. Dro arall fe droai'r hwyl yn ymryson rhigymu ac fe ymunai yntau yn yr hwyl wedyn. Dechreuai Ifor gyda rhywbeth fel hyn:

Faint am y tarw?
Meddai Huw Jones r'Arw.

ac yna rhywun arall gyda

Pedair a chweigian,
Meddai gŵr Bodleigan.

ac ymlaen hefo

Ydi o'n puo?
Meddai Jôs Llanllibio.

Os methech â chyfrannu, 'Dos i gysgu!' fyddai'r gosb.

Er gwaethaf ei dlodi bydol clywais ef yn dweud lawer gwaith, 'Does arna' i isio dim am wn i.' A dyna oedd cyfrinach ei hapusrwydd. 'Roedd o'n fodlon ar ei fyd ac ar y cyfoeth oedd ganddo yn Iesu Grist, ei deulu a'i iechyd. Ys dywed un diffiniad Saesneg o hapusrwydd, *'Happiness does not depend on the abundance of our possessions, but on the fewness of our wants.'* Yr unig beth y cwynai yn ei gylch oedd diffyg sêl pobl dros Achos Iesu Grist.

Bwyd a Dillad

Bara a thatw oedd asgwrn cefn ein hymborth beunyddiol pan oeddem yn blant. Pe byddai digwydd imi fynd i wneud neges i rywun neu fynd i dŷ un o'm ffrindiau byddai yna gynnig parod, 'Gym'ri di frechdan, 'ngwas i?' a byddwn yn falch a diolchgar iawn o dderbyn.

Bwyd cyffredin iawn gennym oedd 'bara 'the', a hynny fyddai'n frecwast inni fel rheol. Rhoddid cwpanaid o de i mi a brechdanau. Byddwn yn torri'r frechdan yn grystiau mân a'u mwydo yn y te nes llenwi'r gwpan. Yna troi'r gwpan ben-ucha'n-isa i wagio'r bara 'the ar y soser nes byddai fel tŵr castell, yn ffurf y gwpan. Ychwanegid siwgwr am ben y gymysgfa flasus cyn torgladdu'r dail te a'r cwbl. Byddai rhoi bara mewn broth cwningen yn ffefryn hefyd, yn ogystal â'r bara llefrith melys ond caseid y bara llaeth chwerw — gennyf i beth bynnag.

Drwy drugaredd 'roedd digon o laeth ar gael o'r ffermydd lleol ac am geiniog caem lond piser ocsyn (a ddaliai hanner cymaint â phiser dŵr a thua chwe gwaith cymaint â phiser llefrith). Powlaid o datw llaeth felly fyddai'r prif bryd gan amlaf. Dro arall pan ddeuai Mam adref o fferm Tŷ Croes gyda rwdan neu pan fyddai'n amser ffa o'r ardd caem stwns rwdan neu stwns ffa a menyn fferm neu laeth ar ei ben. Yn nhymor y mwyar duon gwnâi Mam lond sosban fawr o bwdinau berwi mewn cadachau. Byddai gorfwyta bob amser o'r pwdin berwi bendigedig hwnnw a llefrith drosto i gyd. Byddai'r pwdinau 'Dolig hwythau wedi eu berwi mewn cadachau. 'Roedd yna flas arbennig hefyd ar y menyn toddi a wnâi Mam i'w roi ar ben y pwdin 'Dolig. Dyna drist fyddai claddu'r olaf o'r rheiny cyn canol Ionawr. Ond i mi, fy hoff wledd fyddai pwdin reis wedi ei ferwi mewn sosban gyda chyrens ynddo a'r rheiny wedi chwyddo yn y berwi. Mae pwdin reis yn dal i fod yn ffefryn gennyf ond ni chefais erioed bwdin reis cystal ag a wnâi Mam yn yr hen sosban ddu honno ar dân glo cegin Tŷ Capel.

Diwrnod yn unig fyddai'r Nadolig yn para'r adeg honno nid tymor fel y gwna heddiw. Bron yn ddieithriad gwnâi Mam ginio Nadolig inni o gwmpas y darn gorau o borc a fyddai gan Owen Jones, Tyddyn Waun ar ei drol-gigydd ond, ar adegau prin, gŵydd fyddai'r *pièce de résistance*. Cedwid y saim gŵydd i'w ddefnyddio drwy'r flwyddyn i ystwytho'r esgidiau hoelion mawr i fynd i weithio. Ddiwrnod neu ddau cyn y 'Dolig gwnâi Mam bâst hefo blawd a dŵr i ni lynu stripiau o'r *Daily Herald* neu'r *Cloriannydd* i wneud cylchau i gadwynau o drimins. 'Roedd y *Papur Pawb*, o liw pinc gwan, yn rhoi tipyn o liw i'r addurniadau! O ddeall fod Santa Clos yn ddyn mor garedig pam tybed mai dim ond afal, oren a thipyn o bethau da a roddai yn hosanau plant Tŷ Capel ond yn rhoi teganau o bob math i'm ffrindiau, John Bryn Aber, plant Tŷ Croes a Bob Post? Oedd gan Santa Clos rywbeth yn erbyn capel tybed? Bu raid disgwyl nes oeddwn yn saith oed cyn cael gwybod yr ateb yn iawn.

Cynhelid *'Christmas Trees'* yn Llanfwrog ac ym Modedern yn yr wythnos wedi'r Nadolig. Cyn bod yn ddigon hen i gerdded yno gyda Mam a'r gweddill hŷn o'r teulu arhoswn gartref gyda fy nhad a'r plant ieuengaf.

Dyna'r adeg pan fyddai 'Nhad ar ei orau yn rhigymu i'n diddanu ac yn trio'n cael ninnau i rigymu hefyd. Ni fyddai'n meddwl am ein rhoi yn y gwely — gormod o drafferth mae'n siŵr — ac am na fyddai'r *Christmas Tree* drosodd tan tua hanner nos byddem wedi syrthio i gysgu ar yr hen fat racs o flaen y tân, a'r gegin yn llawn o fwg baco Amlwch erbyn i Mam gyrraedd adref.

Y *Christmas Tree* cyntaf y cefais fynd iddo, a cherdded wrth gwrs, oedd yn 'Sgoldy Capel Llanfwrog yn 1933 a minnau'n saith oed. 'Roedd yna rwyd fawr wedi ei hongian ar draws un talcen i'r 'sgoldy a honno dan ei sang o anrhegion o bob math wedi eu rhifo. Byddai pawb yn talu am docyn a chinio. Wedi'r wledd o gig a thatw popty a chlirio'r llestri budron byddai ambell dalent leol o gantores neu adroddwr yn ein diddanu, a gair gan y llywydd, cyn rhoi'r busnes pwysig yn nwylo'r 'Santa'. Deuai hwnnw ymlaen o flaen y goeden a galw rhifau. Disgwyliwn yn eiddgar am fy rhif i ac yn fwy eiddgar a gobeithiol byth y cawn y bws, y trên bach, y chwip a thop neu un o'r pethau eraill yr oeddwn wedi sylwi arnynt yn y rhwyd fawr. Er mor hwyr y byddem yn mynd adref caem ni'r plant lawer o hwyl yn rhedeg o flaen yr 'hen bobl' i guddio a'u dychryn wrth iddynt fynd heibio. Byddai tyrfa dda o bobl yn cerdded y ddwy filltir o Lanfachraeth i Lanfwrog ac i *Christmas Tree* Bodedern ar noson wahanol.

Gwledd arall a gaem heb ei disgwyl weithiau oedd samon o Afon Alaw tua mis Tachwedd. Byddai Huw, Ifor, Glyn ac eraill o'u cyfoedion yn mynd gen yr afon pan oedd llif ynddi. Lamp beic a charbeid yn ei thanio fyddai ganddynt i oleuo'r afon, a phan welid samon byddai'r dyn gyda'r dryfer yn ei sticio a'i godi o'r dŵr. Wrth fwynhau'r wledd byddwn yn gwrando'n astud ar straeon am weld y samon, am ei ddal, am y rhai mwy a welwyd yn diflannu i ryw bwll dwfn ac am y plismon yn erlid potsiars. Llwyddodd plismon Llanfaethlu unwaith i ddwyn tryfer coes-hir Ifor a bu gwraig y plismon yn ei defnyddio fel polyn lein ddillad, nes dywedodd William Edwards, Plas Newydd, cymydog y plismon, wrth Ifor ble'r oedd ei dryfer! 'Roedd yna lawer o hwyl i'w gael wrth fynd i chwilio am ryw 'un samon bach' i swper ac ni welem lawer o ddrwg yn y tipyn potsio o'n safbwynt ni fel teulu llwglyd yr adeg honno gan na pheryglid fawr ddim ar ddyfodol y samon yn Afon Alaw. Fodd bynnag, ers tuag ugain mlynedd bellach mae potsiars masnachol yn gosod rhwydi enfawr ar draws yr aber i ddal pob pysgodyn a geisia fynd i fyny'r afon. Yna gwerthant gannoedd o samon i dai bwyta ac i westyau mawr yn Lerpwl, Manceinion a Brimingham gan frolio'r arian mawr a gânt amdanynt.

Weithiau byddem yn cadw mochyn a gâi ei fwydo gan bawb yn eu tro a phan fyddai wedi ei besgi chwiliai 'Nhad am rywun i'w ladd. 'Does gennyf ddim cywilydd o ddweud ein bod wedi crio llawer wrth feddwl am dynged y mochyn druan a oedd fel anifail anwes i ni. Richard Hughes o Fodedern a ddeuai i'w ddienyddio ac yn stabal Tŷ Capel yn gwneid yr anfadwaith. Clywais hanesyn am Sais o'r Fali yn ceisio gwneud trefniant i gael lladd ei fochyn gan Richard Hughes. Nid oedd gan yr hen laddwr ryw lawer o Saesneg, ac fel hyn yr aeth y sgwrs:

'Can you come and kill my pig for me, Hughes?'

'Yes.'

'I want you to come today. I've got everything ready.'

'No, cannot.'

'Roedd Richard Hughes eisiau lladd ei fochyn ei hun y diwrnod hwnnw.

'Why, Hughes?' gofynnodd y Sais, ac meddai'r hen Gymro, *'I kill myself today. I kill you tomorrow.'*

Wedi i Richard Hughes noswylio o'r gwaith John Hughes, Tyddyn Sherriff fyddai'n dod heibio i ladd wedyn. Gwerthid darnau o'r mochyn i dalu am ei fwyd ac am y gost o'i ladd ond byddai Mam yn halltu'r gweddill i fwydo'r tylwyth. Gwneid brôn da o ben y mochyn a chaem ninnau ei swigan i chwarae pêl-droed, tra parai.

'Roedd dilladu'r teulu yn gymaint o broblem â'u bwydo i Mam. Prin iawn, iawn y ceid dillad newydd. Llwyddai i gael llawer o ddillad oedd wedi eu troi heibio o'r cartrefi y byddai'n gweithio ynddynt. Gan ei bod yn golchi a smwddio dillad yn y cartrefi hyn byddai wrth law pan sylwai'r feistres ar gyflwr y dillad ac weithiau dywedai honno am ambell ddilledyn, 'Waeth i chi daflu hwn, Mrs Jones, neu ei iwsio fo fel cadach glanhau, os na f'asach chi'n lecio ei gael o eich hun!' Yn Nhŷ Capel yn hwyr i'r nos byddai Mam yn brodio, trwsio, gwnïo a chlytio i 'wneud y gamp o ailwampio' nes byddai'r dillad ail-law yn cael estyniad i'w hoes ymhell tu hwnt i oed eu haddewid. Fel y byddai un plentyn yn tyfu allan o'i ddillad byddai'r plentyn nesaf yn tyfu i'w ffitio. 'Roedd cael esgidiau i'r teulu yn fwy o broblem. Pan geid esgidiau ail-law gwnâi fy nhad ei orau glas i'w haddasu, ac os byddai'r esgidiau'n rhy fawr byddai'n rhaid stwffio darnau o'r *Daily Herald* i'w blaenau. Cafodd Mam bâr o esgidiau od iawn rhyw dro ar ôl hen ffermwr. Rhai melyn uchel oeddynt, o oes y Frenhines Victoria yn ôl pob golwg. Bu raid i Llew fy mrawd eu gwisgo i fynd i'r Cownti Sgŵl am gyfnod a bu'n gyff gwawd i'w gyd-ddisgyblion o'u herwydd. Do, buom yn dioddef llawer yn yr ysgol oherwydd y dillad ail-law a wisgid gennym ac unig gysur Mam inni oedd, ''Rydych chi cyn laned â neb beth bynnag.'

Os mai problem oedd bwydo a dilladu yna llafur caled dyddiol oedd y dillad glân. Rhoddid y dillad budron yn y dŵr poeth mewn twb sinc crwn i'w dolio. Ffurfiwyd y gair dolio o 'doli', sef yr erfyn pren pedair fforch a ddefnyddid i droi a stwnsio'r dillad, gyda'r un egwyddor â'r peiriant golchi modern. Yna rhoi'r dillad drwy'r mangl i wasgu cymaint â phosibl o'r dŵr ohonynt cyn eu rhoi ar y lein neu dros lwyni i sychu. 'Sicion' y gelwid y dŵr golchi wedi i'r dillad fod drwyddo, a rhoddid hwnnw i ddyfrio'r riwbob neu'r rhesi tatw wedyn. Y dasg nesaf fyddai smwddio'r dillad ar fwrdd y gegin rhwng y prydau bwyd. Byddai'n rhaid cael dau hetar smwddio fel eu bod bob yn ail yn y tân yn poethi a bob yn ail yn gweithio ar y bwrdd. Rhoddid y pentwr dillad glân i aerio wedyn ar lein dair roden yn hongian uwch y lle tân.

Pan aeth Huw gyda'i gist i letya yn llofft storws ac i weithio ar fferm Pen Cledog, y Fali byddai'n rhaid danfon dillad glân iddo a dod â'i ddillad budron adref. Cofiaf mor eiddigeddus oeddwn o'i lofft uwch ben y stabal ym Mhen Cledog. Llofft gyfan iddo fo'i hun, a dwy ffenestr iddi, a honno gymaint yn fwy na llofft gefn Tŷ Capel. Wedi i Huw fynd i weithio a chysgu i Ben Cledog nid oedd raid i'r un ohonom wedyn gysgu yn nhraed y gwely pan ddeuai Glyn adref am saib o'r fyddin.

Capel Bach

Adeiladwyd Bethesda a'r Tŷ Capel a'i stabal yn 1834. Yn ôl y Parch. W. Williams yn *Eglwysi Annibynol Môn*, 1862, 'Nid oedd yn y gymdogaeth hon yr adeg honno ond dau aelod yn perthyn i'r Annibynwyr, sef Owen Williams, Pen y Graig a'i briod.'

Yn 1910 y daeth fy rhieni yno, a hynny i 'ofalu am gysur ac anghenion pregethwyr ac addolwyr . . .' yn ôl y cytundeb a wnaed rhyngddynt a Bethesda. Yn fy nhyb i, gwnaethant hynny ar ei ganfed.

Ni chaniateid i ni redeg a rasio na gweiddi na dringo na defnyddio siswrn na gwneud llawer o bethau eraill ar y Sul. O ardd gefn Tŷ Capel gellid gweld y ffordd fawr a fyddai ar y Sul yn ddu gan bobl yn mynd a dod rhwng y pentref a chapel Pont-yr-Arw. Deuai rhyw syrthni drosom yn seddau'r capel o wres yr haul drwy'r ffenestri yn yr haf, ac o aroglau cynnes llosgi'r paraffin yn y gaeaf. Yn y gwanwyn a'r hydref deuai'r syrthni drosom 'run fath o lais undonog ambell bregethwr. Ceisiai Ifor fyrhau'r oedfa drwy roddi 'pumpys' i'r cloc, hynny yw troi bys mawr y cloc ymlaen rhyw 'chydig, ond byddai sawl pregethwr hirwyntog, diflas yn anwybyddu'r cloc beth bynnag.

Gwan iawn mewn nifer oedd aelodaeth selog y Capel Bach yn y tridegau: Owen Hughes, Tregwehelyth a'i ddau fab, Francis a Huw Owen; Miss Jane Hughes, Siop Graig; Robert Pritchard y Sgŵl a theulu Tŷ Capel. Unwaith y mis ar nos Sul yn y seiat byddai Mr Pritchard yn 'galw'r llyfr', hynny yw, galw enwau'r aelodau i gyd a hwythau yn eu tro yn dod at y pulpud bach i dalu aelodaeth.

Cynhelid yr Ysgol-Sul-Un-Dosbarth yn y prynhawn yn ddieithriad a byddai'n rhaid dysgu adnod ar ei chyfer. Gan ein bod yn ffurfio taith bregethwyr gyda Saron Bodedern byddai pregethwr y daith gyda ni yn yr Ysgol Sul bob yn ail Sul. Byddai gan un pregethwr, Llew Llwydiarth, ryw arferiad od a barai lawer o hwyl i ni. Rhoddai wahanol 'enwau o'i ben' i bob un ohonom wrth ofyn cwestiwn inni. Anelai gwestiwn at Ifor fy mrawd, dyweder, a'i alw'n 'Huw Bach', galw Llew yn 'Robin Bach', neu fi yn 'John Bach', ac yn y blaen.

Un arall o'r pregethwyr cynorthwyol gyda rhyw ddywediad cofiadwy oedd W. O. Williams, Llangefni (Wilias Monfa neu Wilias Oswestry). Pan fyddai cloc y capel yn dweud wrtho ef a ninnau fod y bregeth yn mynd braidd yn hir dywedai W.O.: 'At hyn dwi'n dŵad . . .' ac âi ymlaen am bum munud arall cyn dweud 'At hyn dwi'n dŵad . . .' drachefn i geisio cadw'n diddordeb drwy obaith fod diwedd y bregeth rownd y gongl. Gofynnodd fy nhad iddo unwaith wrth y bwrdd cinio, 'Sut mae'r gweinidog newydd yn giardio 'cw, Mistar Wilias?' Rhoes W.O. ei gyllell a'i fforc i lawr ac atebodd yn destamentaidd, 'Ga' i roi o fel hyn i chi, William Jôs, dyn y ddwy dalent ydi Mistar Clark ac yn gwneud yn fawr o'i ddwy dalent hefyd.'

Pan oeddwn yn y Cownti ac wedi dod yn ddigon clyfar i ddarllen, i drafod ac i dderbyn damcaniaeth Darwin am esblygiad torrais ar draws fy nhad yn yr Ysgol Sul unwaith pan oedd yn canmol darpariaeth Duw yng ngardd Eden ar gyfer y dyn a'r ddynes gyntaf ar wyneb daear. 'Fuo 'na ddim ffasiwn bobol ag Adda ac Efa,' meddwn.

'Brensiach annw'l! Sut wyt ti am egluro cychwyn dynoliaeth 'ta? Wyt ti am dynnu'n groes i Dduw, o bawb?' gofynnodd 'Nhad.

Atebais, 'Nid o Adda ac Efa y cychwynnodd y ddynoliaeth ond datblygu'n araf o bysgod ac ati i fyncwns o ryw fath ac wedyn i bobol.'

'Yldi, Rhisiart,' meddai 'Nhad gyda phwyslais ar bob gair, ''dydi pobol sy'n credu petha' fel'na ddim wedi gorffen datblygu o fyncwns.'

Cofiaf seiat yn cael ei gynnal ar nos Fawrth a 'Nhad yn dod i'r capel yn ei ddillad gwaith, yn syth o stabal ceffylau'r Erw Fawr. Pan elwid arno i gymryd rhan clywid ei drywsus melfaréd yn chwibanu wrth iddo droedio llwybr y capel i'r sêt fawr. A phan benliniai i weddîo gwelid pedolau ei 'sgidiau mawr a sbarblis y gwadnau a'r clemiau blaen-troed yn sgleinio yng ngolau'r lampau paraffin. Byddai diwrnod y Moddion, sef y cyfarfodydd diolchgarwch am y cynhaeaf, yn arbennig i 'Nhad, a'n cyfarfodydd pregethu blynyddol yn y gwanwyn yn brofiad ysbrydol iddo. Byddai gennym ddwy noson, yn ddwy gymanfa-dau-bregethwr yn y Capel Bach. Fy nhad fyddai'n cael dewis un pregethwr ac fe wyddai pawb mai'r Parch. R. H. Williams, Chwilog fyddai hwnnw. Dewisid y tri phregethwr arall drwy bleidleisiau wedi enwebu rhyw hanner dwsin o hoelion wyth. Byddai'r sêt fawr yn llawn o wrandawyr yn dal ar bob gair a ddywedai'r pregethwr ac yn porthi'r gwirionedd gyda gwres ac arddeliad '04. Yn amlach na heb gair neu ddau fyddai'r porthiant — 'Amen', 'Ia Wir', 'Haleliwia' neu gymryd gwynt yn drystfawr drwy'r geg gyda rhyw 'A-aah'. Un noswaith, a'r Parch. Wynne Jones, Caergybi yn pregethu ar demtio Iesu Grist daeth brawddeg gyfan o borthiant o enau'r hen Robert Robaits farfog, o'r Pontig, a hynny'n hollol naturiol. Meddai'r pregethwr, 'O! mae'r diafol yn stimrwg iawn. Stimrwg iawn hefyd!' ac meddai Robert Robaits yn reddfol brofiadol felly, 'O! bobol ann'wl, ydi'n wir, ydi'n wir!'

O'r holl bregethwyr a glywyd o bulpud Bethesda mae'n debyg mai'r Athro Dafydd ap Thomas o Lansadwrn a rychwantodd fwyaf o flynyddoedd o wasanaeth inni. A hithau'n eira mawr yn yr ardal tua 1937 gwelwyd y 'Dafydd ap' ieuanc yn mynd drwy'r pentref ar *skis* ar ei ffordd o stesion Fali i gapel Bethania Llanddeusant.

Clywais amryw o bregethau gwych iawn yn y capel bach a fu o gymorth i mi i ymladd fy ngwendidau. Cofiaf y diweddar Barch. W. T. Gruffydd (Llandeilo gynt) yn cychwyn ei bregeth fel hyn rhyw fore Sul: 'Fasach chi'n lecio byw i fod yn hen? Mae gen i briscripsiwn i chi'r bora 'ma — concro cenfigen.' A fu gwell cyngor i hapusrwydd a hirhoedledd? Y Parch. R. G. Williams, Llannerch-y-medd hefyd gyda'i bregeth ar greigiau Esion Gaber yn esgor ar siom sy'n chwalu gobeithion. Y Parch. Idwal Jones, Llanrwst a'i 'flodau sipsiwn' o gymdeithas heb wreiddiau. A llawer mwy . . .

Fel y bu Soar i Islwyn Ffowc Elis, felly hefyd y bu Bethesda i minnau, 'yn dystysgrif fod i mi . . . garu 'Ngwaredwr yn annwyl pan oeddwn i'n ddim-o-beth rhwng ei furiau ef.' Do, bu'r oriau yn hir a diflas yno lawer gwaith ond heddiw, dros ysgwydd y blynyddoedd diolchaf am rieni na roisant ddewis i mi ond mynd i'r capel.

Petae modd iddo fod wedi bod yn ein capel gorlawn

buasai fy nhad wedi mwynhau a phorthi pregeth y Parch. R. H. Williams, Chwilog, wrth gwrs, yn yr oedfa goffa amdano. Cafodd Mr Williams ei destun yn Philipiaid, yn y bumed adnod ar hugain o'r ail bennod, lle gwelai debygrwydd rhwng Epaphroditus a 'Nhad, yn ninodedd, gwasanaeth a brawdgarwch y ddau — fy mrawd, fy nghyd-weithiwr a'm cyd-filwr.

Nid oes addoldy Annibynnol yn Llanfachraeth mwyach gan fod Bethesda a'r Tŷ Capel yn prysur ddadfeilio, a bu'r gwasanaeth diwethaf yno yn y saithdegau cynnar.

Yn Awst 1985 cefais alwad i Lanfachraeth i gyfarfod ag Americanwr oedd wedi dod i holi am gapel yr Annibynwyr. Erbyn i mi gyrraedd Llanfachraeth 'roedd rhywun wedi ei gyfeirio i'r Tŷ Capel Methodist, cartref Bob Griffiths (Machraeth), ac yno y cyfarfûm ag ef. William Raymond Marley oedd ei enw, a'i gartref yn Whitesboro, Utica, Efrog Newydd. Gŵr tuag wyth a thrigain oed ydoedd, yn ddwy lath o daldra ac yn nerthol ei gorff. Dyma'r tro cyntaf iddo ddod i Gymru. Ar wahân i fod yn ymladd yn Ynysoedd y Philipines yn yr ail ryfel byd ni fu allan o'i wlad ei hun o'r blaen. Eto i gyd, a hyn oedd yn rhyfeddol i Machraeth a minnau, siaradai William Raymond Marley Gymraeg cystal â ninnau.

'Sut, felly?' holais.

''Roedd fy nhaid, mab i Owen Williams a oedd yn aelod cyntaf o'ch capel Annibynnol yma,' meddai, 'wedi dod i fyw i America ac fe ddysgodd Gymraeg i'w blant i gyd, gan gynnwys fy mam. Ni fu fy nhaid yn ôl yng Nghymru ac ni fu Mam erioed allan o America, ac eto, 'roedd Mam, er iddi briodi â Gwyddel, wedi mynnu ein bod ni'r plant yn siarad Cymraeg gartref bob amser.'

Dywedodd ei fod wedi cael cryn drafferth i ddod o hyd i Lanfachraeth. Lletyai'r noson gynt ym Mhenrhyndeudraeth. Oddi yno aethai i gyfeiriad Ynys Môn, drwy Fetws-y-coed. Dywedodd ei hanes wrthym yno yn holi rhywun ger un o'r siopau am y ffordd i Lanfachraeth, Ynys Môn.

'Esgusodwch fi,' meddai Marley, 'a fedrwch chwi ddweud wrthyf y ffordd i Lanfachraeth, Ynys Môn?'

'I don't speak Welsh,' meddai'r dyn a holid.

'Why don't you speak Welsh?' gofynnodd Marley.

'Oh! I come from Landoodno,' oedd yr ateb.

'Shame on you! I come from the United States of America, and have never been in Wales before but I speak Welsh and am proud of it. You and your Landoodno!' meddai'r Americanwr yn ddiamynedd. Gresyn na fyddai mwy o bobl fel William Raymond Marley yn digwydd taro ar ragor o drigolion Landoodno, Holyhead a llawer lle arall yng Nghymru.

Dyna Bethesda, y Capel Bach, a'i bennod yn llyfr hanes wedi dod i ben.

Inffans a Rŵm Ganol
(Ysgol y Cyngor 1931-35)

'Does gennyf gof yn y byd am fynd i'r ysgol am y tro cyntaf. Mae'n rhaid fy mod wedi mynd yno yn llaw brawd neu chwaer hŷn. Yr argraff a gefais o'r Inffans oedd fy mod mewn carchar a minnau wedi diflasu f'enaid yn y lle. 'Roedd yna ffenestr enfawr yn wynebu'r gorllewin a'r awyr yn llenwi pob chwarel ohoni. Treuliwn lawer o'm hamser yn edrych drwyddi yn gwylio'r glesni yn edliw amser chwarae, neu'r cymylau'n patrymu ffurfiau cynefin a dieithr i mi. Ceryddwyd fi'n llym unwaith pan gollais arnaf fy hun yn ceisio dangos pen ci yn y cymylau i Harri Gwynfa, ac yntau'n methu gweld y rhyfeddod. 'Roedd amser chwarae'n fyr ac amser eistedd-yn-llonydd yn hir a rhyw *'fold arms'* tragwyddol yn gwneud delwau ohonom yn ein desgiau. Gyda phensil lechen y byddem yn ysgrifennu, a hynny ar lechen wedi ei fframio â phren, a throi'r llechen trosodd i wneud syms ar yr ochr arall. Ceryddid ni'n aml am boeri ar y llechen a defnyddio llawes jersi i'w glanhau yn lle defnyddio cadach wedi ei wlychu â dŵr o hen botel *scent* i'r pwrpas.

'Doedd neb yn falch o weld y deintydd yn ymweld â'r ysgol ond 'roedd llawer ohonom yn eithaf hapus o gael ein symud o'r Inffans i wneud lle iddo wneud ei syrjyri yno. Symudid ni o'r gaethglud i orlenwi'r ystafell ganol am ychydig ddyddiau. Cymysglyd felly oedd ein teimladau, fel rhai'r dyn hwnnw a wyliai ei fam yng nghyfraith yn gyrru yn ei fodur newydd dros glogwyn! Y cofnodiad yn llyfr lòg yr ysgol fyddai rhywbeth tebyg i hyn: *'Mr Elwyn Jones, the school dentist from Bangor came to do the annual extractions.'* Byddai'r *extractions* yn ddidrugaredd waedlyd a phoenus ac yn esgor ar sgrechiadau dychrynllyd drwy'r sgrîn o'r Inffans, a phawb mewn braw yn disgwyl ei dwrn. 'Roedd gweld y dioddefwr, gyda chadach gwyn yn prysur gochi dros ei geg, yn gwegian drwy ddrws gwaredigaeth y sgrîn wedi'r driniaeth yn codi arswyd ar bawb. Byddai ffigurau absenoldeb yr ysgol yn uchel yn ystod y cyfnod hwn.

Ni fûm yn hapus o gwbwl yn ystod fy nwy flynedd o garchar yn yr Inffans. Profiadau chwerw ar y cyfan a gefais yno. Cofiaf i mi gael dimai gan Huw, fy mrawd hynaf, unwaith am bicio i'r siop i nôl llafn eillio iddo. Trannoeth ar fy ffordd i'r ysgol prynais *Chicago Bar* yn y Mona Stores gyda'r ddimai, a dyna ddechrau gofidiau i mi yn yr ysgol am y diwrnod hwnnw. 'Roedd rhywun wedi colli ceiniog a rhyw chwidlwr wedi dweud wrth yr athrawes iddo 'ngweld i'n gwario yn y Stores. 'Roedd y dystiolaeth amgylchiadol yn ddigon iddi fy rhoddi ar brawf. Galwyd fi o'm desg i gael fy nghroesholi gan yr athrawes, a'r plant fel ynadon digydymdeimlad yn glustiau i gyd ac yn mwynhau fy nhrallod. Bu'n rhaid imi sefyll wrth y bwced lo nes daeth chwaer fawr collwr y geiniog i'w nôl o'r Inffans amser cinio a rhoi iddo'r geiniog felltigedig a fu'n ei gofal i'w diogelu. Yn gamarweiniol efallai 'roedd gen i ryw deimlad nad oedd yr athrawes yn fy hoffi yn ei dosbarth.

Yn y blynyddoedd hynny 'roedd geiriau fel *diphtheria*, dicâu, pâs a *scarlet fever* yn ddychryn i mi am fod ambell blentyn yn marw o effeithiau'r clefydau hyn. Dyna sut y bu farw 'Mary bach', fy nghyfnither. Byddai rheolwyr yr ysgol, ar gymhelliad y meddyg, yn awdurdodi cau'r ysgol i ddiheintio'r adeilad wedi epidemig go ddrwg o un o'r clefydau hyn. Cofiaf fel y byddwn ar brydiau'n dymuno cael *diphtheria* neu un o'r clefydau eraill, dim digon drwg i farw, dim ond digon i gael sbario mynd i'r Inffans.

Deuai rhyw ddynes mewn dillad duon i'r ysgol yn ei thro, a ninnau'r plant fesul un ac un yn dangos ein pennau iddi. Nyrs Bowen oedd y 'frân ddu' honno, a hi oedd yn dod â babis i'n tŷ ni ac i gartrefi plant eraill hefyd am wn i. 'Roedd ganddi ges ar gariwr ei beic i gario'r babi, neu felly y dywedodd rhywun gwybodus iawn wrthyf pan oeddwn yn y ciw i fynd ati yn yr Inffans. Nid wyf yn cofio erioed i mi gael fy rhoi o'r neilltu fel un o'r 'pennau budron', a hynny oherwydd y byddai Mam wedi cael blaen arni. Caem driniaeth y crib mân yn rheolaidd gartref. Gosodai Mam ni i benlinio o flaen cadair bren ac weithiau gwelem y budreddi pen yn disgyn ar dudalen o'r *Herald* neu'r *Cloriannydd* a daenwyd i'w dal ar y gadair. Yna rhoddid paraffin dros ein gwalltiau cyn eu golchi â dŵr a sebon coch.

Yn addysgol 'roeddwn i'n gwneud yn wael yn yr Inffans a gosodwyd fi tua gwaelod y dosbarth ar ddiwedd fy nghyfnod yno. Ym Medi 1933, tua chynffon y ciw a arweinid gan Lisabeth Neuadd, geneth ddisgleiriaf yr Inffans, cefais waredigaeth drwy ddrws y sgrîn i'r Rŵm Ganol. Mr O. P. Jones oedd ein hathro yn y fan honno. Deuai ar ei feic yn ddyddiol o Gaergybi draw, taith o ryw un filltir ar bymtheg yn ôl a blaen. Yn y desgiau deuol 'roedd tyllau crynion i ddal potiau inc ac ni fuom yn hir cyn cael ein cyflwyno i'r pin dur a'r adwyth o dorri nibiau'n ddi-ben-draw. 'Roedd yna gryn dipyn o gyffro yn ein mysg pan gawsom ein dyfnu o'r bensel blwm.

Arferai athro'r rŵm ganol ein hanrhydeddu â stampiau am waith da. Rhoddai *Well Tried* inni am ddycnwch, a stamp *Good* am waith i'w blesio. Rhoddid stamp *Very Good* am waith eithriadol ac un *Excellent* am gamp brin, unwaith mewn canwaith felly. Cyn y 'Dolig yn ystod fy nhymor cyntaf 'roeddwn wedi ennill nifer o stampiau *Well Tried* a *Good*, ac un *Very Good* am siantio'n ddi-feth drwy'r tablau a ddysgem ar gof. 'Roeddwn yn dipyn o giamblar ar wneud syms hefyd ac, yn wir, yn dechrau mwynhau bod yn yr ysgol. Yn arholiadau'r Nadolig cyrhaeddais yr ail safle yn y dosbarth — tu ôl i Lisabeth Neuadd.

Yn fuan wedi'r Nadolig daeth anrhydedd fwyaf fy mywyd i'm rhan. Cawsom wers mewn Daearyddiaeth gan Mr Jones a chael edrych yn fanwl ar y *Globe* o'r byd. Dangosodd Mr Jones yr *Equator* i ni ac yna'r *Tropic of Cancer* a'r *Tropic of Capricorn* fel beltiau o gylch y byd. Wythnos yn ddiweddarach yn y wers Ddaearyddiaeth gofynnodd i ni beth oedd enw'r beltiau bob ochr i'r *Equator*. Yr unig law a godwyd i ateb oedd fy llaw i.

'Torpic of Cansyr a Torpic of Capricorn,' meddwn.

'Dowch yma, Richie,' meddai.

Fe'm cododd ar ben desg a rhoddodd stamp *Excellent* i mi, er i mi ynganu'r *Tropic* yn anghywir. Wyddwn i ddim pa ben i roi i'w lawr gan falched oeddwn, nes daeth Robin Tŷ Newydd Green, hogyn mawr o ddosbarth uwch, ataf yn ystod amser chwarae a rhoi clustan imi am fy nangos fy hun ar ben y ddesg a chefais rybudd ganddo i beidio â bod mor glyfar eto. Yn y fan a'r lle, yn saith oed, dysgais drwy ddagrau nad yw llwyddiant yn fêl i gyd!

Rhyw brynhawn 'roeddem yn cael gwaith llaw a'r plant yn gweithio fesul dau neu dri gyda'i gilydd. 'Roeddem i fod i dorri darn o gardbord i wneud blychau bach. Robin Tŷ Newydd Green oedd un o'r rhai a rannai'r darnau cardbord ac fe roddodd ddarn gwahanol, wedi ei gymryd oddi ar fwrdd Mr Jones, i mi a dweud, 'Hwnna wyt ti i fod i'w dorri — a gwna rŵan.' Mewn ofn marciais linellau lled rwler ar draws y darn cardbord heb oedi ac yna ei dorri'n stribedi. Daeth Mr Jones heibio i weld sut 'roedd pethau'n dod ymlaen gennym. Trodd fy stribedi trosodd a rhoddodd beltan imi ar fy ngwar nes bod fy nhalcen yn clecian yn erbyn y ddesg. Tra oeddwn yn dal i weld sêr gwaeddai uwch fy mhen, 'Rydach chi wedi difetha'r llun yma'r cena' bach drwg.' Ar yr ochr arall i'r cardbord a dorrais 'roedd llun o dylluan ar gyfer ei wers nesaf.

Erbyn amser chwarae 'roedd gennyf lwmpyn mawr ar fy nhalcen a hwnnw'n brifo. Yn ystod y wers olaf ar ddiwedd y prynhawn estynnodd Mr Jones geiniog i mi a gorchmynnodd fi i'w dal ar y lwmpyn nes âi i lawr. Gwneuthum hynny nes canodd y gloch olaf. Edrychodd Mr Jones ar fy nhalcen a rhoddodd ei law'n foethlyd arno a dweud, 'Mae o'n well rŵan, Richie. Gewch chi gadw'r geiniog 'na.' Dimai oedd y swm mwyaf o arian a fu gennyf erioed o'r blaen. Er bod gennyf gur yn fy mhen 'roeddwn i'n gyfoethog.

Uchelgais plentyndod oedd yn gyfrifol am imi fynd i helbul arall hefo Mr Jones Rŵm Ganol. Byddai Dewythr Dic, brawd hynaf fy nhad, yn dod acw i'n gweld weithiau ar ei feic o Gaergybi. Gŵr tawel, synfyfyrgar ydoedd a mwstás gwyn fel un fy nhad ganddo. Oherwydd ei waith fel *Leading Stoker* ar yr *SS Cambria* 'roeddwn yn ei hanner addoli. Cefais fynd gyda fy nhad unwaith at Dewythr Dic ar fwrdd y llong yn harbwr Caergybi, a'r hyn a gofiaf fwyaf am yr ymweliad oedd cael fy synnu gan y ffenestri crynion 'glân-ofnadwy' oedd i'r llong. Ie, yn bendant, i'r môr yr oeddwn innau am fynd wedi gadael yr ysgol.

Byddai'r *mail boats*, y *Cambria*, *Hibernia* a'r *Scotia* yn gadael Caergybi am Ddulyn am hanner awr wedi dau yn ddyddiol ac wrth adael yr harbwr seinient eu cyrn yn ddigon uchel i ni fedru eu clywed ar draws y dŵr yn Llanfachraeth. Un prynhawn braf, awyrlas, a ninnau'n gwneud leins i fynd i mewn i'r ysgol wedi amser chwarae, clywem gorn y cwch yn cychwyn am Iwerddon. Nid martsio i'r ysgol a wnes i wedyn ond cerdded yn hyderus dros y *gangway* i'r *Cambria*. Wedi gwrando o ryw bellter pŵl ar lais Mr Jones yn dweud 'Steddwch,' a 'Gwrandewch rŵan,' gadewais y dosbarth ac euthum ar fwrdd y *Cambria*. 'Roeddwn i'n *Stoker* a Dewythr Dic yn fy nghanmol am gadw'r ffwrnais yn eirias i roi digon o stêm i'r llong. Cyn pen dim 'roeddwn yn *Leading Stoker* ac ymhen rhyw fordaith neu ddwy 'roeddwn yn gapten ar bont y llong. Yna galwyd fi i gymryd gofal o long ryfel fawr fodern yn patrolio tua'r Caribî i suddo llongau môr-ladron. 'Roedd gennyf gap a phig aur arno, a bandiau aur ar f'ysgwyddau, a fi oedd yn llywio'r llong ac yn tanio'r gynnau er bod mil a mwy o longwyr yn y criw o dan f'awdurdod. 'Roedd y môr-ladron yn sgrialu i bob man mewn dychryn . . .

'Dechreuwch 'sgwennu!' Torrodd gorchymyn blin Mr Jones ar draws y cyffro. 'Doedd gennyf ddim syniad beth i'w wneud. Erbyn deall 'roedd y dosbarth wedi cael gwers ar y draenog coed tra oeddwn i yn India'r Gorllewin. Wedi rhyw bum munud daeth Mr Jones heibio a gweld tudalen wen o'm blaen.

'Be' sy' haru chi?' meddai, a rhoi sgŵd i mi. 'Mae'n rhaid i chi 'sgwennu llond y dudalen yna cyn mynd adref.'

Ymhen pum munud arall 'roedd llais Mr Jones yn nesáu ataf eto, gyda chanmoliaeth i hwn a hon ac arall am ysgrifennu'n dda, ac yna, o weld fy nhudalen lom, 'Reit, Richie, ewch i sefyll i fan'cw, ac aros yna wedi i bawb fynd adref.'

Euthum i'r 'fan'cw' i sefyll wrth y bwced lo. Hwn oedd y glo yr oeddwn wedi bod yn ei lwytho i danio'r *Cambria*. Ble mae hi rŵan tybed? meddyliwn, ac wrth ddarlunio Dewyrth Dic yn fy meddwl, gyda'i fwstás, gwneuthum beth gwirion, sef rhoi fy mys ar y glo nes oedd yn ddu ac yna ei dynnu dan fy nhrwyn i wneud mwstás. Gwelodd un neu ddau o'r plant fy mwstás du ac o dipyn i beth cododd pawb eu pennau a chwerthin—pawb ond Mr Jones. Cefais fy sgytian o un pen i'r dosbarth i'r llall a'm cadw i mewn ar ôl i'r lleill fynd adref.

'Roeddwn yn hoff iawn o Mr O. P. Jones. Ef a roes ynof yr hyder i lwyddo yn addysgol ac arnaf i 'roedd y bai am unrhyw chwerwder a ddaeth i'm rhan yno.

Gadawodd Mr Jones ysgol Llanfachraeth am ysgol Llangoed ar ddiwedd haf 1936 a chafodd 'timepiece' nid cloc yn anrheg! Pan oeddwn yn ddisgybl yn ysgol ramadeg Caergybi, yn ystod blynyddoedd cynnar y rhyfel, y gwelais ef nesaf, ac yntau'n swyddog yn yr Awyrlu.

Y Rŵm Fawr
(Ysgol y Cyngor 1935-38)

Pan euthum i'r 'rŵm fawr' at Mr Robert Pritchard 'roedd arnaf dipyn o ofn. Ofn disgyblaeth lem y sgŵl, ofn yr hogiau mawr (rhai ohonynt yn bedair ar ddeg oed), ofn y gwaith astrus a welwn ar ddau fwrdd du ac ofn arholiad y *scholarship* . . .

Ni fedraf yn fy myw ddeall beth oedd pwrpas llawer o'r gwaith astrus a roddid i ni. Pam gwneud yr *'analysis'* bob bore Mawrth, gyda'i *'subjects, predicate'* ac *'extension of predicate'*? Pam clandro peth mor afreal â chost 59 o dunelli o lo yn ôl £7.13s.11¾d y dunnell? 'Roedd yna ryw fath o ymarfer ymenyddol ynddynt mae'n debyg ond pam gwneud cannoedd o rai tebyg wedi i chwi gael rhyw hanner dwsin ohonynt yn gywir? Beth oedd pwrpas copïo dau, tri neu bedwar llond bwrdd du o nodiadau anniddorol am fywyd Florence Nightingale, Sir Walter Raleigh a'u tebyg? Peth hynod o ddigalon oedd gweld Mr Pritchard yn troi oddi wrth y trydydd bwrdd du yn ôl at y cyntaf i ofyn, 'Ydi pawb wedi gorffen copïo'r bwrdd yma bellach? Brysiwch!', er mwyn iddo gael chwalu'r ysgrifen sialc oddi arno i'w lenwi fel pedwerydd bwrdd!

I fod yn deg â syniadau addysgol Pritchard Sgŵl, mae'n debyg fod gofynion yr '11 +' neu'r *'Special Place Examination'* yn lliwio a llywio cynnwys ei gwricwlwm ar ein cyfer. Ef oedd yr athro gorau a gefais erioed am ddweud stori wrthym. Byddai cymeriadau *Treasure Island*, *Yr Etifedd Coll*, *Twm Siôn Cati* (Sarnicol), *Master of Ballantrae* ac yn y blaen yn dod yn fyw ar lawr y dosbarth i ni bob prynhawn Gwener.

'Roedd iddo ryw ymarweddiad milwrol, ac nid rhyfedd hynny o ddeall ei fod wedi bod yn rhingyll yn y fyddin yn rhyfel 1914-18? Ymhen rhai blynyddoedd wedyn deuthum i'w edmygu am ei siarad cyhoeddus clir a diwastraff mewn capel a chyngerdd.

Bu ei dad yn amlwg ar lwyfannau lleol ar droad y ganrif yn siarad yn erbyn 'Rhyfel De'r Affrig' ac o blaid cyfiawnder i'r Boer. Oherwydd hynny, llysenwyd y teulu yn 'Boers', a byddai ambell un gelyniaethus i Robert Pritchard yn ei alw'n 'Robin Boer'. Gadawodd ysgol Llanfachraeth yn 1943 pan benodwyd ef yn brifathro ysgol gynradd Biwmares. Yno y bu hyd ei ymddeoliad yn 1958, a hyd ei farw yn 87 oed yn 1980.

Ymhen ychydig ddyddiau ar ôl cyrraedd y Rŵm Fawr, rhoddid prawf llais i ni. Cyd-ganem rywbeth ynghyd fel dosbarth a cherddai Mr Pritchard yn ôl a blaen yn ein mysg i glustfeinio. Cyffyrddai ag ambell ben a feddai lais drwg i'w dawelu. Wedi cwblhau chwynnu'r jac-dos o blith yr eosiaid gelwid y pêr-gantorion allan i'r llawr o flaen y dosbarth i edrych i lawr eu trwynau ar y gweddill ohonom a gyhuddwyd o wneud nadau.

'Doedd dim dwywaith nad oedd y Sgŵl yn gerddor penigamp. Enillasai ei gôr nifer o anrhydeddau eisteddfodol a neilltuid llawer o amser yn ystod y prynhawniau i'r côr ymarfer. Tra digwyddai hynny anfonid y jac-dos i ardd Tŷ'r Ysgol i chwynnu. Byddai hynny'n waith pleserus pan fyddai'n dymor cwsberis, gellyg neu afalau ac yn demtasiwn eithriadol pan fyddai'r gwely mefus yn aeddfed.

Yn dilyn llwyddiant eisteddfodol y côr derbyniodd Mr Pritchard wahoddiad oddi wrth y BBC ym Mangor i fynd ar yr aer yn 1936 fel rhan o ddathliadau Gŵyl Ddewi'r Gorfforaeth. Daeth ail wahoddiad yn 1937, a thrydydd yn 1938. Yn sgîl llwyddiant yr eosiaid cafodd un o'r jac-dos ei awr fawr ar yr aer! Dewiswyd fi i ddweud rhyw air am ardd yr ysgol. 'Roeddwn wedi hen ddysgu'r llith ar fy nghof, ac eto 'roedd rhyw banic yn gafael ynof wrth ddisgwyl am fy nhwrn i berfformio, rhag ofn i mi anghofio. Yr unig beth a gofiaf yn glir am yr amgylchiad yw fy mod wedi gorfod cael bocs dan fy nhraed i gyrraedd y meicroffon.

Os deuai Mr Jones Rŵm Ganol a Mr Pritchard y Sgŵl allan atom i chwarae pêl ar iard y bechgyn ni chenid y gloch i derfynu'r egwyl am hydoedd. 'Roedd y ddau'n bêl-droedwyr da ond Mr Pritchard oedd y driblwr gorau. Gwnawn fy ngorau i'w efelychu a thalodd yntau deyrnged uchel i mi rywdro am driblo heibio i ddau neu dri o amddiffynwyr cyn sgorio. '*Well done*, Bryn Jones!' meddai. Bryn Jones, a chwaraeai i Wolves ac a drosglwyddwyd wedyn i Arsenal am *record fee* o £14,000, oedd seren pêl-droed y byd yr adeg honno.

Disgwyliai Robert Pritchard gael yr un safon o ddisgyblaeth yn ei ysgol ag a gawsai yn y fyddin. Defnyddiai'r gansen yn aml ac yn giaidd, ond yn deg ar y cyfan, yn ôl arferion yr oes. Cofiaf i mi ddod i'w ddosbarth rhyw dro a gwlybaniaeth ar fy nhrywsus o ganlyniad i hen arferiad annifyr gan fwli yn fy ngwthio yn erbyn y llechen wrth wneud dŵr yn y toiled.

'Sut ddaru chi wlychu'ch trywsus, Richie?' gofynnodd. Dywedais wrtho beth oedd wedi digwydd.

'Pwy wnaeth?' holodd ymhellach.

Heibio i ochr Mr Pritchard, ac o'r tu ôl iddo, gwyrodd y bwli o'i sedd a rhoi ei ddwrn dan ei drwyn i'm rhybuddio i gau fy ngheg.

'Dwi ddim yn gwybod, Syr. Welais i mono fo,' meddwn. Cadwyd pawb ond y fi i mewn am yr amser chwarae dilynol. 'Fuasai waeth i minnau fod wedi aros i mewn hefyd gan nad oedd gen i neb i chwarae hefo nhw ar yr iard.

Un tro cefais gansen am fynd gyda giang o'r hogiau i weld rhywbeth na ddylem fod wedi ei weld. 'Roedd yna hogyn wedi dechrau'r ysgol yn yr Inffans ac 'roedd ei fam yn dod i'r gornel at Mona Stores bob amser cinio i roddi ditan iddo. Aeth yr hanes drwy'r ysgol ac aeth nifer ohonom, yn ddiwahoddiad, i weld y plentyn yn sugno bron ei fam. 'Roedd gweld hogyn mor fawr yn cael ditan yn fater o ryfeddod i ni. Enwyd pob un ohonom i'r ysgolfeistr gan y fam a chawsom dair neu bedair cansen ar y llaw nas defnyddid i ysgrifennu.

Cefais ddwbwl drebal y gosb yna ganddo pan fu bron iawn i fachgen golli ei olwg o'm hachos. Tua diwedd Medi oedd hi a'r dyrnwr wedi cyrraedd Tŷ Croes. Cefais fy anfon yno gan Mam i nôl sachaid o us neu besgwyn i'w roi yn lle'r hen besgwyn oedd ym matresi ein g'wlâu ers y llynedd. Wedi llenwi'r sach o dan y dyrnwr a'i glymu, llusgais ef at hen feic mawr fy mam a'i lwytho ar ffrâm y beic a dechrau ei rowlio'n ofalus ar hyd lôn bach y fferm. Pan ddeuthum i ben gallt Coparét mentrais reid ffri-whil ar gefn y sach, a gwibio'n hapus heibio'r efail, y becws a'r garej nes colli sbîd yn gyfan gwbl wrth y Berth. Yn y fan honno daliwyd fi gan Robin Tŷ Newydd Green a oedd wedi rhedeg ar fy ôl oddi wrth y garej.

'Dwi isio reid ar y sach 'na,' meddai.

'Na, dwi isio mynd adref,' meddwn. 'Mae Mam yn disgwyl am y pesgwyn 'ma i wneud gwely.'

'Symud, y bychan,' medda fo a rhoi hergwd i mi o'r neilltu.

Dyma fo'n agor ceg y sach ac yn dechrau tywallt y pesgwyn ar y lôn. 'Roeddwn wedi cael llond fy mol ar gael fy mwlio ganddo a gwylltiais yn gacwn. 'Roedd o'n fwy na fi ac yn hŷn na fi o ddwy flynedd a 'doedd gen i ddim gobaith rhoi stîd iddo, felly gafaelais mewn carreg a'i daro ar ei dalcen uwchben ei lygaid. Rhoddodd Robin waedd wichlyd fel seiren dros yr ardal a llifodd gwaed i lawr ei wyneb rhwng bysedd ei ddwy law. Cododd Mrs Blake ei phen o'i chwynnu yn ei gardd fechan a brysiodd atom.

'Hogyn drwg!' meddai gan edrych yn chwyrn arnaf, a gafaelodd yn Robin ac aeth ag ef i'w thŷ. Bu raid cael meddyg at Robin a chafodd rywle rhwng pedwar a hanner cant o bwythau yn ei ben, yn ôl y sawl a ddywedai'r hanes wrthych, a hefyd yn ôl sawl gwaith yr adroddwyd y stori. Wedi casglu'r tipyn pesgwyn oddi ar y lôn i'r sach euthum adref i ddweud am yr helbul. Er i mi fod yn rhagfarnllyd iawn o'm hochr fy hun cefais fy anfon i'm gwely gan Mam, er nad oedd ond chwech o'r gloch a'r haul yn tywynnu. Daeth tad Robin i'n tŷ ni ymhen rhyw ddwyawr, ac o'm clwyd ar ben y grisiau, er na ddeallwn air, synhwyrwn fod sŵn difrifol iawn i'r sgwrs.

'Roeddwn wedi llwyr edifarhau cyn gorfod wynebu cenllysg o ddicllonedd plant yn yr ysgol fore trannoeth. Wedi'r gwasanaeth yn y Rŵm Fawr aeth Mr Pritchard i nôl y gansen oddi ar ei ddesg. Disgynnodd distawrwydd llethol, didostur dros y gynulleidfa, a llif o wynebau yn troi i edrych yn gyhuddol arnaf cyn i'r ysgolfeistr ddweud, 'Richie Jones, dowch hefo fi.' Yn ofnus dros ben dilynais ef i unigrwydd y Rŵm Ganol.

'Pam y gwnaethoch chi'r fath beth?'

'Dwi'm yn gwybod, syr, ond mae'n ddrwg gen i.'

''Roedd o'n beth ofnadwy i'w wneud. Peth brwnt ofnadwy ac mi all'sai Robert fod wedi colli ei olwg.'

Er mwyn lleihau rywfaint ar erwinder y sefyllfa ychwanegais sylw anffodus drwy fy nagrau, 'Dim ond yn un llygad, syr.'

Gwylltiodd Mr Pritchard yn y fan a'r lle a dechreuwyd fflangellu. Cefais dair neu bedair cansen ar bob llaw ac aed â fi'n ôl i'r Ystafell Fawr. Wrth iddo fy mhasio i fynd gyda'i ddosbarth i'r Rŵm Ganol tynnodd Mr O. P. Jones ei law yn slei ac yn foethlyd dros fy mhen a theimlwn yn well. 'Roedd ceisio ysgrifennu y bore hwnnw yn boenus ond yn ystod amser chwarae dangoswyd cydymdeimlad â mi o bob cyfeiriad gydag arwyddion o bethau da, darn o afal, mwyar duon o ddrain yng ngwaelod yr iard, a'r geiriau: 'Dangos dy law . . . Iesu bach, ylwch hogia . . .' 'Hitia befo . . . Tyrd i chwarae hefo ni.'

Ni chosbodd Robert Pritchard fi am reswm annheg erioed a bu'n hael ei ganmoliaeth a'i anogaeth i mi am fy ngwaith ysgol bob amser ac am fy ymdrech i rigymu pan oeddwn yn ei ddosbarth.

Wedi i ni dyfu'n ddynion bu Robin Tŷ Newydd Green a minnau yn ffrindiau am flynyddoedd. Arferem chwarae draffts yn aml hyd oriau mân y bore a sgwrsio'n ddifyr rhwng y symudiadau. Oedd, roedd yna rywbeth reit agos-atoch chi yn Robin Tŷ Newydd Green wedi'r cyfan!

Ym Medi 1936 dechreuodd cymylau yr '11+' gasglu uwch ein pennau gyda chymysgfa o rybuddion a bygythiadau o gyfeiriad y Sgŵl. Ar 29 Mai 1937 y torrodd y storm. Ein hysgol ni yn Llanfachraeth oedd man cynnal y *Special Place Examination* i bump ar hugain o blant nerfus o'r ysgolion cyngor cylchynol. Gosodwyd llathen go dda o bellter rhyngom a'n gilydd i wahardd copïo. Wedi rhoi'r papurau arholiad a chyfarwyddiadau manwl i ni byddai'r gwyliedydd yn patrolio'n eryraidd rhwng y desgiau i ychwanegu at y tensiwn. Daeth y canlyniadau i'r ysgol ymhen y mis a chofnodwyd yn y Llyfr Lòg: *'100% success for school in Special Place Examination.'* Ni restrwyd enwau'r rhai llwyddiannus oherwydd bod yr 100% yn bwysicach mae'n debyg. Er i mi ac Elizabeth Griffiths (Neuadd Wen) fod wedi pasio i fynd i'r Cownti, blwyddyn arall yn ysgol Llanfachraeth fu ein tynged. Pam tybed? Esgus yr ysgolfeistr oedd ein bod yn rhy ieuanc ond y gwir reswm oedd ei fod eisiau gofalu am ganlyniadau da eto y flwyddyn ddilynol. 'Roeddwn yn eithaf digalon am na chefais fynd i'r Cownti y flwyddyn honno. Dyma fynd drwy'r un driliau a'r un ymarferion am fisoedd wedyn. 'Roedd Mr Pritchard yn drylwyr iawn ac yn athro da i bwrpas ein cael drwy borth yr Ysgol Sir.

Euthum eilwaith drwy drefn y *Special Place* ym Mai 1938 a Miss Higham o'r Cownti Sgŵl yn arolygu deuddeg ar hugain ohonom o'r cylch, a phump o'n hysgol ni, eto yn ysgol Llanfachraeth.

Pan ddaeth yr amser i ben dywedodd Miss Higham *'Pens down,'* a dyna gau pen y mwdwl. Fel mae'n digwydd yn aml, ar ôl y *'Pens down'* y fflachiodd ateb i un o'r cwestiynau Cymraeg ar draws fy meddwl. Codais fy llaw.

'Yes, what do you want, boy?'

'Can I put one word more down, please?'

'Yes, hurry up,' ac ychwanegodd, *'What word is so important then?'*

Mae'n rhaid bod Miss Higham yn meddwl mai eisiau rhoi gair olaf brawddeg neu baragraff i lawr yr oeddwn.

'Enlli, Miss,' atebais. Prin 'roeddwn wedi dechrau ysgrifennu'r gair nad oedd mwy o ddwylo i fyny yn gofyn am gael ysgrifennu un gair arall!

'What word is it?'

'Enlli, Miss.'

'And yours?'

'Enlli too.' Ac 'roedd hi'n 'Enlli, Miss' ac 'Enlli too' am hydoedd wedyn i ennill marc neu ddau. Dyma'r cwestiwn ar y papur Cymraeg, 'Gorffennwch y pennill hwn:

> Pe cawn i egwyl ryw brynhawn,
> Mi awn ar draws y genlli,
> A throi fy nghefn ar wegi'r byd,
> A'm bryd ar Ynys . . .'

Nid oeddwn wedi clywed y pennill o'r blaen na chlywed am T. Gwynn Jones am wn i ond cofiwn i mi glywed am Ynys Enlli yn gysylltiedig â'r Parch. W. J. Jones, Bodedern a fu'n weinidog yno rhyw dro. Arferai ddod i bregethu i'n capel ni a phob tro y cyflwynid ef gan un o'r diaconiaid cyfeirid at ei gyfnod fel gweinidog ar Ynys Enlli. Pan ddywedais hanes y cwestiwn arholiad gartref mynnodd Mam ychwanegu ei bod hi'n talu i ni fynd i'r capel! Daeth canlyniad yr arholiad i'n hysgol yng Ngorffennaf gyda phedwar ohonom wedi llwyddo—*'80% success!'*

Difyrrwch Plant

Cyn imi ddechrau yn yr ysgol, Evie Glyn Llyn fyddai fy unig gyfaill bob dydd i chwarae ag o, ar wahân i frawd neu chwaer. Byddem yn rhedeg ras â'n gilydd, yn dringo coed a chwarae cuddio. Cofiaf i ni hefyd wneud twll yn yr ardd datw unwaith ac yna cario dŵr mewn piser llefrith i lenwi'r twll ac yna sbodlian ynddo. Unwaith yn unig y gwnaethom hynny gan fod y dasg yn un anobeithiol ac am fod Mam yn dweud y drefn ein bod yn gwastraffu dŵr golchi o'r casgenni, ac yn bygwth ein gwerthu i'r Ismeiliaid!

Byddem yn chwarae pêl-droed ar lôn Pen Corn. Yn amlach na heb, gêm rhwng dau a dau oedd hi. Llew fy mrawd, yr hogyn mwyaf, hefo Evie Glyn Llyn, yr hogyn lleiaf, yn erbyn Bob Post a fi. 'Wembley' fel rheol fyddai'r cae, a rhwng 'Aston Villa' ac 'Everton' y byddai'r ymryson. Os na fyddai gan Bob Post bêl go iawn fe wnaem ryw fath o bêl drwy lenwi cap gweu â hen garpiau a'i lapio'n dynn â llinynnau. 'Doedd y bêl gadach ddim yn bownsio ond 'roedd hi'n gwneud siort ora' i'w chicio. Byddai Dixie Dean yn chwarae wrth gwrs, a Bryn Jones ac Alex James, a Pongo Waring fyddwn i. Tystiai'r crachod ar y pengliniau briwedig fod wyneb y ffordd yn galed iawn i syrthio arno wedi tacl ffyrnig neu fagliad brwnt. Newidiais o fod yn Pongo Waring i fod yn Bryn Jones wedi i Ted Pen Bont 'Dronwy a ddarllenai lawer ar y papurau dyddiol—ac ychwanegu atynt—ddweud hanes Bryn Jones yn chwarae i Arsenal yn erbyn Huddersfield. 'Roedd yn wynebu ei gôl ei hun, yn ôl Ted, a goli Arsenal wedi rhedeg o'i gôl, a phedwar o chwaraewyr Huddersfield o'r tu ôl i Bryn fel na allai droi rownd i glirio'r bêl. 'A be dachi'n feddwl wnaeth o?' gofynnodd Ted, a heb ddisgwyl am ateb ychwanegodd, 'Rhoi cythral o glec i'r bêl yn erbyn postyn ei gôl ei hun nes ribowndiodd hi dros eu pennau nhw i gyd i mewn i gôl Huddersfield!'

Afon Alaw oedd fy hoff gyrchfan i chwarae. Treuliwn oriau ar y tro yn chwarae llongau bach ar yr afon fawr neu yn adeiladu argae ar draws un o'r nentydd bychain, a gwylio pwysau'r dŵr yn ei chwalu. Weithiau byddai nifer ohonom, Wil Neuadd, Harri Gwynfa, Twm Twll Clawdd, Griff Tan Felin, Bob Caerau, Goronwy Tŷ Croes ac eraill yn chwarae neidio'r afon. Dewis lle cul i ddechrau a phawb yn ei neidio ac yna i le lletach a lletach wedyn nes caem yr hwyl o weld rhywun yn methu ac yn glanio yn y dŵr.

Gwneuthum gwch fflat unwaith gyda phedair drwm olew wag o garej y pentref a choed wedi eu rhaffu arnynt. Pan oedd y llanw'n uchel ar Afon Alaw rhwng yr Erw Fawr a thir Machraeth View, lansiais y cwch ac euthum arno. Symudodd yn araf i ganol yr afon ac yna gyda threio'r llanw aeth i gyfeiriad y môr. 'Roedd dyfnder y dŵr oddi tanaf yn codi ofn arnaf ac wrth nesáu at Lan Môr Creigiau aeth yr ofn yn banig a gwaeddais am help a dechrau crio. Nid oedd neb yn fy nghlywed a meddyliais fod y diwedd wedi dod. Cofiais i Twm Pen Rhenc ddweud pan fu bron i Dafydd Richard foddi yng Nglan Môr Chwain, 'Petasai Gwyn Aber Alaw heb ei achub mi f'asa' Dafydd Richard wedi cael marw'n braf. Mae boddi'n farw di-boen.' Ond 'doeddwn i ddim eisiau boddi ac felly gwelais fy nghyfle pan oedd y bad yn nesáu at wifren bigog a osodwyd ar draws yr afon i rwystro gwartheg rhag crwydro pan fyddai'r dŵr yn isel. Aeth gwaelod y cwch yn erbyn y wifren. Neidiais i'r dŵr yn fy nhrywsus 'Victoria' a gafaelais yn dynn yn y wifren bigog. Llwyddais i dynnu tua'r lan ar hyd y wifren. Pan gyrhaeddais y mwd ar y lan a chropian dros y gwymon i ddiogelwch dan gae'r Erw gwelais fod fy nwylo'n gwaedu a'm bod wedi colli un o'm hesgidiau. Pan gyrhaeddais adref, er bod Mam yn falch nad oeddwn wedi boddi, mi ddywedodd wedyn y buasai'n well i mi fod wedi colli fy nhrywsus nag un o'm hesgidiau.

'Roedd gorwedd ar fy mol ar bont gerrig Neuadd i wylio'r brithyll yn chwarae dan y bwa yn codi awch ynof am eu dal. Nid oedd gennyf wialen bysgota ac felly 'roedd yn rhaid defnyddio dulliau eraill. Yr hyn a wnawn oedd gosod gwifren gref ar ffurf triongl am geg sach ac yna cerdded yr afon yn droednoeth neu gyda hen fflachod am fy nhraed a phastwn yn y llaw arall. Byddwn yn rhoi'r rhwyd sach dan dorlan i wynebu llif yr afon ac yna procio dan y dorlan gyda'r pastwn i ddychryn y pysgod i'r sach. Daliais ugeiniau o frithyll felly, ac un siwyn mawr unwaith.

Yn y gaeaf, casglu i'r Efail i focsio neu'r Tŷ Crydd am sgwrs a wnâi llawer. Byddai'r sgwâr yn lle poblogaidd i rai ddod at ei gilydd hefyd. Defnyddiai Wil Tŷ Newydd y sgwâr i arddangos ei sgiliau ar gefn beic fel *death-rider*. Gorchest arall a wneid gan Bob Neuadd a Llew Tyddyn Waun oedd dringo fel mwncïod i fyny'r wifren gynnal i ben y polyn teligraff ar y sgwâr. Safai'r naill neu'r llall ar ben y polyn i ddweud pa mor bell y gallai weld.

'Dwi'n gweld Bryn, a tho'r ysgol!'

'Dwi'n gweld Llanynghenedl!'

'Dwi'n gweld sgwâr Fali!'

Cyn bo hir byddai un o'r ddau yn gweld Bangor . . . Manchester . . . Sowth Wêls . . . Llundain! 'Rwy'n cofio rhywun yn gofyn i Llew Tyddyn Waun ddringo i ben polyn sgwâr. Edrychodd Llew o'i gwmpas am funud ac meddai, 'Na, dim rŵan, 'does 'na ddim digon yma i 'ngweld i.' Yn gyhoeddus ac yn onest ddiniwed 'roedd Llew Tyddyn Waun wedi rhoi ei fys ar y balchder hwnnw sy'n chwennych cynulleidfa gref i gymeradwyo camp a llwyddiant.

Yn yr haf byddem yn chwarae criced yng Nglan Môr Neuadd. Oherwydd nad oedd dyfarnwr swyddogol byddai pob apêl el-bi-dybliw yn achosi ffrae ac efallai drwyn coch. Gan mai milltir go lew oedd yna o'r Neuadd i'r môr byddai'r llanw yn gorlifo'r maes criced weithiau. Rhoddai'r llanw hefyd nifer o leoedd ar Afon Alaw i ymdrochi ynddynt — Glan Môr Creigiau fwdlyd, lle torrodd nain Bob Post, sef Mrs Jones, Newstead ei choes. Sut ar y ddaear yr aeth Richard Rowlands, Pwmp gyda'i fotor beic a'r seicar i Lan Môr Creigiau i nôl yr hen Mrs Jones tybed? Dyna i chi gamp os bu un erioed. Glan Môr Chwain hefyd lle bu bron i Dafydd Richard foddi, a Glan-Môr-Draws-Cae-Neuadd oedd heb fod yn rhy ddwfn i rai'n dysgu nofio. Glan Môr Tywod wedyn gyda'i fynydd tywod oedd yn gyrchfan ambell drip Ysgol Sul. Pwll Glaslyn oedd yn ddwfn a pheryglus, ac i hwnnw, yn ôl rhyw hanes, y diflannodd caseg a throl heb sôn amdanynt mwyach. Dros y ffordd i Gaergybi wedyn o Bwll Glaslyn deuem i Lan Môr Tywyn Gwyn, Glan Môr Bodardraeth a Glan Môr Bodlasan Fawr lle cyrchai'r Saeson i droi eu boliau gwyn yn binc.

Difyrrem ein hunain hefyd â chwaraeon eraill fel marblis, coits, cic-tún (chwarae cuddio), rasio cylchau, a chwip a thop. Pan fyddwn yn mynd ar neges ar frys i Mam byddai'n rhaid imi gael mynd hefo'r cylch. Hen olwyn beic wedi ei disbôcio ydoedd a defnyddiem ddarn bach o bren i'w gyrru ar hyd y ffordd. Rhoddai'r darn pren reolaeth berffaith i ni ar newid cyfeiriad a chyflymder y cylch. Gellid prynu top ond gwneud rhai o riliau pren edau wnïo a wnaem yn aml, a rhoi un sbarblen ar ei drwyn iddo droi arni ar y lôn. Gwnaem y chwip hefyd a gofalu cael llinyn main cryf a fyddai'n clecian wrth daro'r top i'w yrru drwy'r awyr i landio a throi ddeugain llath i ffwrdd. Yna rhedeg nerth ein coesau i'w gyrraedd cyn iddo flino troi a rhoi chwip arall iddo ymhellach. 'Roedd Evie Glan Llyn yn bencampwr ar chwarae top.

Cefais flas ar hap-chwarae pan oeddwn tua naw oed. Arferai amryw o hogiau mawr o'r Cownti Sgŵl, ac eraill newydd ddechrau gweithio, chwarae *pitch and toss*. Gwyliais wyth neu naw ohonynt wrthi'n hap-chwarae yng nghae Brynafon rhyw dro. Gwneid cylch ar y ddaear a gosodid peg yn ei ganol, yna lluchiai pawb yn ei dro ddimai at y peg o fan sefyll tua thair llathen i ffwrdd. Byddai pob taflwr dimai o'r tu allan i'r cylch yn golledwr yn syth. Y sawl a fyddai wedi taflu agosaf at y peg a fyddai'n cymryd y dimeiau wedyn i gyd yn ei law a'u taflu i'r awyr gan weiddi *'Heads!'* Byddai pob dimai a ddisgynnai â'r pen at i fyny yn eiddo i'r taflwr. Wedyn byddai'r ail-agosaf at y peg yn cael taflu'r gweddill o'r dimeiau i geisio ennill rhai ohonynt, ac yna at y trydydd a'r pedwerydd os byddai deimeiau ar ôl heb eu hennill yn barod. Caem ein siarsio i beidio â dweud wrth neb am y gamblo, oherwydd, pe caem ein dal gan blismon ni fyddai dim llai na'r 'Clio' amdani!

Yng nghae Brynafon un gyda'r nos cefais wahoddiad i ymuno yn y gêm. Drwy ryw lwc mwnci glaniodd fy nimai ar ochr y peg a chefais y cynnig cyntaf i luchio'r dimeiau a galw *'Heads'*. Disgynnodd y gawod gopr i lawr bron bob un o'm plaid a theimlwn yn gyfoethog. Euthum adref yn werth swllt a dwy a dimai a gwneuthum gylch yn yr ardd i ymarfer fy nawn newydd broffidiol!

Rhyw ddireidi anturus oedd dwyn afalau, mefus neu gwsberis o erddi'r pentref ac nid wyf yn credu i ni erioed feddwl am y weithred fel dwyn oddi ar rywun. Byddem yn cael ein dal yn aml iawn ac ar ôl cael cweir gartref caem un arall gyda chansen yn yr ysgol drannoeth. Aeth dau neu dri ohonom i ardd John Jones, Bonc unwaith i ddwyn un neu ddau o'i afalau coch ond sur. Collasai John Jones un goes tra'n gweithio ar y rheilffordd yng Nghaergybi, a dyna oedd testun pregeth Mam i mi. 'Mae'n g'wilydd i ti fynd i ardd John Jones druan, a'r creadur bach hefo dim ond un goes. Oeddet ti ddim yn cysidro hynny d'wed?' Petae Mam ddim ond yn gwybod, 'roeddem wedi cysidro hynny!

Pan oeddwn tua saith oed daeth ffrind arall, sef 'Jiji Wawa' i'm byd i chwarae gyda mi. Galwodd Dewyth Ifan, brawd Mam yn ein tŷ ni a bu llawer o siarad difrifol rhyngddo fo a Mam. Trafod dod i fyw i Lanfachraeth yr oedd o am fod ei wraig, Anti Anni, wedi marw. Ail ŵr i Anti Anni oedd Dewyth Ifan. Rhyw Mr Smith o Walsall oedd ei gŵr cyntaf ond bu hwnnw farw a'i gadael yn weddw gyda dau o blant — Joan Meredith Smith a Herbert Sydney Smith. Daeth Dewyth Ifan gyda'i lys-blant i fyw i Lan Llyn at Nain am ychydig ac anfonwyd ei blant i ysgol Llanfachraeth. Wedyn aethant i fyw i Caerau Cottage am ychydig. Er bod Sydney yn hŷn na fi o dair blynedd, deuai i'n tŷ ni o hyd i chwilio amdanaf i fynd i chwarae gydag ef. Pan ddaeth acw y tro cyntaf ni allwn ei ddeall gan ei fod yn siarad mor aneglur. Safodd yn y drws ac meddai, 'Jiji Wawa.'

'Be?' gofynnais.

'Jiji Wawa,' meddai wedyn yn uwch fel 'taswn i'n fyddar.

'Be?' meddwn wedyn.

'Jiji Wawa! Jiji Wawa! Jiji Wawa!' gwaeddodd wedi gwylltio.

Wedi i mi fod yn chwarae tipyn go lew hefo fo deuthum i'w ddeall yn well, a gallwn gyfieithu 'Jiji Wawa' wedyn i 'Tyrd i chwarae!' 'Roedd y ddau ohonom yn gwneud twll yng ngardd Caerau Cottage rhyw ddiwrnod pan gododd ef lyngyren ddaear ar ei raw fach glan môr. Gafaelodd ym mhen neu gynffon y llyngyren hir, fudr a gyda'i ben yn ôl a'i geg yn agored llyncodd Jiji Wawa'r pry' genwair. 'Licio fo,' meddai, ac aeth ymlaen i wledda ar ragor ohonynt! 'Roedd ganddo fol fel ceffyl sipsi i stumogi unrhyw beth.

Yr unig gyfle a gawn i chwarae gyda theganau oedd pan awn i dai rhai o'm cyfeillion i chwarae gyda nhw a'u teganau. Soniais eisoes am anghyfiawnder Santa Clos ac wedi i Bessie fynd i weini i Rochdale bu hi'n llawer gwell na Santa Clos i'n teulu. Pan ddeuai adref am ychydig ddyddiau o wyliau byddai ei chês mawr yn llawn o ddilladau i ni. Ond un Nadolig, a minnau'n naw neu ddeg oed cefais bleser mwyaf fy mywyd o'i chês, sef bocs mawr ac ynddo drên bach fel y trên hwnnw y treuliais oriau yn fflatio fy nhrwyn ar ffenestr Siop Pender i'w ddeisyf gan Santa. 'Wyddwn i ddim pa ben i'w roi i lawr gan falched oeddwn.

O'r ychydig geiniogau a enillwn yn cario dŵr i bobl neu hel cerrig ar gaeau gwair a thasgau tebyg, prynwn yr *Hotspur*, cylchgrawn yn llawn o straeon i fechgyn. Prynai Bob Post y *Rover* a byddem yn cyfnewid cylchgronau â'n gilydd i ddyblu'r pleser.

Yn anaml iawn yr awn dros y ffin o'r pentref. Mae'n debyg fy mod yn naw neu ddeg oed cyn mynd i Gaergybi, saith milltir i ffwrdd, am y tro cyntaf. Yn y nos yr oedd hynny a'r rhyfeddod felly yn fwy, gyda'r strydoedd yn llawn golau, siopau a phobl. Wedi mynd i chwarae gyda John Bryn Aber yr oeddwn yn y prynhawn a chefais wahoddiad gan ei dad, R. B. Rowlands, i fynd i'r pictiwrs i Gaergybi gyda hwy. I'r *Empire* yr aethom a chael eistedd ar seddau cynnes cyfforddus yn nhywyllwch hudol y sinema. Mwynheais ryfeddod y ffilm, *'Three men on a Horse'*, heb ddeall fawr ddim ar y siarad.

'Roedd technoleg yr *Empire* dipyn gwell na majic lantar Tomi 'Good Boy'. Ar nos Sadwrn, wedi parêd ein hymolchi yn y sinc o flaen y tân, deuai Tom Tŷ Popty i'n tŷ ni gyda'i majic lantar i'n diddori. Pan fyddai wedi cael diferyn neu ddau'n ormod arferai ddweud *'I'm a good boy'*, ac felly y llysenwyd ef. Yn nhywyllwch yr hen gegin fach gul yn y cefn y gosodai ei gyfarpar adloniadol. Cannwyll fyglyd a oleuai'r lluniau drwy chwyddwydr. Ar wyngalch y wal y teflid y cysgodion o ddyn yn syrthio oddi ar gefn ei geffyl ac 'roedd gweld hynny trosodd a throsodd yn wyrth fodern i ni.

Mae amryw gyfeiriadau yn llyfrau lòg ysgolion Môn at glapio, er enghraifft o Lyfr Lòg Llanfachraeth — *14/4/1892: . . . owing to the abominable custom of clapping for eggs at Easter, it destroyed the attendance on Monday.' 'April 11th 1938: School closure. Egg clapping day. H.M.I. and Director of Education notified.'*

Fel y gwelir, yn y blynyddoedd cynnar ni fyddai'r ysgol yn cau ond maes o law cafodd yr hen arferiad ei gydnabod yn swyddogol gyda chau'r ysgol am wyliau i'r pwrpas.

Edrychem ymlaen at ddifyrrwch diwrnod clapio. Byddai'n rhaid cael popeth yn barod y noson cynt er mwyn cychwyn tua saith o'r gloch y bore — y clap, a'r fasged neu biser dŵr wedi ei leinio â mwsogl i ddal y wyau. Teclyn tri-darn o bren oedd y clap. Y darn canol oedd yr handlen, gyda darn llai bob ochr iddo: a thrwy ddeudwll ymhob darn rhoddid llinyn i'w dal yn ei gilydd. Gwneid y tyllau llinyn yn y prennau drwy losgi drwy bob un yn ei dro gyda phrocer poeth fel rheol. Byddai'r llinyn llac drwy'r tyllau yn caniatáu i'r darnau, o ysgwyd yr handlen, guro yn erbyn ei gilydd i wneud sŵn i alw'r ffermwraig garedig i'r drws gyda'i rhodd o ŵy i'r clapiwr. Er bod yna hen bill i'w ganu wrth glapio anaml y clywid neb yn ei gyflwyno i gyfeiliant y clap:

Clap, Clap, gofyn ŵy
Hogyn bach ar y plwy.

Gan fod pedwar neu bump o blant Tŷ Capel yn mynd i glapio byddai'r cynhaeaf wyau yn un sylweddol iawn. 'Roedd hi'n talu i godi'n fore oherwydd rhoddai Mrs Edwards, Aberalaw ŵy hwyaden i'r cyntaf yno yn y bore. Os gellid cyrraedd Tŷ Hen, Llanfwrog o flaen pawb arall rhoddai Mrs Williams ddau ŵy i'r bore-godwr. Gofalai Mrs

Rowlands Tŷ Croes, yn ôl ei natur garedig, roddi dau ŵy i bawb beth bynnag. Cerddem filltiroedd o blwyf i blwyf, o fferm i fferm ac o dyddyn i dyddyn ac at unrhyw un a gadwai iâr neu ddwy. Byddai'n rhaid i'r plant lleiaf gael gorffwys ar gamfa weithiau ac ar ddiwedd y dydd byddai'r coesau bach yn brifo gormod i gysgu.

Aeth Bessie fy chwaer i glapio gyda'i chyfnither, Mary Anti Lisa unwaith. Wedi cerdded i berfeddion Llanfwrog cyraeddasant Dyddyn Llwyd, cartref Capten Roberts. 'Roedd gwraig y Capten yn dioddef gan glefyd crydcymalau a rhywsut neu'i gilydd cafodd Bessie gynnig aros yno fel morwyn iddynt. A rhywsut neu'i gilydd derbyniodd Bessie'r cynnig yn y fan a'r lle er mai newydd gael ei phenblwydd yn dair ar ddeg oedd hi! Dyna'r daith glapio hwyaf yn hanes ein teulu, mae'n debyg, ond daeth Bessie adref ymhen tri mis.

Rhwng Mynd i'r Ysgol

Stryd o bedwar bwthyn bychan isel — Cefn Hollad, Tŷ Draw, Tŷ Popty a Phen Rhenc oedd Salisbury Street, rhwng yr Holland a'n tŷ ni. Pan awn heibio iddynt yn nhridegau'r ganrif hon byddai drysau pob bwthyn yn llydan agored i'r lôn fawr a rhywun yn siŵr o weiddi rhywbeth wrth gael cip arnoch. 'Doedd dim rhaid curo yn nrws neb ohonynt, na nemor neb arall yn y pentref ychwaith, dim ond codi'r glicied a gweiddi 'Oes 'ma bobol yma?'

Deuai Taylor, Cefn Holland i'n tŷ ni weithiau i siarad am focsio hefo 'Nhad. 'Roedd Taylor yn ddyn cryf eithriadol. Gallai godi un ochr i drol gerfydd ei holwyn a llwyth arni. Gallai hefyd godi dau 'ffiffdi-sics' ag un llaw. Gwelid llawer o'r hen flociau pwysau dur ar ffermydd a *56lbs* wedi ei brintio arnynt.

Byddai Richard Wilias, Tŷ Draw (tad Dafydd Richard a fu bron â boddi yng Nglan Môr Chwain) yn codi ofn arnaf o'i weld. Mae'n debyg mai fy mai i oedd hynny. Pan oeddwn yn dod o'r lôn fawr unwaith, a hithau'n tresio bwrw glaw, sylwais mai drws Tŷ Draw oedd yr unig ddrws caeëdig o'r pedwar bwthyn. Gafaelodd rhyw gythreulig-rwydd ynof ac euthum yn ôl at y drws a dorrai ar batrwm y stryd fechan. Curais yn sydyn a thrwm arno ac am nad oedd gennyf neges yno y peth callaf i'w wneud oedd ei gwadnu hi at Bonc i guddio a gwylio'r adwaith. Dim byd. Yn fy siom, ac yn fwy anturus, euthum yn ôl, ac ar fy ail gnoc uchel agorodd y drws yn sydyn a cheisiodd Richard Wilias afael ynof. Llwyddais i neidio'n ôl i'r lôn a rhedeg i lawr lôn Pen Corn (Bedd y Côr) nerth fy nghoesau byr wythmlwydd. Rhedodd Richard Wilias ar fy ôl gan weiddi 'Tyrd yma'r llo gwlyb! Mi stida i 'di! Diawl bach!' Rhedais heibio i'n tŷ ni a phan oeddwn yn pasio Tŷ Lawr a 'goeden 'gosa' 'roedd y traed trymion i'w clywed yn ennill arnaf. Dechreuais grio yn fy nychryn ac wrth 'goeden ganol' 'roeddwn yn meddwl ei bod ar ben arnaf. Yn gymysg â'm sgrechian crio 'roedd addewidion edifeiriol cymysglyd o 'Wna i ddim eto!' Gan gymaint y nadau a wnawn ni chlywais sŵn y traed mawr yn arafu ac aros wrth 'goeden bella' pan gollodd yr heliwr ei wynt. Ni wyddwn fod yr ymlid trosodd nes collais innau fy ngwynt wrth giât Cae Mawr a rhoi fyny'r ysbryd i dderbyn y stîd. Dyna falch oeddwn o weld y 'blaidd' mawr gryn drigain llath o'm hôl yn codi ei ddwrn arnaf a bytheirio, 'Mi ca'i di eto'r lembo.' Cafodd Magi Taylor adroddiad manwl o'r ddrama gan Jên Wilias ac wedi i'r hanes ddod i glustiau Mam cefais innau'r cadach llestri gwlyb ar fy nghlustiau. Oherwydd y bygythiad gan Richard Wilias treblwyd hyd fy ffordd i siop Pender, drwy Gae Tŷ Lawr i ddod allan i'r lôn fawr wrth y pwmp, dros y ffordd i Bont Lwyd, cartref Now Pwmp a Dic Pwmp. 'Roedd Dic a Now, fel Pedr ac Andreas, yn bysgotwyr da ac fel y brodyr Allchurch yn bêl-droedwyr da hefyd.

Pan awn heibio i Ben Rhenc, yr unig gyfarchiad a gawn gan Tomos Owen sarrug fyddai 'Bacha'i o 'ma!' neu 'Certia'i am cartra' 'na!' neu 'Dos adra!' chwyrn, a minnau ddim ond newydd gychwyn o'm cartref! Os byddai'n dywydd mawr eisteddai ar stôl haearn tu fewn i ddrws agored Pen Rhenc a Jên Ŵan hefo cap stabal am ei phen yn hofran yn y cefndir. Cymar oedd y stôl haearn i'r ffendar haearn oedd ganddynt o flaen y tân, ond heb gael yr un parch, oherwydd ar dywydd braf eisteddai Tomos Owen ar ei stôl haearn rhwng giât talcen ei dŷ a'n giât fawr ni. Byddai'n ysmygu baco Amlwch neu yn cnoi baco main drwy'r dydd. Pan fyddai ganddo 'join' o faco main yn ei geg gwelid dwy ffrwd frown o'r sugyn yn ymlwybro o gonglau ei geg i lawr ei ên. Os na fyddai yn cnoi sugyn gwelid olion y ffrydiau wedi sychu yno'n frownddu, a'r un lliw oedd ar ei bedwar dant gwasgaredig pan agorai ei geg i weiddi 'Dos adra.' Tystiai ambell staen dywyll ar glawdd gardd Sea View i fedr pwerus Tomos Owen i rychwantu'r lôn. Lwc owt os digwyddech fod yn y *line of fire* wrth fynd heibio!

Cedwid mwnci anwes yn Holland ac fe ddihangodd hwnnw o'i gwt un tro. Cyffrowyd y stryd fach pan waeddodd Magi Taylor fod y mwnci ar do Tŷ Popty. 'Roedd pawb allan o'r tai yn edrych ar y mwnci a phan neidiodd hwnnw ar do Pen Rhenc dyma floedd gan Tomos Owen, 'Dos adra'r mwnci diawl!' 'Roedd gennyf gydymdeimlad mawr â'r mwnci wedyn, a rhywsut, 'roedd o'n swnio'n rhyfedd i mi fod Tomos Owen yn ei wylltineb yn galw'r mwnci'n fwnci, a hwnnw'n fwnci'n barod!

Nid oedd Twm Pen Rhenc yn fab i Tomos Owen er ei fod yn cymryd ei gartref yno. 'Roedd Twm tua'r un oed â'm brodyr hynaf ac felly yn ymwelydd cyson â'r Tŷ Capel i chwarae 'lings' a dweud straeon. Un da am ddweud straeon digri' oedd o hefyd, ac wedi'r chwerthin byddai'n barod hefo stori arall a'r gegin yn glustiau i gyd.

Daeth Twm i'n tŷ ni rhyw dro ar storm o fellt a tharanau

a dweud ei fod newydd weld Wil Dati Bach ynghanol y storm yn trio tanio sigarét oddi wrth fellten wrth iddi basio. Creadur bychan o gorff a golwg digon budr arno oedd Wil Dati Bach. Rhyw unwaith yr wythnos yr eilliai yn ôl pob golwg a byddai'n glafoeri'n wyn o ymylon ei geg wrth siarad. Gwisgai ei gap stabal tu ôl ymlaen ac yn aml iawn byddai wedi anghofio botymu ei falog. Pan fyddai'n digwydd pasio 'parsel' (ei air am ferch go handi), dywedai yn Saesneg, *'How's it looking without asking?'*

Drwy fynd ar neges dros hwn a'r llall deuai cyfle i wneud dimai neu geiniog i brynu crys, esgidiau, comic, *chips* o Fodedern neu bethau da. Wedi i Llew fy mrawd fynd i'r Ysgol Ramadeg yng Nghaergybi yn 1936, etifeddais ei 'fusnes' danfon papurau newydd o Siop Pender yn foreol i Fryn Aber, Tŷ'r Ysgol, Persondy ac ambell le arall. Telid rhyw ddwy geiniog yr wythnos am y gwasanaeth hwn gan bob derbynydd. Yr hyn a wnâi'r busnes yma'n annymunol i mi oedd diogi Mrs Pender yn y bore. Hoffwn fynd i'r ysgol yn go wreciol erbyn tua hanner awr wedi wyth i chwarae pêl-droed cyn y gloch ond yn gyntaf, 'roedd yn rhaid mynd i nôl y papurau i Siop Pender. Awn at y drws a churo a churo hyd golli amynedd. Ymhen rhyw chwarter awr neu fwy agorid y drws yn ddigon sarrug gan y siopwraig a chymerwn innau'r papurau ganddi yn yr un ysbryd, a dim ond rhyw ddeng munud cwta gennyf i redeg â newyddion y dydd i hwn a'r llall cyn dechrau'r ysgol. Pan fyddai'n glawio 'roedd diflastod y disgwyl yn dyblu. Ceisiwn swatio yn erbyn y drws ond diferai'r glaw o'r fargod ddilander rhwng fy nghrys a'm cefn ac nid oedd llawer o gysur imi ym mhryder Mrs Pender am y papurau newydd wrth fy siarsio i'w rhoi o dan fy nghrys rhag iddynt wlychu!

Ffordd arall o ennill ceiniog neu ddwy oedd cario dŵr i bobl o'r ffynhonnau. Pan ddeuai Glyn adref am saib o'r fyddin, a gyda'i gefndir o faledi Rudyard Kipling, ni chollai gyfle i gyfeirio ataf fel 'Gunga Din'. Fel gyda'r busnes danfon papurau, etifeddais lawer o gwsmeriaid dŵr Llew pan aeth yntau i wneud rhywbeth arall i ennill 'chwechyn'. Cesglid dŵr mewn casgenni ym mhob cartref i ymolchi a golchi ond byddai'n rhaid mynd i ffynnon i nôl siwrnai o ddŵr glân i'w yfed. 'Roedd hi'n haws cario siwrnai o ddŵr, hynny yw piser ymhob llaw, na chario un piseriad a fyddai'n eich tynnu i lawr ar un ochr. Mae'n debyg y gellid cario tua dau alwyn a hanner o ddŵr mewn piser gyda chaead arno. Golygai hynny y byddai siwrnai o ddŵr yn pwyso tua hanner can pwys ac y byddai gennyf innau freichiau ac ysgwyddau cyhyrog er na fuaswn yn tyfu llawer. Gwelais ambell un yn cario siwrnai o ddŵr a'r ddau biser yn hongian o bob pen i iau ar ysgwydd. Fy null i o ysgafnhau'r baich oedd gwneud ffrâm sgwâr o bren neu osod cylch di-sbôcs olwyn beic i orffwys ar gaeadau'r ddau biser llawn, yna sefyll yn y ffrâm neu'r cylch a chodi'r piseri fel y byddai eu clustiau yn gwasgu ar y cylch. 'Roedd hi'n bownd o fod yn ysgafnach felly rhywsut, ac mae yna egwyddor physegol fecanyddol i gefnogi hynny yn rhywle, siŵr o fod.

'Roedd pob un o'r cwsmeriaid eisiau dŵr ffynnon; ni wnâi dŵr o bwmp y pentref mo'r tro. Dwy geiniog y siwrnai a gawn gan Mrs Powell, Mrs Pender, Mrs Blake, Mrs Ricketts (Cymry Cymraeg oedd pob un o'r pedair), Mrs Bye (unig Saesnes y pentref ar un adeg), Miriam Price, Machraeth View, Rose House, Tŷ'r Ysgol, Persondy, John Jones Bonc, Victoria ac eraill. Byddai'r mwyafrif ohonynt angen dwy siwrnai yr wythnos. 'Roedd gan bawb botyn pridd a ddaliai chwe galwyn neu fwy gyda chaead llechen arno. Weithiau tywalltwn y dŵr o'r piseri i'r potiau hynny, dro arall gofynnid i mi dynnu'r caeadau oddi ar y piseri er mwyn i'r derbynydd gael golwg ar ansawdd y dŵr.

Yn weddol aml awn i ffynnon Pont-yr-Erw ar lan Afon Alaw. Weithiau codai'r llanw yn ddigon uchel i foddi'r ffynnon, ac wedi i'r llanw dreio byddai'n rhaid sbydu'r (hysbyddu) ffynnon gyda phiseri i gael gwared â'r holl ddŵr hallt. Yna pan fyddai'n braf gorweddwn ar y glaswellt mwythlyd neu fynd i chwarae neu chwilota i'r eithin tal gerllaw tra codai dŵr glân yn y ffynnon. Achosodd hynny broblem imi unwaith ar orddrws Tŷ'r Ysgol.

'O ble mae'r dŵr yma, Richie?'

'O ffynnon Pont'rarw, Mrs Pritchard.'

'Oes 'na ddŵr hallt ynddo fo 'dwch? 'Rhoswch imi gael gweld.' A dyma Mrs Pritchard yn rhoi cwpan yn un piser ac yn blasu'r dŵr. 'Mae na ddŵr hallt yn hwn, Richie.'

Mi awn ar fy llw nad oedd diferyn o'r hallt ynddo ond bod Mrs Pritchard wedi meddwl hynny am mai dŵr o ffynnon Pont-yr-Erw oedd.

'Tywalltwch y dŵr yna i'r gasgen 'na,' meddai, 'ac ewch i nôl siwrnai arall imi, i ffynnon Erw Goch.'

Yn ddigon siomedig cychwynnais. Tua hanner ffordd drwy'r pentref gwelais yr hogia'n chwarae pêl-droed yng nghae 'Barim. Euthum atynt a chefais wahoddiad ar f'union i chwarae i'r tîm oedd yn colli. Ymhen hanner awr go dda cofiais am y dŵr i Dŷ'r Ysgol. Euthum ganllath i lawr gallt Coparét i bwmp wrth y garej. Llenwais y piseri yno a ffwrdd â fi yn ôl i Dŷ'r Ysgol.

'Dwi'n gwybod fod ffynnon Erw Goch ymhell,' meddai

Mrs Pritchard yn sbeitlyd braidd, 'ond wyddwn i ddim ei bod hi'n Llanynghenedl o'r blaen,' ac wedi codi caead un piser, meddai, 'Ydi, mae hwn yn ddŵr gwell.' Ni ddywedais air am ei bod wedi fy siarsio i beidio â mynd â dŵr pwmp iddi byth oherwydd bod rhwd ynddo. Am iddynt amau dŵr croyw ffynnon Pont-yr-Erw yfodd y Sgŵl a'i wraig fwy o ddŵr pwmp na dim arall wedi hynny.

O ffynnon Erw Goch y cariwn ddŵr gan amlaf. 'Roedd tair ochr a tho i'r ffynnon honno a chaead arni. Hyd yn oed ar ddiwrnod poeth o haf goferai'r dŵr ohoni yn groyw a chyn oered â rhew. O'r ffynnon hon bob amser y câi fy hoff gwsmeriaid ddŵr, sef y rhai a fyddai'n canmol y dŵr a'r cariwr a'r rhai a roddai frechdan i'r cariwr llwglyd yn ogystal â'r ddwy geiniog. Cawn bleser yn mynd a dod i ffynnon Erw Goch er mwyn cael loetran ar Bont Ffatri i wylio'r brithyll yn Afon Alaw neu wylio ambell bysgotwr amyneddgar a'i chwip ysgafn uwch y pysgod.

Pleser arall oedd cyrraedd buarth Erw Goch a chlywed cyfarchiad croesawus yr hen William Morris oddi ar ei setl bren dan y gastanwydden ar bwys y tŷ. William Morris weddw a'i fab John oedd yn byw yno ac Ifor fy mrawd yn was iddynt am flynyddoedd.

Bu William Morris yn gowboi yn y Gorllewin Gwyllt tua diwedd y ganrif ddiwethaf ac mewn salŵn yn Abilene, Texas, drwy gyd-ddigwyddiad hollol, cyfarfu ag un arall o hogiau Llanfachraeth, sef Owen Owens, Parlwr, yntau hefyd yn gowboi ar ryw *cattle-drive* yn y wlad honno. Gan Owen Owens y clywais yr hanes. 'Roedd yn un o blith giang fawr o gowbois yn gyrru cannoedd o wartheg ac wedi cyrraedd Abilene, 'molchi a chael bwyd, aethant i salŵn. 'Roedd y lle'n llawn a llawer o rai meddw yno. Dyma ryw labwst mawr meddw yn dechrau tanio gwn i wneud tyllau yn y llawr dan draed rhai o'r hogiau a dweud wrthynt am ddawnsio. Agorodd y drws dwbwl a daeth nifer o gowbois eraill i mewn, ac yn eu mysg, er mawr syndod i Owen Owens, 'roedd William Morris, Erw Goch, ben ac ysgwyddau'n uwch na neb. Rhuthrodd Owen Owens ato a thra cyfarchent ei gilydd yn Gymraeg dechreuodd y llabwst meddw hefo'r gwn aflonyddu arnynt. Ac meddai Owen Owens, 'Dyma Morris yn rhoi blas o fôn braich iddo ar draws ei geg nes 'roedd o'n chwalu byrddau a chadeiriau ar ei ffordd i gysgu dan y bar, ac mi gymerodd dyn y salŵn y gwn oddi arno cyn iddo ddeffro.' Holais William Morris am yr hanes ond, yn wylaidd ddigon, dywedodd, ''Does gin i ddim llawer o go' am y miri, Rich, ond 'rown i'n meddwl mai yn Dodge City ddaru Now a finna' gyfarfod. Ond wedyn mae 'na gymaint o amser ers hynny'n 'does.'

Yn ystod blynyddoedd y rhyfel, a minnau yn y Cownti Sgŵl, holai William Morris fi'n fanwl am hynt a helynt y rhyfel bob tro yr awn i nôl dŵr. Ei ddiddordeb pennaf oedd y *'Russian theatre of war!'* 'Sut mae Rwsh yn g'neud heddiw, Rich?' oedd ei gwestiwn dyddiol imi, ac 'roedd o'n siŵr, fel y profwyd wedyn, fod Hitler wedi 'mynd iddi'n drybeilig drwy 'mosod ar y Rwsh.'

Enillwn ambell geiniog hefyd fel 'ci defaid' neu 'gi gwartheg' i ffermwr. Cynigiodd John James, Bedo chwe cheiniog i mi unwaith am ddanfon gwartheg hefo fo i'w gwerthu yn Llannerch-y-medd. Awn i o flaen y gwartheg i gau giatiau neu i sefyll mewn porth neu fwlch rhag iddynt grwydro oddi ar y ffordd. Deuai John James yn ei Lanchester (gêrs ar y llyw) ar fy ôl yn lo-gêr gan weiddi, i'r gwartheg frysio. Ar ôl sefyll mewn bwlch, disgwylid i mi redeg drwy gae i gael blaen ar y gwartheg eto. Bu'r gwartheg a minnau am hydoedd yn cerdded yr wyth milltir i Lannerch-y-medd ac edrychwn ymlaen yn fy mlinder am gael reid adref yn y Lanchester ac am gael fy nghyflog. Gadewais John James i werthu ei wartheg ac euthum i'w fodur i eistedd. Ymhen ychydig gwelwn ef yn dod. 'Hwrê,' meddwn wrthyf f'hun, 'Adre' rŵan,' ond meddai John James yn flin, 'Tyrd allan, 'dwi 'di methu gwerthu.' 'Roedd y ffordd yn ôl i Lanfachraeth o Lannerch-y-medd o leiaf deirgwaith yn hwy na'r lôn i Lannerch-y-medd o Lanfachraeth. Deuai John James allan o'i Lanchester weithiau i guro'r gwartheg gyda'i ffon, a hynny gyda dialedd didrugaredd. Erbyn meddwl, 'doedd dim gobaith gwerthu'r gwartheg gan na châi John James byth ddigon o gynnig am ei bethau gan neb. Wedi cyrraedd cowt y Bedo euthum at gwt y moch i ddisgwyl am y chwe cheiniog a addawyd imi gan obeithio y dyblid hynny am imi orfod hel y gwartheg adref hefyd. Daeth John James o'r tŷ ac meddai, 'Brysia adra' rŵan iti gael bwyd. Ac yli, dyma iti ddwy geiniog am fy helpu fi. 'Does gen i ddim mwy o newid. Mi gei di rôt gen i rywdro eto.' Ni fedrwn fynd i gysgu am yn hir y noson honno oherwydd bod f'aelodau'n brifo gan flinder. 'Welais i byth mo'r grôt er bod yr un a'i haddawodd yn flaenor parchus yng nghapel Abarim.

Fel yn ein tŷ ni, 'roedd yna deulu mawr yn Nhŷ Croes a Neuadd Wen, ac i'r ddwy fferm hynny, at Goronwy yn y naill a Wil yn y llall, yr awn i chwarae yn aml. 'Roedd yna gymaint o le i chwarae ar fferm — dringo tas wair, chwarae cuddio yn y 'sgubor, beudy, bing, stabal, 'rhoywal, dal colomennod yn llofft 'orws a'r siediau neu ddal cwningod yn y caeau. Os aem i'r beudy yn Neuadd

Wen pan fyddai Robin yn godro byddai'n siŵr o'n cymell i ddod yn nes ac yna'n ddirybudd anelai un o dethau'r fuwch atom i chwistrellu ei llefrith i'n hwynebau a'n cegau!

Byddai croeso i ni chwarae pêl-droed ar gaeau yn Nhŷ Croes a'r Neuadd hefyd. Y fendith fwyaf er lles pêl-droedwyr y pentref i gyd oedd i Mr R. B. Rowlands, Bryn Aber roddi hawl i ni chwarae ar 'Gae Abarim'. Yn y fan honno, 'roedd bod yn nhîm Glyndŵr Persondy yn gyfystyr ag ennill. Mae'n amheus gennyf a fu erioed well *all-rounder* na Glyndŵr ym myd chwaraeon yn Ysgol Ramadeg Caergybi. Wedi curo ysgolion Llangefni 8-0 a'r Friars, Bangor 6-1 lluniodd rhywun gân am dîm Cownti Caergybi, gan enwi'r gwroniaid — Bob 'Moody' o Lanfachraeth; John O. Jones, Forelands; Ifor Grffiths; Elwyn Warden Owen; David Wyn Parry, Tyddyn Bach; Huw Richard Williams (a fu'n brifathro yn Nyffryn Ceiriog); Huw Gwlgri, Rhyd-wyn, a Glyndŵr o Lanfachraeth,

Bob o Lanfachreth a J.O.,
Ifor ac Elwyn—dewrion bro,
A David Wyn, H.R., H.P.,
Ni ŵyr neb am amgenach tri,
Pwy welodd Glyndŵr yn troi'n ei ôl
Heb roi y bêl yn rhwyd y gôl?
Mae Ken yn gawr ac yntau John
Yn llamu ar ôl y bêl yn llon . . .'

Ken Williams o'r Fali oedd y naill a John Mary o Aberffraw oedd y llall a rhyw wên yn wastadol ar ei wyneb.

Yn y cyfnod hwn enillai tîm Llanfachraeth gystadlaethau ym mhobman hefyd, hefo Jack Carpenter gyda 'sgidiau-dal-adar' yn y gôl. Lladdwyd Jack, a oedd yn beilot awyren *Spitfire*, yn y rhyfel yn 1940. Cofiaf ddau frawd Persondy, Hywel a Glyndŵr yn chwarae, hefyd dau frawd Pwmp,

Dic a Now, a dau frawd Tŷ Capel, Ifor a Huw. Huw Ty'n Llywarch hefyd, a fu bron ag arwyddo i Everton; Evan Bonc yn foel, chwim ac oriog ar yr aden dde; Ted Mountfield, y taclwr ffyrnig oedd yn Sais Cymraeg! Walter Fali a Rice Bach ac eraill. Clywid pob math o drafod wrth ddewis y tîm. 'Roedd Twm Pen Rhenc yn goli da os saethech chi'n syth ato fo! Petae Twm Bonc yn chwarae hefo'i geg yn lle hefo'i draed mi fyddai Everton wedi'i seinio yntau! 'Roedd Victor Cefn Amlwg yn rhy stiff ac yn chwerthin gormod wrth chwarae!

'Dydi hwliganiaid pêl-droed ddim yn ffenomen newydd. Chwaraeid gemau rhyng-bentrefol weithiau yn erbyn Llanfaethlu a'r Fali, ac yn erbyn Bodedern o hyd ac o hyd. Trefnwyd gêm yn erbyn Bodedern rhyw dro a dim ond chwech ohonom aeth yno ar dri beic. Tri phâr o frodyr oeddym, sef Hywel a Glyndŵr Persondy, Jack ac Alun Tŷ Croes, a Llew a minnau o'r Tŷ Capel. Gan fod Glyndŵr hefo ni, curo a wnaethom a phan aethom am y beiciau i fynd adref 'roedd rhywrai wedi gollwng y gwynt o'r teiars. Dyma gychwyn reidio'r beiciau ar eu 'rims' adref a dilynwyd ni at Fynydd y Gof gan rai o'r 'Bodéds' yn ein pledu â cherrig. Yr hyn a boenai Llew a minnau fwyaf oedd y ffaith mai beic Ifor ein brawd oedd gennym, Llew yn ei reidio a minnau ar yr asgwrn cefn. 'Roedd gan Ifor feddwl y byd o'i feic ac yn rhoi cadach arno'n aml i sychu sbrencs oddi arno, a rhoi olew i'r tshaen o hyd. Wedi gweld olwynion fflat ei feic aeth Ifor i stactishwn a'i gorffen hi drwy ddweud, 'I chi gael dallt y dalltings, cerdded y byddwch chi i bob man o hyn allan.'

Nid oedd cerdded i Fodedern na lle'n y byd arall yn beth dieithr inni wrth gwrs. Cerddai rhai ohonom i Fodedern weithiau i nôl sglodion o siop *chips* Mrs Giles, lle gellid cael boliad blasus o sglodion am geiniog. Ar draed yr awn i'r Fali hefyd, a gan fod y tair milltir yno ar y gwastad yr holl ffordd byddwn yn rhedeg a cherddded bob yn ail bolyn teligraff. Euthum i'r Fali am dâl o ddwy geiniog unwaith i nôl potel-wlyb i weiarles Richard Owen Bonc. 'Doedd wiw rhedeg ar y ffordd adref wrth gario'r botel honno rhag ofn colli'r asid a losgai dwll trwy ddilledyn neu esgid mewn eiliad!

Yn garej Tomos Ifas yn y Fali y byddai asid y poteli yn cael ei drydanu a byddai'n bwysig iawn gofalu fod digon o *charge* yn y botel-wlyb cyn rhyw ddarllediad poblogaidd fel y frwydr fawr rhwng Joe Louis a'r Cymro Tommy Farr am bencampwriaeth pwysau trwm y byd yn 1937.

'Roedd yna hen edrych ymlaen at yr ornest honno, a phob Cymro'n optimistaidd iawn. Onid oedd Tommy Farr newydd stido Walter Neusel, yr Almaenwr a faeddodd Jack Peterson cyn hynny? Edrychai pethau'n dda. Rhyw bedair neu bum weiarles oedd yn yr ardal i gyd mae'n debyg, ac un o'r rheiny yn y Bonc gan Richard Owen Postmon. O ben y polyn pum troedfedd ar hugain a osodwyd wrth y tŷ bach ymhen draw'r ardd gwelem wifren yr erial yn mynd i lawr gallt drwy'r awyr i ddiflannu i'r Bonc drwy ffrâm ffenestr y bwthyn isel. 'Roedd fy nhad a Huw-ni ac un neu ddau arall wedi cael gwahoddiad at Richard Owen i wrando ar y ffeit ac 'roedd yna hanner dwsin a mwy o rai eraill wedi gwahodd eu hunain yno. Ar ôl swnian yn daer cefais innau ymuno â'r cwmni dethol cyn hanner nos yn y bwthyn bach. Pan aethom i mewn 'roedd yno bedwar yn eistedd ar y setl bren yn barod, a Richard Owen wrth y tân myglyd yn ei gadair fawr. O gylch y bwrdd eisteddai dau neu dri ar stolion a bocsys pren ac ambell un arall wedi dod â bocs pren neu stôl hefo fo. Gwnaed lle i 'Nhad wrth y bwrdd ac anogwyd finnau i fynd dan y bwrdd 'am rŵan, Dic bach'. Ar y ffenestr 'roedd y radio a lle wedi ei gadw dan y ffenestr honno ar focs i Huw-ni. 'Roedd swydd Huw yn holl bwysig oherwydd ym marn pawb ohonynt ''roedd Huw Tŷ Capal yn Sais da!' gan fod medru siarad, darllen a deall Saesneg yn gyfystyr â bod yn sgolar yn y pentref bach Cymreig yn y tridegau. Cyfaddefai Richard Owen ei hun nad oedd o'n 'dallt fawr ar yr hen beth 'ma, a ma' Jên yn cwyno am ei sŵn o hyd.' Felly Huw oedd y cyfieithydd y noson honno. Buom yn disgwyl am oriau hyd amser dechrau'r ornest. Teils brown pridd oedd ar y llawr a gallwn anghofio pa mor anghyfforddus oeddwn wrth wylio ambell bryf yn dod i fyny rhwng y teils, ac yna byddwn yn ei ladd gyda fy esgid a cheisio blocio'r craciau hefo coesau matsys a daflwyd i'r llawr dan y bwrdd.

Wedi llwyr flino ar y llawr caled, oeraidd rhoddais fy mhen i orffwys ar goesau trywsus melfaréd fy nhad, a thynnodd hynny ei sylw at fy nghyfyngder. 'Hwda, Rhisiart,' meddai ac estyn ei siansi i mi, 'cymer hon odanat a dos o flaen y tân.' Cymerais ei siansi a symudais o'r wâl-dan-bwrdd. 'Roeddwn ar fin setlo ar lawr o flaen y tân pan chwibanodd poer baco fel seren gynffon heibio fy mhen a chwalu fel pibo buwch yn erbyn yr ashband. Symudais yn ôl i gysgod y bwrdd yn bur sydyn. 'Roedd y lle'n llawn o fwg baco Amlwch ac *Woodbines* a thipyn go lew o fwg taro o'r simdde. 'Roedd y cymylau o fwg a âi dros y wensgot isel yn peri i Jane Owen, a'i brest wan, besychu'n ddiddiwedd yn ei gwely, a Richard Owen yn gweiddi rŵan ac yn y man, 'Taw, Jên bach,' 'Tro ar d'ochor, Jên,' 'Tria ddiod o ddŵr, Jên.' Tua dau o'r gloch y bore 'roeddwn yn pendwmpian cysgu wedi blino'n lân, wedi fy llethu gan fwg a'm suo gan undonedd trai y sŵn wrth i'r siarad hysbio. Yna daeth bloedd Taylor i ddihuno pawb fu'n hepian, 'Fasa well i 'chi'i thrio hi rŵan. Mi gym'ith amser i g'nesu.'

Aeth Richard Owen at y radio i'w rhoi ymlaen. Wedi llawer o ffidlan gyda'r nobyn a 'Tua fan'a mae o,' a sŵn ffrio o'r set, a Jane Owen yn cwyno o'r siambar, clywyd llais fel petae rhywun yn siarad gyda dolur gwddw arno mewn cenllysg.

'Ma'r ffeit wedi dechra', meddai Huw.

'Hei gancar! Ydan ni wedi colli r'wbath?'

''Wn im. Tewch!'

'Be' 'di'r sŵn gwynt 'na, neu'r sŵn ffrio 'na 'neu rwbath sy' ar draws, Richard Owen?'

'Sŵn yr *Atlantic Ocean*. Cofiwch bod o'n dŵad o *New York*.'

'Ma' fan'o'n bell ofnatsan, Richard Owen.'

'Faint ydi o 'dwch? 'Tasach chi'n mesur o'r sgwâr 'ma?'

'Duw o'r Sowth, 'newch chi dewi i gyd?' meddai Huw yn ddiamynedd wrth glustfeinio. 'Sut medra' i glywad a chitha'n brygowthan ddiawl?'

'Ma' Huw 'di gwylltio!'

'Cau dy hopran . . . mae'r rownd drosodd . . . Farr 'di cael rownd dda . . .'

'Pa rownd oedd hi, Huw?'

'Mi ddeudith yn o fuan ma' siŵr . . . Dechra' eto . . . dechra'r *fifth round* rŵan . . . Farr wedi'i hitio fo . . .'

'Ew . . . w . . . w . . .' gan bawb.

Ac felly'r aeth hi o rownd i rownd. Neb yn deall dim a Huw yn cyfieithu ac egluro rhwng y rowndiau.

Gyda siom y clywyd y dyfarniad gan y 'blydi reffari unochrog,' 'yr Ianc diawl . . . isio dod â nhw i Cardiff i gwffio sy' . . . gân nhw weld wedyn.' 'Roedd pob reffari yn y Bonc, yn oriau mân y bore ddiwrnod olaf Awst 1937 yn siŵr mai Farr oedd wedi ennill, am fod Huw wedi dweud. Erbyn deall trannoeth 'roedd y *Daily Herald* yn cytuno â Huw. Cefais gip ar *Daily Mail* Persondy a *Daily Express* y Sgŵl hefyd wrth ddanfon papurau newydd ar fy ffordd i'r ysgol ac 'roedd y ddau hynny'n cytuno â Huw hefyd!

Bu cryn fri ar y paffio yn nghwt yr efail a Glan Môr Chwain am ychydig wedyn.

Ysgol Ramadeg Caergybi
(1938-43)

Wedi gwerthu'r mochyn aeth Mam i Gaergybi ac i siop Williams & Lewis i brynu cap a thei a 'sanau pen-glin a dillad eraill yn lliwiau'r Cownti. 'Roedd Llew gyda'i ddwy flynedd o brofiad yno, wedi fy mharatoi ar gyfer beth i'w ddisgwyl:

'Gwatcha allan am J.M. (J. M. Hughes y prifathro) . . . Mae gan McLeod gythra'l o glets front os anghofi di dy lyfr Physics . . .' Ella na chei di ddim lle i ista ar y bws i ddechrau.' A llawer o wybodaeth debyg.

Ac ar y bws yr aethom, y diwrnod cyntaf, a'r draul o deithio ar hwnnw yn ddau swllt a naw ceiniog yr wythnos. (Enillai Mam ddau swllt neu hanner coron am ddiwrnod o waith). 'Roeddwn yn un o'r rhai diwethaf i fynd i fyny i'r bws Cownti wrth Roe Buck ychydig wedi wyth o'r gloch y bore. 'Roedd rhai o'r hen stejars yn cyfarch ei gilydd wedi i ddieithrwch gwyliau'r haf fod rhyngddynt, ond edrychid ar yr hogiau newydd gyda chwilfrydedd a sarhad.

'Be' uffar 'di hwn d'wad?'

'Ti 'di colli dy gap 'chan,' wrth i 'nghap i hedeg fel colomen glai i ben draw'r bws.

Ac o ganol mwg sigaréts y seddau ôl daeth rhyw lais main yn gweiddi ac yn amlwg yn cyfeirio ataf i a'r '11+' dri mis ynghynt, 'Gest ti hyd i Ynys Enlli?'

'Roedd adeilad y Cownti gyda'i goridorau hir yn enfawr. Bugeiliwyd y newydd-ddyfodiaid gan y *prefects* i'r Neuadd, a dosbarthwyd ni yn bedair mintai yn ôl ein cyfenwau. Yn 1M y'm gosodwyd i ac am y tro cyntaf o sawl tro bu raid dweud ein henwau. Clywais lais main yn dweud 'Hywel Jones, Miss,' ac edrychais yn ôl i weld pwy oedd wedi gofyn ar y bws 'Gest ti hyd i Ynys Enlli?' Wedi dweud ei enw edrychodd arnaf gyda lleuad lawn o wyneb a rhoi winc a gwên imi. Daeth rhai o'r enwau yn gyfarwydd i mi am flynyddoedd wedyn ac yn gyfeillion oes, rhai fel William Henry Jones (Aberffraw), Robert Arfon Jones (Caergybi) ac Eric March (Caergybi). Meddyliwn mor od y swniai'r enw Myrtle pan glywais ef — Olwen Myrtle Lewis, merch ddisgleiriaf ein blwyddyn, a'i henwogodd ei hunan yn y byd adloniant gyda'i cherddoriaeth, ac yn enwedig felly gyda'i pharti 'Blodau'r Ffair' yn ysgol David Hughes, Porthaethwy. A dyna Puleston wedyn — Gwenno Puleston Jones, wyres i'r cawr o bregethwr dall. Peggy Jones, Ysbylltir, Caergeiliog hefyd.

Rhyw sefyllian o gwmpas y byddem amser chwarae, heb ddigon o adnabyddiaeth o'n gilydd i gynnal sgwrs. 'Roedd yna hen arferiad gwirion gan ambell un i ddod atoch os oedd eich dwy law yn eich pocedi, ac wedi dweud 'Smai,' tynnu eich tei allan o'ch pwlofar. Tra byddech yn rhoi'r dei yn ôl byddai'n agor botymau eich balog, ac weithiau, yn yr oes ddi-sip honno, byddid yn stripio botwm neu ddau yn glir i ffwrdd. Gwelais un lembo o'r fath, wedi tynnu sawl tei ac agor sawl balog y diwrnod hwnnw, yn ei thrio hi i hogyn digon diniwed yr olwg arno. Yn lle rhoi ei dei yn ôl dyma'r diniwed yn rhoi dyrnod i'r stripiwr balogau nes oedd lwmpyn fel wy ar ei ael a düwch fel llygad panda ganddo.

'Roeddym ni, hogiau'r wlad, ar goll yn y gwersi ar y

dechrau oherwydd mai yn Saesneg yr oedd pob gair gan yr athrawon, a'r iaith fain yn od o wan gennym wedi Cymraeg-bob-gair yn ysgol Llanfachraeth. Ni allwn yn fy myw gynefino ag Ysgrythur Saesneg Miss Davies gan fod diwinyddiaeth Gymraeg yr hen Jane Hughes yn Ysgol Sul y Capel Bach yn nes i'r nefoedd yn fy nghalon i. Byddai Mr Parry (Wil Parry Maths) yn taflu rhyw air neu ddau o Gymraeg yn ebychiadol pan fyddai'n ddrwg ei hwyl, 'Wel, y pen meipen!'

Er i Llew fy rhybuddio, cefais beltan gan McLeod unwaith am anghofio fy llyfr Physeg. Mor wahanol oedd agwedd Mr Mason, Biol wedyn am yr un drosedd — '*'Where's your book, boy?' 'I've forgotten it, Mr Mason,' 'Good, look over'!* (gan olygu i mi rannu llyfr â'm cymydog). Hen foi clên oedd Mr Mason, ac wedi iddo adael yr ysgol i fynd i'r lluoedd arfog daeth Miss Rowlands gyda'i chysgod o fwstás i gymryd ei le. Hyhi oedd yr unig un o'r athrawon i'm hanfon am gosb at J.M. 'Roedd ganddi ddau lyffant mewn dysgl wydr fawr yn cymharu a ninnau'n cael mynd fesul dau i weld y wyrth rywiol. 'Gandhi', hogyn tewaf y dosbarth, oedd fy mhartner i a defnyddiodd hwnnw rwler i droi'r llyffantod trosodd er mwyn iddo gael gweld mwy. Pethau sobor o ddiymadferth yw llyffantod ar eu cefnau a'u traed yn ffwdanu yn yr awyr, ac felly y gwelwyd hwy gan y pâr nesaf.

'Something's happened to them, Miss.'

'Who were the last two at the trough?' gofynnodd Miss Rowlands.

'Richie Jones and Glyn Roberts,' meddai'r côr-chwidlo.

'I didn't do it, Miss. He did it,' meddai Gandhi a phwyntio ataf i.

Er imi brotestio fy niniweidrwydd, fe'm hanfonodd at y Prifathro i ddweud fy mod wedi gwneud rhywbeth na wneuthum mohono. Oedais i feddwl sut yn y byd 'roedd dod allan o hyn yn groeniach. Tra'n dyfeisio beth i'w ddweud llusgais yn araf ar hyd y coridor at ddrws J.M. Sefais yno am eiliadau yn crynu fel deilen ac yn meddwl 'Pa sawl bron a oerodd yma'! Ond heb guro ar ddrws barn brysiais yn ôl i'r dosbarth gan obeithio'r gorau. Pan ofynnodd yr athrawes beth oedd Mr Hughes wedi'i ddweud dywedais nad oedd yn ei ystafell. *'Go back and wait for him,'* meddai hithau. 'Doedd gen i ddim dewis ond wynebu'r gosb. Unwaith eto, ceisiais egluro nad y fi oedd y troseddwr ond cefais ddwy gansen giaidd ar fy llaw — *'One for misbehaving and one for thinking that Miss Rowlands made a mistake.'*

Pan oeddem yn gadael y wers 'roedd ambell un eisiau gweld ôl y gansen ar fy llaw. 'Roedd Gandhi yn eu mysg. Pan blygodd ei ben i weld, gyda'r gair 'Cachwr!' rhoddais ddyrnod iddo yn ei geg nes oedd o'n pistyllio gwaedu. Wrth ryw drugaredd ni chynigiodd daro'n ôl.

Yr unig wers lle cawn wir fwynhad oedd pêl-droed ar fore Mawrth gyda Goronwy Prys Jones. 'Roedd o hefyd yn dysgu Cymraeg i'r dosbarthiadau isaf. 'Roeddwn yn hoff iawn o 'Prys' am iddo roi cyfle imi chwarae pêl-droed i dîm cyntaf yr ysgol pan oeddwn yn y pedwerydd dosbarth. Ni chefais lawer o hwyl arni'r tro hwnnw a chofiaf yn iawn mai seren y gêm oedd Jonah Bach, sef John Howard Davies a ddaeth ymhen blynyddoedd yn Gyfarwyddwr Addysg Clwyd. 'Roedd Jonah wedi dod i Gaergybi o Lerpwl ond wedi ei eni yn yr India lle bu ei dad yn genhadwr.

Yr unig beth a gofiaf yn glir am Miss Evans (Minnie Mouse) oedd ei gwersi Llenyddiaeth Saesneg ar 'Hiawatha' a'r ffaith i'r dosbarth i gyd gael *100 lines* ganddi am chwerthin pan ddarllenodd ganlyniadau arholiad a dod at *'William Hugh Owen — nothing — per cent.'* Yn Saesneg beth bynnag, 'roedd Wil yn ddigon symol i rywun fod ar ei draed nos hefo fo. Ei unig sylw wedi iddo gael 0% oedd, 'Hi a'i blydi Hiawatha!' Yn rhyfedd iawn, yn ein gwers ddilynol, cafodd Wil 100% mewn Rhifyddeg gan Wil Parry, a roes iddo gyfartaledd o 50% am ryw awran, i lareiddio rhywfaint ar ei sefyllfa arholiadol. 'Syms sy'n cyfri,' meddai Wil wedyn!

Ein hathrawes Hanes oedd Miss Gilcriest, neu i roi ei henw llawn iddi, Miss Grace Haskins Gilcriest ac enw'r hogiau iddi oedd Garbedina Henrietta neu'r talfyriad 'Gilli'. Hen ferch fechan, fonheddig heibio i'w chanol oed ydoedd, o dras Wyddelig, ac yn chwaer yng nghyfraith i Saunders Lewis. Oherwydd y cysylltiad yna mae'n debyg, yn gynnar ym mis Medi 1936, galwodd Saunders Lewis yn 'Vista', Porth-y-Felin, Caergybi, cartref Miss Gilcriest. Tystiodd un o'r cymdogion iddi weld Saunders Lewis yn rhoddi caniau (petrol mae'n debyg) a sypyn o wair yn ei gar. 'Roedd yna ffarwelio teimladwy iawn o flaen y tŷ wrth i Saunders Lewis adael ei wraig, ei chwaer yng nghyfraith a'i fam yng nghyfraith. Drannoeth, yn gynnar yn y bore bach llosgwyd yr ysgol fomio yn Llŷn.

'Roedd gan Miss Gilcriest res wen ar ganol ei phen, i rannu ei gwallt yn dwt fel byddai'n darn-guddio ei dwyfoch ar dro fel cyrten ar ffenestr. Mae'n bosibl fod ganddi ormod o ffydd yng ngonestrwydd ei disgyblion. Rhybuddiai ni cyn rhoi prawf inni y byddai pwy bynnag a sgoriai lai na chwe marc allan o ddeg yn cael *100 lines*. Wedyn gofynnai Miss Gilcriest y cwestiynau. Y gorchymyn wedi gorffen y prawf oedd *'Listen to my answers and mark your own papers.'* Go brin y byddai neb yn cael llai na chwe marc wedi'r fath wahoddiad i achubiaeth anonest!

William Hywel Rogers oedd yr athro Cymraeg, ac yn Saesneg y rhoddai lawer o'r nodiadau gramadeg i ni i ddechrau, gan ddilyn patrwm *Elementary Welsh Grammar* John Morris-Jones mae'n debyg. Cymraeg a Mathemateg oedd fy mhynciau cryfaf ac Arlunio a Cherddoriaeth oedd fy mannau gwannaf. O'i gymharu â Mr Pritchard yn yr ysgol gynradd, ni lwyddodd Mr Rogers i'm cymell yn frwdfrydig i gyfansoddi barddoniaeth. Cofiaf i mi ddangos fy englyn cywir cyntaf iddo pan oeddwn ar fy mhedwaredd flwyddyn.

Nid Arfon ond Môn i mi, — yr ynys
Ar wyneb y dyfnli;
Bu erioed yn fawr ei bri;
Ni fynnwn fyw ohoni.

Dywedodd fod yr englyn yn gynganeddol gywir cyn belled ag y gwelai ac awgrymodd imi geisio gwneud un arall — gwell.

'Roedd Hywel Rogers yn athro Cymraeg da, a'r profiad hyfrytaf a gefais yn ei ddosbarth oedd astudio awdl Eben Fardd, 'Dinistr Jerusalem', yn y chweched dosbarth. Ei wendid oedd ei fod yn treulio tri chwarter y wers i wag bregethu'n Wesleaidd ac annhestunol am ymddygiad a moes, a phan ganai'r gloch byddai'n gafael ynddi i roi nodiadau ar y bwrdd du i ni. Collwyd sawl deng munud melys o amser chwarae felly.

Bu'n ddigydymdeimlad iawn â mi unwaith pan oeddwn

ar fy ail flwyddyn. Os byddai'r dywydd yn caniatáu arferai Llew a minnau reidio beic i'r ysgol bob dydd i arbed cost y bws i Mam. Rhyw gwta wyth milltir oedd yna o'n tŷ ni i gowt y Cownti yng Nghaergybi. Un filltir ar bymtheg y dydd o dradlo i ymarfer cyhyrau fy nghoesau. 'Doedd ryfedd yn y byd fy mod yn gallu rhoi cic mul hefo fy nhroed chwith! 'Roedd yn digwydd bod yn chwythu'n flin un diwrnod a'r gwynt yn fy nal yn llonydd ar Gob Fali. Cymerais hydoedd i gyrraedd y Cownti, a'r gloch wedi canu i alw pawb i'r cynulliad boreol yn y neuadd. Cedwais y beic yn y sied, euthum i mewn drwy un o'r drysau cefn a sleifiais yn ddistaw i'r clocrwm. Clywais sŵn traed yn patrolio'r coridor, ac yna — Duw a'm gwaredo — yn dod i'r clocrwm. Diolch byth! Mr Rogers oedd o, a chiliodd fy ofnau. Synnais ei glywed yn siarad Saesneg â mi, ac eto dyna oedd iaith swyddogol yr athrawon, *'What are you doing here?*

'Doedd wiw i mi siarad Cymraeg yn ôl. *'I was late, sir. I came to school on a bicycle and the wind was holding me on Cob Valley.'*

'Get up earlier in the morning to catch the bus to school,' meddai gan roi clewtan i mi ar fy moch. Ni wnaeth unrhyw ymgais i ddeall y sefyllfa. Droeon eraill, chwarae teg iddo, bu'n garedig iawn. Enw ei gartref ym mhen uchaf Holborn Road oedd 'Ismeilia'. Lluniais ddau englyn iddo pan ymddeolodd, a minnau fy hun yn athro erbyn hynny. Un llinell yn unig o gynghanedd lusg a gofiaf, sef 'Gwnaeth ei beil yn Ismeilia,' a'i sylw oedd, 'Mi fyddai'n dda gennyf petawn yn gallu cytuno â'r gosodiad yna, Richie.'

Yn 1931, ac yntau'n un ar hugain oed yr ymunodd Mr Elsworth â staff yr ysgol ramadeg, ar ddiwedd ei gwrs yng

Nghaergrawnt lle graddiodd yn y Clasuron. Ef oedd ein hathro Lladin wrth gwrs, ac er nad oeddwn yn orddisglair yn ei bwnc byddwn yn awyddus i blesio'r Sais ieuanc dymunol. Loes imi fu'r gosb a gefais ganddo am flerwch fy ngwaith cartref Lladin unwaith. Oherwydd y mynd a'r dod, y sŵn a'r siarad a'r cyfyng le yn y Tŷ Capel yr unig fan y gallai Llew a minnau wneud ein gwaith cartref oedd ar sil ffenestr y llofft gefn wrth olau gwan y gannwyll wêr. Pan oeddwn yn llafurio gyda fy Lladin un noson aeafol, stormus curai'r glaw yn ddidrugaredd ar y ffenestr. 'Roedd twll bychan yng ngwydr y ffenestr ac fe chwythwyd diferion glaw trwyddo a chymysgu gydag inc fy ysgrifen nes staenio'r *amo, amas, amat.*

'That's a mess, boy,' meddai Elsworth. *'I'm not going to be bothered to read it. Do it again and take a hundred lines.'*

Mr Elsworth a sefydlodd gangen neu *Flight* o'r *ATC (Air Training Corps)* yn yr ysgol, tua 1941 os cofiaf yn gywir. Gan fy mod wedi penderfynu mai peilot *Spitfire* neu *Hurricane* oeddwn am fod os gelwid fi i'r lluoedd arfog, ymunais â'r *ATC*, ac felly Bob Post o Lanfachraeth hefyd. Bob oedd fy nghyfaill mwyaf sefydlog yn yr ysgol a thu allan bryd hynny. Byddai Bob yn amlach yn ein tŷ ni nag yn ei gartref ei hun. Arferai Mam ddweud y drefn wrtho yr un mor ffyrnig ag y dywedai'r drefn wrthym ninnau ond nid oedd hynny'n ddigon i gadw Bob draw. Cawsom iwnifform o frethyn glas yr *RAF*, a *'1505 Squadron'* ar yr ysgwyddau. Ar orchymyn Mr Elsworth 'roedd yn rhaid i ni wisgo'r iwnifform i ddod i'r ysgol pan fyddai ymarfer gennym ar ôl yr ysgol. Cofiaf i'r prifathro ddweud oddi ar lwyfan yr asembli y bore cyntaf hwnnw, a chysgod o wên bryfoclyd ar ei wyneb, *'We have some dignified members of the RAF with us this morning.'*

Ymunodd ein *Flight* ni â *Flights* o ysgolion uwchradd Llangefni a Biwmares i fynd i wersyll yn Llanbedr, Meirionnydd am wythnos yn Awst 1942. Cawsom fynd mewn awyren am y tro cyntaf erioed. Gyda'r llwyth diwethaf yr oeddwn i, ac er na allaf fod yn sicr faint ohonom oedd yn yr *Avro-Anson* a ehedodd yn uchel dros ryfeddod Eryri, a chopa'r Wyddfa ymhell islaw inni, cofiaf fod 'F/O' Elsworth ynddi a 'F/Lt' Frank Jones, Prifathro Ysgol Biwmares, a 'Sgt' John Lasarus Williams, bachgen chweched dosbarth yn ysgol Biwmares ar y pryd. Hwn oedd y 'John L.' a fyddai'n ddarlithydd Cymraeg yn y Coleg Normal yn ddiweddarach, yn ymgeisydd seneddol dros Blaid Cymru ym Môn, ac a fyddai hefyd yn amlwg iawn fel cynghorydd dros Lanfair Pwllgwyngyll ar Gyngor Sir Gwynedd am flynyddoedd. Sut bynnag, y tro olaf i mi weld Mr Elsworth oedd mewn cartref gwyliau yn y Benllech, yn bedwar ugain ac un ac yn darllen llyfr Lladin!

Pan oeddwn ar fy ail flwyddyn yng Nghaergybi cefais brofiad nas cefais cynt na chwedyn — llewygais.

Un bore, yn syth ar ôl y wers chwaraeon, sef pêl-droed, 'roedd Cemeg gyda'r foneddiges annwyl, Miss Mary Higham. Wedi rhuthro i newid dyma eistedd ar stôl uchel ynghanol yr arogleuon cemegol. Dechreuodd Miss Higham ar ei gwers i brofi bodolaeth ocsigen a chyrraedd yr uchafbwynt tyngedfennol gyda'r cymal disgwylgar, *'Now we shall see whether or not this glowing splint will be re-lighted when I dip it into this jar. If it will be re-lighted it will prove . . .'* Yn sydyn trodd Miss Higham a'i harbrawf ben ucha'n isaf ac aeth yn nos ddofn ddu arnaf. Fel y dywedodd tenant y stôl nesaf ataf, a'r prif lygad-dyst, wrthyf drannoeth, 'Mi ddisgynn'ist fel "shot crow" oddi ar dy stôl ac 'roedd 'na uffar o glec pan hitiodd dy ben di'r llawr.'

Gorweddwn ar soffa pan agorais fy llygaid. Daeth llaw dyner ar fy nhalcen a llais caredig yn cynnig llymaid o ddŵr imi. Miss Owen, Y *Senior Miss*, oedd yno, ac ar ôl gofyn ymhle 'roeddwn yn byw a chael gwybod mai ar y beic y deuthum i'r ysgol, gofynnodd, *'What did you have for breakfast this morning?'* Ni wyddwn beth oedd bara-the yn Saesneg a dywedais *'Bread and tea, Miss.'*

'What did you have on your sandwiches?'

'It was not a sandwich, Miss. It was bread put to soak into a cup full of tea, and them emptied out, and then put sugar on it, to eat it.'

O'm clywed yn stryffaglio yn yr iaith fain troes Miss Owen, yn annisgwyl, i'r Gymraeg, 'B'le 'dych chi'n cael cinio?'

'Yn siop *chips* Morgan's, Miss. Mae gennym frechdan gan Mam, a 'dan ni'n prynu gwerth ceiniog o *chips*, a 'dan ni'n cael dŵr i'w yfed yno.'

Canlyniad y llewygu oedd cael galwad i ystafell Miss Owen i ddweud wrth Llew a minnau y caem ginio yn rhad ac am ddim yn yr ysgol o hynny allan. Fel petae hi'n synhwyro'r cywilydd a deimlem sicrhaodd ni na châi neb wybod am y trefniant.

Miss Gilcriest oedd fy athrawes ddosbarth a, chwarae teg iddi, dywedodd hithau wrthyf yn ddistaw-bersonol nad oedd raid i mi bryderu. Ni châi neb wybod fy mod yn cael cinio am ddim. 'Roedd 'Gilli' annwyl mor ddeallus yn ei chydymdeimlad â mi. Weithiau, pan fyddai nifer o'm cyd-ddisgyblion yn talu am ginio i Miss Gilcriest, a hithau'n prysur farcio'r cofrestr cinio, newidiwn le yn y ciw gyda rhyw esgusodion pitw er mwyn bod y diwethaf i fynd at Miss Gilcriest i ddweud yn ddistaw, *'I'm present, Miss.'* Nodiai hithau ei phen gyda gwên ddeallus. Felly, ni fyddai neb wedi fy ngweld yn peidio â thalu. Os byddai rhywun o'r tu ôl i mi rhoddwn law gaeëdig wag ar ddesg Miss Gilcriest i ffugio talu. Aeth y 'gêm' hon ymlaen am rai wythnosau nes i bwdin reis ddod ar y fwydlen.

'Roedd y cwrs cyntaf trosodd, a llonnais pan welais mai pwdin reis oedd yn y bowlen fawr yng ngofal Miss Elina Jane Davies. Rhoddwyd dogn i bob un ohonom a chyn pen dim 'roedd rhes o blatiau gweigion o'n blaenau. Yna croesawyd llais Miss Davies yn cyhoeddi *'seconds up'*. Er fy mod yn eistedd hanner ffordd i lawr y bwrdd a'm gobaith yn wan, codais fy mhlât am y *'seconds'*. Yna cefais y beltan greulonaf a gefais erioed. Edrychodd Miss Davies yn syth arnaf ac meddai, *'You, put your plate down! Those who pay first.'*

Nid oedd nos fy llewyg yn ddim o'i gymharu â düwch y cywilydd a deimlais o fod yn dlawd.

'Roedd y geiriau, *'Those who pay first'* wedi fy nghlwyfo mor ddwfn fel na allwn fynd i'r ysgol drannoeth na thradwy 'chwaith. Bu raid mynd ddydd Gwener ond nid euthum ar gyfyl y neuadd ginio; yn hytrach euthum i lawr dre', yn ddiginio. Mae'n ofid gennyf gyfaddef fy mod yn berwi gan gasineb a dial tuag at Miss Davies wedi'r profiad hwnnw ac yn rhy ifanc ac anaeddfed i ddelio'n faddeugar â'r sefyllfa chwerw. O hedyn y sarhad a deimlais blagurodd rhyw atyniad at gomiwnyddiaeth ynof — 'i bob un yn ôl ei angen, gan bob un yn ôl ei allu.' Yr wythnos wedyn fodd bynnag yr oeddwn yn ôl yn fy lle wrth y bwrdd cinio, yn ddigon penisel, ond ni chodais fy mhlât am *'seconds'* Miss Davies byth mwy.

Daethai blynyddoedd y rhyfel â rhywfaint o amrywiaeth i fywyd yr ysgol sir. Nid fy mag llyfrau yn unig a gariwn i'r ysgol yn ddyddiol ac o ystafell i ystafell gyda mi ond fy masg nwy hefyd mewn blwch cardbord. Ar ganol gwers weithiau deuai rhyw awydd i wisgo'r masgiau fel ymarfer. 'Roeddynt yn debyg i drwynau moch a bochau rwber iddynt, gyda strapiau dros y pen i'w cynnal. Byddai'n demtasiwn i rai chwythu allan yn gryf fel y ceid synau annerbyniol rhwng boch yr wyneb a'r foch rwber ac 'roedd yn anodd iawn i'r athro leoli'r sbort.

Dro arall rhoddid rhybudd o seiren a olygai y byddai'n rhaid i bob-un-wan-jac ohonom adael yr ysgol a ffoi, yn ôl a drefnwyd, i gartref cyd-ddisgybl. I gartref Robert Bell yr oeddwn i a rhyw hanner dwsin o rai eraill i fynd. 'Roedd tua thri chanllath go lew o'r ysgol i dŷ Bobby Bell. Pan seinid y seiren codai pawb fel un o'u desgiau a thywallt drwy'r drysau o'r ysgol, fel codi caead oddi ar dún yn llawn o forgrug.

Am gyfnod bu raid i ni rannu'n hysgol â ffoaduriaid o ysgol 'Blue Coat', Lerpwl. Gan y byddai'n rhaid i ni ddechrau am wyth o'r gloch y bore cychwynnem o'r cartref cyn saith a byddem yn gorffen hanner awr wedi hanner dydd, a'r dieithriaid yn cymryd ein hysgol trosodd yn y prynhawn.

Yn 1942, pan oedd Rommel ar drothwy'r Aifft, dinas Cologne yn cael ei malurio, y Rwsiaid a Timoshenko yn ymladd i gadw'r Almaenwyr o'r Donetz, 'roeddwn innau yng nghyfyngder y 'CWB' *(Central Welsh Board)* sy'n cyfateb i'r Lefel 'O' heddiw. Fel llawer o'm blaen nid oeddwn wedi paratoi ac adolygu'n ddigonol ar gyfer yr arholiadau ond o herwydd fy mod wedi fy mendithio â chof da, cof-cyfnod-byr da beth bynnag, llwyddais yn well na'm haeddiant.

Wedi gwyliau'r haf euthum yn ôl i'r ysgol i VIA a dewis Cymraeg, Hanes a Saesneg fel prif bynciau ac Arlunio yn atodol. Hywel Rogers, Miss Gilcriest, Miss Crocker a Miss Dew oedd f'athrawon. Dau fachgen arall oedd yn VIA gyda mi, George Blackwell a George Alun Williams, a thuag ugain o ferched. 'Roedd y gwersi Cymraeg gyda Hywel Rogers yn ddifyr ond prin oedd fy mwynhad yn y gwersi Saesneg gan fod cymaint o goegni yn perthyn i Miss Crocker, brodores o dde Lloegr. Ni fedrwn wneud dim i'w phlesio ac yn waeth na dim byddai'n rhaid traddodi rhyw areithiau dibwrpas o flaen y dosbarth i gyd ar fore Mawrth. 'Roeddwn yn ansicr iawn fy Saesneg llafar a chollwn bob hyder gyda sylwadau sarhaus Miss Crocker ar fy ymdrechion. Er hynny 'roedd fy Saesneg i filwaith gwell na'i Chymraeg hi. Gymaint fy mhryder am fethu â'i phlesio fel y dysgais ar fy nghof bob gair o dudalen gyfan o lyfr, darn yn disgrifio bomer ar gyrch dros yr Almaen gyda'r cymal '. . . *aloft incumbent on the evening air,'* ynddo. Wedi imi ddweud hynny'n gyhoeddus, torrodd ar fy nhraws a gofyn yn sbeitlyd, *'Are you trying to imitate Mr Churchill?'* Yn y pwnc Hanes 'roedd Miss Gilcriest fel arfer yn annwyl a pharod ei chymwynas a'i chymorth.

Pan ofynnodd J.M. imi beth oedd gennyf mewn golwg atebais mai'r hyn a hoffwn fyddai cael gradd mewn Cymraeg ond fy ngwir fwriad oedd gadael yr ysgol a mynd i glercio yn stesion Caergybi fel Llew fy mrawd, rhag pwyso ar fy nheulu ddim mwy. Mynnodd J.M. i Mam fynd i'w weld ynglŷn â hyn, a'r noson honno clywais hi'n disgrifio dyn hollol ddieithr i mi!

'Mae Mr Hughes yn ddyn clên ofnadwy,' meddai.

'Sut oeddach chi'n ei ddallt o'n siarad yn Saesneg?'

'Cymraeg oedd o'n siarad hefo fi siŵr.'

Ni wyddwn tan hynny ei fod yn medru Cymraeg! Aeth Mam ymlaen, 'Un o Sir Feirionnydd ydi o, medda fo. Mornant ydi'i enw canol o. Mab fferm oedd o, ac yn deud wrtha i mai fo oedd y cyntaf i dorri gwair hefo peiriant a cheffylau yn Sir Feirionnydd. 'Roedd o'n glên ofnadwy. Mi ddeudodd, er y medrat ti gael i mewn i'r Iwnifersiti i gael gradd gyda dy Fatric na chei di ddim gohiriad o'r Lluoedd Arfog i wneud cwrs gradd mewn Cymraeg a byddai'n well iti fynd i'r Normal i wneud cwrs athro cyn mynd i'r Êr Ffors, ac wedyn mynd i'r Iwnifersiti. Mae hefyd wedi dweud y gallwn gael menthyg pres gan y Cownti Cownsil i dalu am iti fynd i'r Normal. Ac mi ddeudis i bod gen i un mochyn i'w werthu hefyd. Oes raid i ti fynd i'r armi o gwbwl d'wad, a Llew a Glyn yno'n barod? Methu dallt wir.' Cytunais â'r cynllun a threuliais flwyddyn yn VIA.

Wedi canlyniadau'r CWB cefais wybod fy mod wedi ennill yr *Owen Roberts Welsh Literature Prize* — gwerth pumpunt o lyfrau. Cefais tua phymtheg o lyfrau newydd ac yn eu mysg *Cerdd Dafod*, John Morris-Jones; *Caniadau*, T. Gwynn Jones; *Cerddi Crwys; Ynys yr Hud*, W. J. Gruffydd; *O. M. Edwards — Cofiant*, W. J. Gruffydd; tua gwerth £80 heddiw mae'n siŵr. Pan ddaeth y Dydd Gwobrwyo Miss Megan Lloyd George, AS a gyflwynai'r llyfrau imi.

Euthum am gyfweliad i'r Coleg Normal yng ngwanwyn 1943 ac Eryl Williams a dau arall gyda mi. Derbyniwyd Eryl a minnau a buom yn gyfeillion am oes wedyn.

'Oes 'ma bobol?'

Byddai amryw byd o bobl yn galw yn Tŷ Capel, a'r un fyddai'r cyfarchiad bob tro wrth gamu drwy'r drws agored neu wedi codi'r glicied, 'Oes 'ma bobol yma?'

Yn ei dro deuai William Gruffydd 'Sadler' heibio gyda'i gar bach crwn a dynnid gan ferlen fach felen hoffus. Dyn gweddol fychan, gwarrog ydoedd, gyda chlamp o fwstás melyn-frith ar draws ei wyneb a giard aur ar draws ei wasgod. Yn amlach na heb edrychai ar y llawr wrth ymgomio'n Jeremeiaidd, 'Wasgod annw'l mae petha' 'di newid er gwaeth. Ond mi ddaw yn ôl, gewch chi weld, i fel 'roedd hi. Ma'n rhaid iddi ddod. Byw cantel fy het i! Mae'r *motor cars* yma'n fwy o farn na locustiaid yr Aifft . . .'

'William Gruffydd, mi gafodd rhywun ei daro hefo moto ar lôn newydd Llan'nghenedl, meddan nhw.'

'Carth-yr-aden-bobi! Pwy oedd y cr'adur tybed? Dyna i chi beth arall, ma' 'na r'wbath yn lôn newydd Llan'nghenedl 'na sy'n tynnu motos i'r wal. 'Dwi'n ei deimlo fo ar awenau'r hen farlan bach 'ma weithia. Dad y trugaradd! Wn i ddim be' ddaw ohonon ni.' Ni chlywais erioed y fath amrywiaeth o ebychiadau gan neb — 'R uwd annw'l! . . . 'Tawn i'n machian! . . . Hen dro ffadi!

Yr hanes mwyaf diddorol a glywsom erioed ganddo oedd hanes ei daid neu hen daid a arferai fynd i Gaergybi gyda'i gyfeillion yn achlysurol. Rhywbeth tebyg i hyn a ddywedai

William Gruffydd, sydd yn eithaf arwyddocaol yn y ddadl ynghylch yr enw 'Fali':

'Wedi croesi o'r dre a throi am Hen Fali, mi fydden nhw'n rhedeg heibio Pentra Gwyddelod a gweiddi "Bali, Bali, Bali" i wylltio'r Gwyddelod. 'Roedd 'na hylltod o'r rheiny yno bob amser yn aros am dipyn yn y cytia' ar ôl dod drosodd o 'Werddon a chyn mynd ymlaen am Loegar.'

Mae yna gyfeiriad yn y llyfr *Yn ei Elfen* gan Bedwyr Lewis Jones at 'Hen Valley neu Bentre Gwyddelod ym mhen y Cob.' Byddai Nain Rhyd-wyn yn cyfeirio at y lle fel 'Pentre'r Gwyddelod' hefyd. Mae ceisio dychmygu fod dyffryn yn agos i'r lle yn herio realaeth daearyddol. Oes yna eglurhad yn stori William Gruffydd ynteu? Gan fod Gwyddelod yn gwersyllu yno, ym Mhentref Gwyddelod (Hen Fali heddiw), oni fyddai'n debygol iddynt fod wedi cyfeirio at y lle ymysg ei gilydd fel Bally (cf Ballymena, Ballyshannon, Ballycastle ac yn y blaen)? Mae'n bendant fod yr enw wedi dod i glyw'r Cymry lleol ac felly, yn rhesymegol ieithyddol, byddai'r Cymry'n dweud eu bod 'yn mynd i Fodedern ac i Fally', nid i Bodedern ac i Bally. Wedi arfer yn llafar drwy dreiglo — i Fally, o Fally, yn Fally, am Fally, at Fally, trwy Fally — am flynyddoedd, ni fyddai'n syndod o gwbl i rywrai ei sillafu'n ysgrifenedig fel *Vally* a'i 'gywiro' i *Valley*, gan feddwl mai tarddiad Seisnig ac nid Gwyddelig oedd i'r gair. Ie, 'Bali, Bali, Bali' a waeddai'r Cymry lleol direidus wrth basio Pentre'r Gwyddelod ym mhen y Cob, yn ôl William Gruffydd Sadler, y storïwr nad oedd yn hanesydd nac ieithydd ychwaith.

* * *

Deuai Ted Parc a Frank Roe Buck acw fel cyfeillion i Glyn ac Ifor a Huw. Cafodd Ted druan ddamwain angheuol gyda'i fotor beic ac yntau'n ddim ond tair ar hugain oed. Ar y ffordd adref o Gaergybi yr oedd ef ac Owen Huw Parlwr pan aeth y beic o'u gafael yn llwyr rhwng Fali a Llanfachraeth. Wedi misoedd yn yr ysbyty daeth Owen Huw drwyddi'n iawn. Synnwyd yr ardal gan y ddamwain ac, yn anffodus, lledaenwyd stori fod Ted wedi meddwi, er i'w gyfeillion wadu hynny'n bendant gyda Huw-ni yn dyst cadarn i'w sobrwydd. Yn ystod y gwasanaeth claddu yn y capel gorlawn dywedodd y Parch William Price, 'Y mae gennyf awdurdod deublyg nad meddwdod y brawd fu achos y ddamwain. Dyna dystiolaeth y meddyg. Y mae'n bwysig i mi wneud yr amddiffyniad hwn, a chysur yng nghanol galar yw gwybod iddo wynebu'r ddamwain a'i synhwyrau yn ei feddiant.'

Ted druan! Daeth ei 'Oes 'ma bobol yma?' i ben yn rhy fuan o lawer.

* * *

Saer crefftus dros ben oedd Frank Roe Buck a graen arbennig ar ei waith. Cymerai falchder neilltuol ym mhopeth a wnâi. Er mai'r un oed ag Ifor oedd o, cafodd lawer mwy i'w wneud gyda mi na gydag Ifor dros y blynyddoedd. Euthum i'w weithdy i chwilio am goed tân i Mam pan oeddwn tuag un ar ddeg oed. Wedi imi gael rhyw ychydig o briciau diolchais iddo a phan oeddwn ar fin gadael gofynnodd Frank, 'Fedri di chwarae draffts?' 'Medraf,' meddwn innau, a dyma eistedd i lawr am gêm.

Ymhen dau funud 'roedd Frank wedi clirio'r bwrdd ac ennill yn rhwydd.

'Paid byth â dweud y medri di wneud rhywbeth os nad

wyt ti'n siŵr be' mae'r cwestiwn yn ei olygu,' meddai.

'Roeddwn i'n hoff iawn o wneud gwaith coed hefyd, a threuliais lawer o amser yng ngweithdy Frank yn ei gynorthwyo, drwy ddal coed fel rheol, i roddi arch neu ffenestr neu giât yn ei gilydd. Cofiaf imi dorri coedyn yn rhy fyr unwaith, ac meddai, 'Cofia fesur ddwywaith cyn torri unwaith.' Mae'r cyngor yna'n ddihareb loyw.

Aeth dwy neu dair blynedd heibio cyn i mi fedru curo Frank mewn gêm o ddraffts. Prynais gopi o'r *Lee's Guide to Draughts* a dysgais lawer o'r agoriadau ar fy nghof. Wedi i mi ddod cystal ag ef yn y gêm deuai'n aml i'r Tŷ Capel gan ddweud 'Dydw i ddim isio dy ddrysu di hefo dy *Homework* ond os oes gen ti amser am gêm, mi arhosa' i am dipyn.' Collais ambell gêm yn ei erbyn drwy fod yn fyrbwyll a byddai'n fy atgofio o'i gyngor doeth imi pan oeddwn yn dechrau chwarae ag ef, 'Eistedd ar dy ddwylo tra byddi di'n meddwl.'

'Roedd chwarae drafftiau yn beth gweddol boblogaidd yn y chwedegau yn yr ardal. Byddai Gwilym Thomas, Gwalchmai ac Evan Pritchard, Trefor a'i frawd Llew Pritchard, a Frank a minnau yn chwarae hyd doriad gwawr yn y Tyrpeg, tŷ Frank. Chwarae ac ailchwarae gemau a gollwyd a chwilio am lwybrau i ennill. Aeth pedwar ohonom i Gaernarfon i herio am bencampwriaeth Gwynedd ac yna Gogledd Cymru. Bu Evan, Gwilym a minnau'n llwyddiannus yn ein tro a Frank yn 'rhoi gêm dda i'r gorau tua'r diwedd.' Chwaraewyd gemau rhyngsirol hefyd rhwng Arfon, Meirion, Dinbych a Môn, a thîm Môn yn fuddugol bob tro. Cynrychiolid Môn gan·ryw chwech o'r canlynol yn ein gemau rhyngsirol — Frank, Gwilym Evan, Robin Tŷ Newydd Green, Bob Griffiths, Gwyn Pritchard,

Richard Coupe, John Williams, Albert Griffiths a minnau.

'Roedd Emyr Jones, Llanrug a Tom Huws, Pwllheli yn chwaraewyr da iawn. Awgrymodd Tom Huws fynd â Gwilym Thomas a minnau yn ei fodur i Glasgow i herio gorau Prydain yn 1968, ond daw'r hanes hwnnw'n nes ymlaen. Edrychai Frank ymlaen at gystadleuaeth Gogledd Cymru ac ofnai ar boen ei fywyd gael cur yn ei ben cyn dechrau. I osgoi hynny, arhosai gartref i orffwys drwy'r dydd Gwener cyn y Sadwrn draffts, ac yna pan alwn amdano yn fy nghar fore Sadwrn cymerai Frank ddwy asbro'n sydyn,

'Cur yn eich pen yn barod, Frank?'

'Nac oes, Dic, ond pan ddaw'r cur pen mi gaiff gythra'l o syrpreis fod yr asbros yna o'i flaen o.'

Er bod Frank yn chwaraewr drafftiau da 'roedd hi'n boenus chwarae ag ef gan arafed y symudai. Efallai y byddwn wedi bod yn disgwyl wrtho am bum munud i symud ac o'i fudandod llonydd gofynnai'n sydyn, 'Fi sydd i fod d'wad?' Dro arall, a minnau'n tybio mai astudio posibiliadau pob symudiad yr oedd yn ei fyfyrdod distaw, edrychai arnaf gyda sylw fel, 'Pobol yn meddwl nad oes dim Duw. Wyt ti'n meddwl fod yna r'wbeth ar ein cyfer ar ôl marw?' Gwaeledd a marwolaeth Frank yn 1963 yn wyth a deugain oed a roes i mi ateb cadarnhaol i'r cwestiwn yna.

'Roedd Hywel, ei fab pymtheg oed, ar ei wely angau yn ysbyty Alderhey yn Lerpwl a Frank hefyd yn darfod o'r cancr yn ysbyty Stanley, Caergybi. Euthum i weld Frank un noson arbennig ond nid oedd yn siŵr ohonof ac ni allai weld y cloc ar fur y ward ychwaith ond gofynnai'n aml, 'Faint o'r gloch ydi hi d'wad?' Drannoeth galwyd ei wraig, Lena, i Lerpwl ar frys gan fod Hywel wedi gwaethygu'n arw. Tuag un ar ddeg o'r gloch y bore bu farw ei mab annwyl, Hywel Bach, yn ysbyty Alderhey ar y pedwerydd o Fai 1963. Ymhen ychydig roedd Lena ar ei ffordd yn ôl o Lerpwl i Gaergybi i weld Frank erbyn dau o'r gloch y prynhawn. Er iddi ruthro'r holl ffordd o Lerpwl 'roedd hi'n hwyr yn cyrraedd Caergybi. Am ryw reswm 'roedd Frank fel petae wedi dod ato'i hun er gwaethaf effeithiau'r drygiau a gawsai i leddfu'r boen. Gallai siarad, a hynny yn rhesymol am y tro cyntaf ers dyddiau, a'i gyflwr, yn ôl y meddygon, i fod i waethygu. Synnodd Lena at yr adfywiad ynddo.

'Ble 'rwyt ti 'di bod d'wad? Mae hi'n chwarter wedi dau,' meddai, ac yn medru gweld y cloc ym mhen draw'r ward.

'Mae'n dda gen i weld dy fod ti'n well,' meddai Lena, wedi penderfynu na soniai air am farwolaeth Hywel. Ond aeth Frank ymlaen, 'Petase ti yma am un ar ddeg o'r gloch y bore 'ma mi faset ti wedi gweld Hywel Bach. 'Roedd o yma wrth ochor fy ngwely i ac yn deud ei fod o'n iawn rŵan. Go dda'n te!' Bu Frank yntau farw yr wythnos wedyn.

* * *

Dynes gron, o daldra cymedrol gyda phryd tywyll iddi, oedd Modryb Lena Ty'n Maen, a wyneb llawn, llawen ganddi nes collodd hi Hywel, ei mab hynaf, yn y rhyfel. Cyfnither i Mam ydoedd a galwai acw yn lled aml pan ddeuai i'r pentref. Byddem yn falch o'i gweld yn galw am ei bod mor hwyliog a hefyd am ei bod yn giamblar ar ddweud ffortiwn o gwpan de. Wrjai Mam baned iddi bron cyn iddi dynnu ei chôt. Derbyniai hithau gyda'r sylw arferol, 'Ma' pawb arall isio panad rŵan ma' siŵr.' Ac wrth gwrs yr oedd pawb eisiau cael dweud eu ffortiwn. Weithiau byddai cymaint â chwech neu saith o gylch y bwrdd yn disgwyl am gyfrinachau'r dyfodol. Y rhai a gawsai'r paneidiau olaf o'r tebot a fyddai'n cael mwyaf o ddail te yng ngwaelod y gwpan. Gadewid ychydig o ddiferion te heb eu hyfed er mwyn i'r diferion, wrth inni droi a throi'r gwpan, symud y dail i ffurfio patrymau hyd yr ochr fewnol, a'r symudiad olaf yn troi'r gwpan ben-ucha'n-isaf, a'i gosod ar y soser i ddiferu'n sych. Gwrandawem yn astud ar ddyfodol pawb arall yn cael ei ddadlennu i ni wedi i Modryb Lena graffu ac ystyried yn fanwl.

'Rwy'n cofio i mi gael embaras mawr unwaith pan oeddwn tua phedair ar ddeg oed ac yn y Cownti. Darllenodd Anti Lena fy nghwpan ac meddai toc, 'Ewadd annw'l Meri (wrth Mam), fydd yr hen hogyn 'ma ddim hefo chdi'n hir eto . . . Ma'r cythra'l bach yn caru . . . Mae 'na galon fawr yn fa'ma, a'r llythyren 'E' yn glir arni . . . Faswn i'n deud fod petha'n reit seriws rhyngddyn nhw.' Y gwir oedd fy mod i wedi mopio ar eneth a'i henw'n dechrau â'r llythyren E. Gwridais at fy nghlustiau ac fe sylwodd Anti Lena ar hynny. 'Yli, Meri, ma'n rhaid 'mod i'n dweud y gwir, mae o wedi cochi drosto . . .' Ni fentrais ofyn am ffortiwn wedyn i Anti Lena Ty'n Maen er iddi alw'n rheolaidd yn ein tŷ ni i'n difyrru â'i dawn.

Efallai mai Nain Rhyd-wyn oedd yr orau am ddarllen cwpan hefyd, oherwydd, yn ôl tystiolaeth Bessie fy chwaer, fe gafodd ei thalu unwaith am gywirdeb ei phroffwydoliaeth. Dweud ffortiwn o gwpan Davies Coparét yr oedd hi ac meddai, 'Mistar Davies, 'rydach chi am gael dyrchafiad annisgwyl a mwy o gyflog yn fuan.' Cafodd Mr Davies ei wneud yn rheolwr ardal i'r *Co-operative* ymhen rhyw fis ac aeth i ddiolch i Nain Rhydwyn gan fynd â dau bwys o siwgwr a chwarter o de iddi!

Bu'r ddawn ryfedd hon gan Bessie hefyd ac nid yn annisgwyl wrth gwrs mi fyddai Anti Lena, Nain a Bessie yn taro ar y gwir weithiau a'r gwir rhyfeddol hwnnw oedd yr un y tueddem i'w gofio bob tro.

* * *

Y dyn prysuraf o gylch yr ardaloedd i gyd yn y tridegau oedd Dr Huws Caergybi. Brodor o Landdeusant oedd Ted Huws. 'Roedd o'n Gristion wrth natur; nid yn ôl proffes ond yn ôl ei weithredoedd. Anaml iawn y gelwid meddyg i'n tŷ ni gan na allem fforddio talu am ei wasanaeth oddigerth pan oedd rhywun yn ddifrifol wael. Ar achysur felly agorai yntau'r drws a galw 'Oes 'ma bobol yma?' 'Roedd Huw fy mrawd bron â mygu i farwolaeth unwaith gyda'r 'cwinsi' ac fe ddaeth i'w achub gyda'i feddyginiaeth, fel y daeth at Lena hefyd gyda'r geiriau cysurlon i Mam, 'Ylwch, Mrs Jones, chym'rai yr un ddimai goch gynnoch chi. Mi gaiff rhai o'r cyfoethogion 'ma dalu drosoch chi pan fydd rheiny'n galw amdana' i.' Drwy drugaredd 'roedd Mam yn talu dwy geiniog yr wythnos i *Stanley Sailors* Ysbyty Caergybi, a fyddai'n ei gwneud hi'n bosibl i ni gael triniaeth yn rhad ac am ddim yn yr ysbyty petae gofyn am hynny. Ie, trugaredd, oherwydd bu raid pwyso ar arbenigedd yr ysbyty yn Rhagfyr 1936. Yng ngwanwyn y flwyddyn honno 'roedd yna chwydd fechan a ddatblygodd yn lwmpyn caled ar ochr fy nghoes chwith uwchben fy ffêr, a minnau yn cloffi o'i herwydd. Gan fy mod i'n medru ymlwybro'n go lew, yn bwyta'n iawn a heb fod yn orweddiog yn fy ngwely nac hefo gwres uchel, ni alwyd meddyg ataf oherwydd y gost. Ond tua diwedd Tachwedd teimlwn rywfaint o boen yn fy ffêr hefyd a galwodd Mam ar Doctor Huws i ddod i'm gweld.

'Mi fydd raid i mi gael *X-ray* ar ei goes, Mrs Jones. Fedrwch chi ddod â fo i'r Stanley 'fory, yn y bore? Mae o'n fater o frys mae arna'i ofn.'

Trannoeth wedi'r *X-ray* daeth Doctor Huws atom i'r ystafell ddisgwyl i dorri'r newydd fod gennyf diwmor a hwnnw'n tyfu a lledaenu ac y byddai'n rhaid cael triniaeth lawfeddygol ar fyrder i'm harbed rhag cael torri fy nghoes i ffwrdd. Ar y pedwerydd o Ragfyr 1936 danfonwyd fi i'r ysbyty gan Mam a Lena. 'Roeddwn yn hiraethus iawn drwy'r noson gyntaf honno, yn fy nghrio fy hun i gysgu. Fore Llun y seithfed o Ragfyr aethpwyd â mi i'r theatr, a thra'n gorwedd ar fwrdd caled dan olau llachar cefais fy mygu gan Doctor Donovan a'i glorofform nes euthum yn anymwybodol. Deffroais yn y ward ar fy ngwely hiraeth ac wedi llawer o sylw caredig gan nyrs euthum i gysgu'n naturiol.

Cefais fynd adref dridiau cyn y Nadolig a deuai Doctor Huws acw'n aml i'm gweld wedyn. 'Roeddwn wedi dysgu cerdded yn ddigon da i ailgychwyn yn Ysgol Llanfachraeth ddydd Llun, 15 Chwefror 1937.

'Roedd Doctor Huws yn dalent arbennig iawn yn y byd meddygol. Arbedodd amryw o fywydau drwy ei lawdriniaethau llwyddiannus. Byddai unrhyw arbenigwr ar gancr yn fodlon tystio i Doctor Ted wneud gwyrth ar fy nghoes chwith ac o bosibl achub fy mywyd. Waeth beth fyddai'r feddyginiaeth na'r moddion a roddai Doctor Huws i'w gleifion byddent yn bownd o wella am fod ganddynt ffydd yn ei allu fel meddyg.

* * *

Petae Tomi Bwtsiar (Thomas Morris Owen) wedi defnyddio'i dalent i'r eithaf buasai'n brifardd. Cyfansoddodd lu mawr o englynion yn ei oes a'r rhan fwyaf ohonynt yn deilwng o grefft farddol y Cymro ar ei gorau. Er mai ychydig o flynyddoedd o'i oes a dreuliodd yn Llanfachraeth, am Lanfachraeth yr hiraethai yn ei gerddi ac fe'i hystyrid yn frodor o Lanfachraeth.

Yn Sir y Fflint yn nyddiau cynnar y Rhyfel Byd Cyntaf 'roedd Tom Morris Owen ar staff gwyddonwyr ffatri fawr Queensferry yn paratoi arfau rhyfel. Buan y darganfu penaethiaid y ffatri fod deunydd gwyddonydd galluog ynddo a phenodwyd ef yn *analytical chemist* a bu'n llwyddiant mawr yn ei swydd yno.

'Pell oedd yntau, fel finnau, o fod yn angel ond yr oedd ganddo ddeunydd un yn rhywle,' meddai Ap Elfyn amdano yn yr *Herald* wedi ei angladd yn Hwlffordd lle cartrefai ers blynyddoedd.

Ganwyd Thomas Morris Owen yn Hydref 1885 yn Demerara House, Porthaethwy, yn unig blentyn i John Owen a'i wraig Mary Owen. Yn 1893 symudodd y teulu i Mona Terrace, Llanfachraeth, a John Owen bellach yn *Master Butcher.*

Byddai Tomi'n galw heibio ar ei hald o leiaf unwaith y flwyddyn yn y tridegau ond yn amlach yn y pedwardegau. Wedi pob ymweliad byddem yn gwybod rhywfaint mwy amdano. Y fo a daniodd getrisen o wn dros ben Boswell, y sipsi a ddeuai i garu at wraig Tŷ Lawr tua 1912. Y fo a dwyllodd ryw ferch o Saesnes ar ei gwyliau yn y pentref drwy ddweud ei fod yn fab i feddyg er mwyn creu argraff arni a'i chael i'r gwely gydag ef. Y fo aeth am beint i'r Black Lion wedi marw ei fam a gadael ei chorff yn y tŷ yn Llanddeusant oherwydd, fel y ceisiodd egluro i John Lewis Jones y postmon a'i ffieiddiai am ei ddiffyg parch, 'Fasa Mam ddim yn lecio meddwl 'mod i wedi gorfod gwneud heb fy mheint.'

'Hogyn drwg fuo Tomi Bwtsiar erioed,' meddai Mam, 'yn gwneud rhyw stremit o hyd ond mi 'roedd 'na r'wbeth yn annwyl iawn ynddo fo ac mi 'roedd o'n glyfar ofnadwy.' Cofiai Grace Jones, Tan Felin ef yn dda a thystiai ei fod yn ddyn golygus iawn ac yn 'anodd ei risistio', chwedl hithau!

Arhosais ar Bont y Ffatri rhyw dro i gael sbel bach o gario siwrnai o ddŵr ac edrychais dros y bont i lan yr afon. 'Roedd Tomi Bwtsiar yno yn pysgota am frithyll dan y bont. Mae'n rhaid ei fod yn synhwyro bod rhywun yno oherwydd edrychodd i fyny a dywedodd, 'Dos i hel y fuwch 'na o'r afon yn fan'a, gwael. Mae hi'n difetha'r 'sgota.'

Ufuddheais a phan ddychwelais o'r dasg gofynnodd, 'Fedri di farddoni?'

'Medraf, dipyn bach.'

'Fedri di gynganeddu?'

'Be' 'di hynny?'

'Be' wnes i ofyn i ti'i wneud gynna' i'r fuwch 'na?'

'Ei hel hi o'r afon.'

'Ie. Be' oedd hi'n wneud yn yr afon?'

'Yfed.'

'Yfed o ddŵr be'?'

'Yfed o ddŵr yr afon.'

'Go dda 'chan. D'wad wrth bawb rŵan dy fod ti'n medru cynganeddu!'

A dyna'r gynghanedd gyntaf a wneuthum, a gwybod 'mod i wedi gwneud un.

'Roedd Thomas Morris Owen yn fardd da iawn. 'Roedd yn feistr ar y mesurau caeth ac yn delynegwr swynol iawn. Er inni gydymdeimlo ag ef yn ei helyntion, mae'n debyg iddo greu'r helyntion hynny iddo'i hunan yn amlach na heb. Am rai blynyddoedd bu cysylltiad eithaf serchog rhyngddo ef a Nansi Richards, Telynores Maldwyn.

Yn 1949 euthum i Eisteddfod Môn yn Llannerch-y-medd gyda Llew fy mrawd. Amser cinio aethom ein dau i'r Twrcuhelyn Arms i chwilio am g'nyswyd. 'Roedd Tomi Bwtsiar yno eisoes gyda pheint a brechdan o'i flaen ar fwrdd bychan.

'Duwcs annw'l! Hogia Tŷ Capal,' meddai. 'Sut hwyl hogia? Mae 'na le'n fa'ma os leciwch chi.' Wedi ei holi manwl o, a'n hatebion helaeth ni am y teulu a Llanfachraeth, rhoes yntau atebion cwta a dolefus i'n holi chwilfrydig ninnau. Cofiaf yn arbennig iddo gyfaddef mewn llais edifeiriol ei fod yn oed pensiwn ac wedi bod ar y 'ffordd lydan' yn rhy aml o lawer.

Gofynnais iddo toc pa awdl yn ei farn ef oedd awdl orau'r iaith. 'Gwlad y Bryniau,' Gwynn Jones oedd yr ateb, ac yna gofynnodd imi a oeddwn i'n gyfarwydd â hi. 'Ddim felly,' atebais ac yn flin gennyf orfod cyfaddef. 'Rhoswch chi,' meddai yntau. ''Dydi 'nghof i ddim mor sicr ag y buo fo ond mi ro' i gynnig arni, ichi ga'l ei chl'wad hi.'

Cododd ar ei draed a'i beint yn un llaw a'i frechdan yn y llall ac â'i lais cyfoethog dechreuodd, 'A haen ledrith niwl hydref . . .' Cyn belled ag y gwn i, adroddodd yr awdl yn gyfan, oddeutu chwe chan llinell, a gorffen yn orfoleddus,

Iddo, trwy hyn, ni bydd tranc,
Heb ddiwedd y bydd ieuanc.

'Mi dda'th r'wsut, hogia. Ia, "Heb ddiwedd y bydd ieuanc." 'Dydi o'n resyn na fyddai hynny'n wir amdanon ni — "Heb ddiwedd y bydd ieuanc".' Mynnai ailadrodd y llinell o hyd nes oeddwn innau'n fy nghael fy hun yn ei dweud am ddyddiau wedyn.

Bu angladd Mam, ddydd Iau Eisteddfod Llandudno yn 1963, yn ddiwedd ar ymweliadau Tomi Bwtsiar â'r Tŷ Capel. Ychydig wedyn, cyn diwedd y flwyddyn honno bu yntau, 'aderyn y ddrycin', farw hefyd. Mynegodd ei ddymuniad yn englyn olaf ei gyfres 'Hiraeth am Fôn':

Fy Nuw, pan ddaw fy niwedd, — yn ei llawr
Rhoer fy llwch i orwedd;
Rhyw fan yn olaf annedd
A drysi Môn dros 'y medd.

Dymuniad nas cafodd.

Yn ei lythyr olaf, yn Hydref 1963, rhydd ei deimlad yn ei englyn olaf un:

Adwyth erioed yw rhodio — yn y Glyn;
Mae'r gloes na cheir ynddo?
Ar fin dŵr yr Afon, do,
Oedais a mawr ofn rhydio.'

Ofn? Ac yntau wedi treulio cymaint o'i fywyd yn plesera ar fin sawl afon!

Capel Bethesda a'r Tŷ Capel a Salisbury Street tua 1910.

Ysgol a Thŷ'r Ysgol Llanfachraeth heddiw ond heb newid fawr ddim ers 1930.

Nain Ty'n Maen a Lisi Bach.

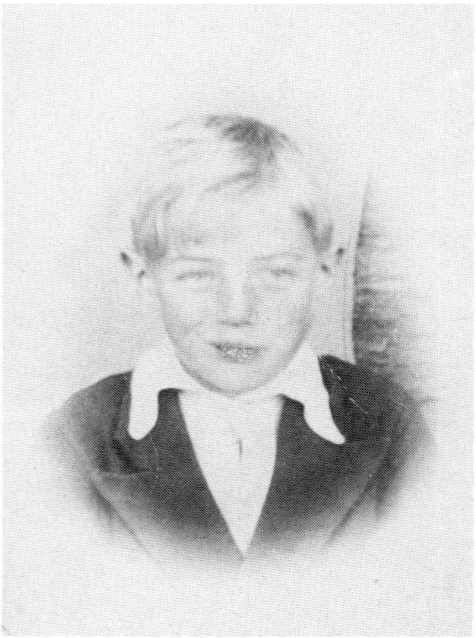

Yn 5 oed — newydd ddechrau'r ysgol.

Gydag Evie, Glan Llyn
ar y chwith — 1935.

Yn Ysgol Ramadeg Caergybi, 1941.

Yn aelod o Squadron 1505 yr ATC, 1942.

Tîm pêl-droed Llanfachraeth tua 1940. O'r chwith i'r dde. Rhes flaen: Tomi Bonc, Evan Bonc, Huw Tŷ Capel, Walter Fali, Now Pwmp. Ail res: Ted Mountfield, Glyndŵr 'Sondy, Ifor Tŷ Capel. Rhes ôl: Hywel 'Sondy, Jack Carpenter, Wil Machraeth View.

Mam yn 1948.

Glyn a Lena yn 'dolio' i Mam yn 1939.

'Nhad a'r Parch R. H. Williams, Chwilog tua 1952.

Yn y Coleg Normal, Bangor tua 1944. Emrys (Brithdir) ar y chwith yn y rhes gyntaf ac Eryl (Caergybi) wrth ei ochr. Minnau'n gyntaf o'r chwith yn yr ail res a Dafydd Parry yn bedwerydd o'r chwith.

Paffio gyda Paddy Traynor ar dywod 135 MU.

Dic Jones, Farmers, Llanwrda — Awyrlu 1946.

Dic Gwalchmai ar y dde gyda mi yn Shubra 1947. Ysgolfeistr a Pherson (Parch R. Ll. Owen) yn Llanfechell yn y chwedegau.

Gwesty'r Brenin Dafydd yng Nghaersalem drannoeth y ffrwydrad gan derfysgwyr Iddewig, Gorffennaf 1946

Gyda 'Ginge' a John Ifor (Cemais, Maldwyn) yn 135 MU.

Gyda thîm pêl-droed Ysgol Rhoscolyn, 1951.

Yr Austin 7, 1928 a wnaed yn wagen cario bwyd moch.

Ysgol Llanfechell, 1955.

Gyda dosbarth yn Ysgol Llanfechell, 1962.

Pencampwriaeth Ddrafftiau yng Nghaernarfon, 1960. Frank Roe Buck ar y dde — bwrdd cyntaf; fi ar y chwith — trydydd bwrdd; Gwilym Trefor ar y dde — y bwrdd pellaf.

Dydd fy mhriodas â Glenys, 1957.

Siân, Glenys, Rhys a minnau, 1991.

Pencampwyr Gwyddbwyll Gwynedd, 1983.

Frau a Felix Brahm, fi a Glenys (Almaen 1981).

Gyda Lena, Llew a Bessie, 1987.

Derbyn £1,000 gan John Elfed Jones am fy slogan yng nghystadleuaeth Bwrdd Dŵr Cymru.

Un o Lywodraethwyr y Coleg Normal, 1992.

Derbyn potel o siampaen gan Roy Keane (Man-U ac Eiré) mewn cinio yn Old Trafford, 1994.

Ennill Cadair Eisteddfod Môn (Cylch y Garn), 1982.

Cael fy nerbyn er anrhydedd i Orsedd y Beirdd, 1987.

Bro Mechell — enillwyr 'Talwrn y Berdd', 1991. Rhes flaen: Telynfab, Dewi Mathafarn a Richard Coupe. Ail res: R.J., Geraint Persi Jones a Glyndwr Thomas.

Yn nhîm Gerallt Lloyd Owen mewn gornest i ddathlu 500 o raglenni radio 'Talwrn y Beirdd' gyda Menna Baines, Dafydd Wyn Jones, D. J. Thomas a Gwyn Evans, 1991.

Athrawon Ysgol Amlwch 1981-82.

Eisteddfod Porthmadog, 1987. Telynfab, buddugol ar yr englyn; a minnau, buddugwr ar yr englyn ysgafn.

Amser Rhyfel

Wedi oedfa'r bore yn y Capel Bach ar y trydydd o Fedi 1939 gofynnodd Mam i mi redeg ar draws y cae i Fachraeth View i nôl llefrith. Bob tro yr agorid drws cefn Machraeth View deuai arogleuon coginio drwyddo i wawdio fy mlys, ac felly'r diwrnod hwnnw pan ddaeth Madge i ateb y curo a gofyn, 'Isio llefrith 'dach chi, Richie?' 'Ia, os gwelwch chi'n dda,' meddwn, a rhoi'r piser iddi. Daeth yn ôl gyda phiseriad o lefrith ac wrth roi'r caead arno dywedodd, ''Does gynnoch chi ddim weiarles, nac oes. Wel, brysiwch adre i ddweud fod y rhyfel wedi dechra' ers un ar ddeg o'r gloch bora 'ma.'

Mewn dau funud yr oeddwn yn y tŷ ac yn cyhoeddi, 'Mam, ma'r rhyfel wedi dechra'. Ma' nhw 'di cl'wad ar weiarles Machraeth View.'

'O, bobol annw'l,' meddai Mam, ''does 'na fawr ers pan mae'r llall wedi gorffen, a hitha'n ddydd Sul a phob peth, a finna'n cael fy mhen-blwydd hefyd.'

Yn ystod y dydd daeth pob math o wybodaeth i'r pentref ar yr ychydig setiau radio oedd yno. Braidd na ddywedech fod pob set yn rhoi newyddion a chyfarwyddiadau gwahanol.

Cyn diwedd Medi 'roedd pawb wedi cael llenni duon ar ffenestri eu tai. Gosodwyd llenni duon ar ffenestri'r capeli a'r siopau hefyd rhag i'r gelyn fedru gweld golau yn y nos a'n bomio. 'Roedd yn rhaid i bob perchen modur roi cardbord gyda rhyw hollt gul ynddo dros lampau ei gar i'w gwanhau. Collwyd sirioldeb y golau o ffenestri'r siopau ar strydoedd Caergybi ac ar nos Sadwrn clywid ambell chwerthiniad a sgrech neu reg o dywyllwch y cerdded-chwilio-am-gariad rhwng yr *Hippodrome* a'r *Empire*. Ymysg y rhai y bu'r blacowt yn fantais iddynt yr oedd cariadon, potsiars a theilwriaid llenni. Apeliwyd am i bawb fod yn fwy darbodus gyda bwyd, dillad a phopeth arall os yn bosibl. Cafwyd llyfrau o gwponau i bob unigolyn i ddogni bwyd a dillad a llyfrau dogni petrol i bob perchen modur oherwydd peryglon y llongau tanfor i'n llongau masnach. Rhoddwyd masg rhag nwy i bawb a chrud rhag nwy ar gyfer babanod.

Daeth cymhelliad cryf, a oedd bron yn rheidrwydd, ar i bawb dderbyn ffoaduriaid o ddinasoedd Lloegr i'w cartrefi os oedd congl wag yn rhywle. 'Roedd hi'n annhebygol iawn y byddai'r un ohonynt yn dod i'n tŷ ni, oherwydd, fel y d'wedodd Mam, 'Mae 'ma ddigon o faciwîs gen i'n barod.' Anfonwyd dau o'r plant cadw i Fedd-y-Côr (Pen Corn). Ymhen ychydig wythnosau 'roedd gan y ddau blentyn fwy o Gymraeg nag oedd gan Sydna a Robat Robaits o Saesneg. Yn Gymraeg y siaradai'r ddau â'r plant yn wastadol er nad oedd gan Sydna Robaits fawr o grap ar ynganu cywir mewn unrhyw iaith o ran hynny. Drwy eu hadrodd a'u hailadrodd anfarwolwyd ei geiriau yn mynegi ei bwriad parthed llyfrau dogni bwyd y ffoaduriaid, 'Dwi 'di mynd â racshions bwcs y ji-jis bach i Bi Bi Jos', sef mynd â *ration books* yr *evacuees* bach i E. B. Jones, siop yng Nghaergybi.

Un o Fethel, Sir Gaernarfon oedd Sydna ac 'roedd ganddi dair merch cyn priodi. Dynes fechan, denau oedd hi, gyda thrwyn main ond ffroenau anarferol o lydan fel dau dwnnel brown yn profi ei chaethiwed i snisyn. Pan gerddai Sydna i rywle gyda Robat Robaits byddai hi bob amser ryw hyd dau fochyn o'i flaen.

Gŵr annwyl a thawel oedd Robat Robaits ac yn eithriadol o gryf yn gorfforol. Er mai rhyw bum troedfedd a hanner ydoedd 'roedd ganddo gorff mawr. Gwnaeth Ifor fy mrawd gymhariaeth deg rhwng Robat Robaits a Wil Holland. Yn wahanol i ŵr Bedd-y-Côr 'roedd Wil Holland tua chwe throedfedd a thair modfedd ond corff byr ar goesau hir oedd ganddo. 'Pan mae'r ddau'n sefyll,' meddai Ifor, 'mae Wil Holland bron i droedfedd yn dalach na Robat Robaits, ond pan mae'r ddau'n eistedd, Robat Robaits ydi'r mwya'. Petae'n bosib' rhoi coesau Wil Holland dan gorff Robat Robaits mi gaet ti gawr saith troedfedd a hanner, a phetaet ti'n rhoi corff Wil Holland ar goesau Robat Robaits dyna ti'n cael corrach pedair troedfedd a hanner. Mae'r Bod Mawr wedi'i methu hi wrth ffitio darna' i'r ddau yna.'

Pan fu farw Robat Robaits, cofiaf iddo gael un o'r 'breintiau' prin hynny, sef cynhebrwng mawr i ddynion yn unig.

Yn 1939 yr oedd Glyn i fod i gael ei ryddhau o'r fyddin wedi saith mlynedd o wasanaeth yn Tseina, Hong Kong, India, yr Aifft a Swdàn ond, wrth gwrs, gan fod y rhyfel wedi dechrau cafodd ei gadw yn y rhengoedd. Edrychai ymlaen at gael gwared o'r caci a chael dychwelyd i Fôn. Yn Aldershot y gwersyllai ei uned ar ddechrau'r rhyfel. Un nos Sul yn ystod yr wythnosau hynny, ychydig wedi saith o'r gloch, a ninnau newydd ddod i'r tŷ o oedfa'r hwyr, clywyd sŵn yn y llofft, ac yna ar y grisiau, a thraed a thrywsus caci'n dod i'r golwg. 'Roedd Glyn yn ddigalon a thawedog iawn a ninnau i gyd mor falch o'i weld.

'Wedi dengid wyt ti'n 'te?' meddai Mam yn reddfol gyhuddol. 'Ia,' meddai Glyn, 'ond peidiwch â phoeni, mi a' i yn ôl bore 'fory ar ôl cael eich gweld i gyd am dipyn.'

Bu hen siarad a chroesawu ond 'doedd Glyn ddim yn ei hwyliau gorau. Llwyddodd i gael Mam i weld rheswm pan ddywedodd, 'Mi fûm i ffwrdd o'ma heb eich gweld am chwe blynedd a phan ddois i'n ôl i'r wlad yma dim ond wythnos o *leave* ges i. 'Does 'na ddim sens yn y peth.'

'Fydd hi'n ddrwg arnat ti, 'ngwas i?' holodd Mam.

'Na, ddim felly, os a' i yn ôl ohonof fy hun, ac mi a' i.'

Bu gartref am wythnos go dda heb i neb ddod i holi amdano. Bob tro y deuai cnoc ar y drws byddai'r olwg ar ei wyneb yn bradychu ei ofnau fod gwaedgwn y fyddin wedi dod i'w nôl. Cychwynnodd yn ôl am Aldershot drwy fynd ar y trên i Lerpwl gan feddwl aros yno mewn YMCA am noson. 'Roedd wedi diflasu ar geisio osgoi'r *Redcaps* (plismyn y fyddin) o hyd, a phenderfynodd fynd i'w swyddfa yn Lerpwl i'w roi ei hun i fyny.

'I'm a soldier who's taken French leave from my unit in Aldershot,' meddai. *'I'd like to be returned there.'* Pan aed ag ef o flaen ei well yng ngwersyll Aldershot gofynnwyd i'r Rhingyll yn Lerpwl roddi'r dystiolaeth am y restio, ac meddai hwnnw:

'I noticed this soldier wandering around on the street, as if he was lost. I got suspicious, followed him and challenged him. He denied at first that he was a deserter, but broke down under my severe interrogation. So I arrested him.'

'Well done, Sergeant,' meddai'r swyddog.

Er i Glyn ddweud y gwir am amgylchiadau'r dychwelyd, y Rhingyll a goeliwyd a chafodd Glyn bythefnos mewn cell — *'a comparative light sentence in view of your service record.'*

Ymhen ychydig wythnosau wedyn daeth adref am seibiant a manteisiodd Lifftenant Harri Jones-Roberts o'r Gwarchodlu Cartref ar hynny, a chael Glyn i roddi ymarfer martsio i uned Llanfachraeth. Gan mai pedair ar ddeg oed oeddwn i ac yn rhy ifanc i ymuno â'r uned, gwyliwr yn unig oeddwn i ar lôn Aberalaw gydag eraill o blant y pentref yn gweld y musgrell, y cloff a'r trwsgl yn mynd drwyddi. Ar y dechrau, gan mai 'Glyn Tŷ Capel' oedd yr hyfforddwr i bawb, ychydig o ymdrech a gormod o gyboli oedd yn mynd ymlaen ond yn fuan troes Glyn ei du min atynt. Yn Saesneg y driliai hwynt gyda, *'Look smart,' 'Pick 'em up,' 'Keep time,' 'You're like a bunch of rotten bananas,' 'You're in the army now, and not behind the plough.'* Buan y gwelodd L.D.V. Llanfachraeth nad wedi dod i chwarae sowldiwrs yr oedd Glyn ac, yn ôl y tuchan, 'doedd neb yn mwynhau'r profiad. Cafwyd saib am smôc a chyfle i gwyno ymhen hanner awr, a rhyw ymbil cyfeillgar, 'Chwarae teg, Glyn 'chan, dim *criminals* ydan ni.'

Gwneud ein gwaith cartref yr oedd Llew a minnau yn stabal Tŷ Capel wrth olau lamp gyda'r nos ym Medi 1940 pan glywsom andros o glec, ac yna un arall debyg iddi ymhen rhyw ddeg eiliad. Yn ein dychryn rhuthrasom allan i'r nos, dros glawdd yr ardd, ar draws cae Machraeth View ac i ffos ym mhen draw'r cae. Nid oedd neb arall yn digwydd bod gartref am ryw reswm. Daethom yn ôl i'r tŷ i ddyfalu beth a achosodd y ddwy glec fawr. Ymhen awr neu ddwy deallwyd fod dau landmein wedi cael eu gollwng o awyren Almaenig, un ger Pont Penyrargae a'r llall ganllath i ffwrdd ar lechwedd cae. Gollyngwyd nifer o fomiau tân hefyd rhwng Penyrargae a Bodfardden

Newydd a disgynnodd un o'r rheiny yn weddol agos i'r pentref.

Cafodd hogiau Llanfachraeth gryn sylw yn y Cownti drannoeth yn rhoddi amrywiol fersiynau o hanes cyrch Hitler yn erbyn ein pentref bach ni. Wedi dod adref o'r ysgol euthum i'r caeau i chwilio am ddarnau o'r bomiau. Deuthum o hyd i ryw ugain o gynffonnau'r bomiau tân, ac euthum â nhw i'r ysgol fesul dwy ar y tro a gwerthais bob un ohonynt am chwe cheiniog ond cododd y pris i swllt fel y cynyddodd y galw. Clywsom sŵn peiriannau ambell fomer Almaenig wedyn yn ehedeg uwch Môr Iwerddon ac yn troi dros Fôn i ollwng dinistr ar 'Nerpwl'. 'Roedd rhyw sŵn gwahanol, rhyw sŵn mynd-a-dŵad i'w peiriannau ac, yn ddistaw bach, gobeithiwn y gollyngent beth o'u llwyth yn y caeau agored ar gyrion Llanfachraeth. Ond ni ddigwyddodd wedyn.

Gyda fy mhres cario dŵr gallwn fforddio mynd i Gaergybi yn aml amser rhyfel ar nos Sadwrn. Weithiau awn gyda Huw Bedo neu Emyr Pont yr Arw neu John Bryn Aber, Bob Caerau, Wil Neuadd neu Goronwy Tŷ Croes, ond gan amlaf gyda Bob Post yr awn. I'r pictiwrs yr aem gyntaf, ac wedyn galw yn Chadwick am *Hotspur*, *Rover* neu lyfryn cowbois, cyn mynd i Siop Perry am sglodion a'u bwyta ar y ffordd i ddal bws yn 'Land's End'.

Un noson, a hithau wedi bod yn pluo eira'n drwm tra oeddem yn y pictiwrs, aethom at y bysiau a chael ar ddeall eu bod wedi gorfod gadael ynghynt oherwydd yr eira ac nad oedd bws arall am ei mentro hi i'r wlad. Beth oeddym am wneud? Cerdded y saith milltir adref? Dyma lais awdurdodol Tomos Robaits o Landdeusant, 'Gad'wch betha' i mi, a dowch hefo fi!' Dilynasom ef at garej

Crosville a churodd ar ddrws rhyw swyddfa yno. Daeth arolygydd i'r drws a gofyn,

'Ia, be' 'dach isio?'

'Isio i chi 'nanfon i adre' i Landdeusant,' meddai Tomos Robaits.

'Be', ar fy nghefn? 'Does yna ddim bws o fa'ma'n mynd i'r *wilds* a'r eira 'na heno. Sens o r'wla!' meddai'r arolygydd.

'Dy broblam di ydi sut wyt ti am fynd â ni — ar dy gefn os leci di fel 'rwyt ti wedi cynnig,' meddai Tomos Robaits. 'Ond cofia hyn, 'rwyt ti wedi cymryd pres gen i am fy nôl i o'r *wilds* i'r dref 'ma ac am fy nanfon o'r dref i'r *wilds* yn ôl. A rhag ofn nad wyt ti wedi dallt yn iawn, dyma fo'r *Return Ticket* yli, ac mae hwn yn gontract cyfreithiol rhwng y Crosville a fi, yn profi fod yn rhaid iddyn nhw fy nanfon i rhywsut yn ôl i'r *wilds*, fel wyt ti'n galw'n cartrefi ni. Dydw i na'r bobol yma ddim yn symud o fa'ma nes ei di i chwilio am ddreifar a bws neu geirw a slej i fynd â ni adref. Ystyr *RETURN* ydi o Landdeusant i Gaergybi ac wedyn yn ôl o Gaergybi i Landdeusant. ÂR-I-TI-IW-ÂR-EN — *RETURN*.'

Tomos Robaits enillodd yn y diwedd wedi'r holl ddadlau a'r bygwth tynnu cotiau i roi '*single ticket* i'r hospitol i ti'r Gwyddal ddiawl!' Daeth bws o rywle a dreifar rheglyd drwg ei dymer arno. Er mai'n araf iawn y gyrrid y bws, a'r eira'n dal i ddisgyn cafwyd ambell sgid fechan a'r dreifar yn diawlio pob un. Cyrhaeddwyd Llanfachraeth o'r diwedd ac wedi i'r gyrrwr a Tomas Robaits a dau neu dri o rai eraill gerdded ymlaen ar ffordd Llanddeusant i weld sut 'roedd hi, daethant yn ôl a chytuno na allai'r bws fynd ymhellach.

'Peth calla' ydi i'r dreifar fynd yn ôl i'r dre' ac, os medar o, mynd â'r bws hefo fo!'

'Nos dawch,' Nos dawch . . .'

'Good bloody night!' meddai'r gyrrwr.

'Roeddem ni'n lwcus ein bod wedi cyrraedd adref ond 'roedd gan Tomos Robaits druan dros ddwy filltir arall i gyrraedd Llanddeusant.

Bûm yn Rochdale ambell waith yn ystod y rhyfel ar wahoddiad Bessie a chael aros am ychydig ddyddiau yn nhŷ Jack Coupe, cariad fy chwaer. Pan fyddai cyrchoedd trymion o fomio ar Fanceinion gellid gweld o Rochdale y cymylau yn wridgoch gan y tanau a losgai'r ddinas.

Efallai mai pwl o hiraeth a wnaeth i Bessie ddod adref yn annisgwyladwy ar 25 Chwefror 1943. Dyna'r diwrnod y galwodd Hywel Ty'n Maen, ail gefnder i ni. Rhingyll ugain oed yn y *Bomber Command* oedd Hywel. Daethai adref am dridiau o saib cyn mynd ar 'Ops' (ehedeg ei awyren Lancaster dros yr Almaen). Rhoddodd Mam bwys o ymenyn fferm iddo i fynd yn ôl gydag ef i'r gwersyll. Bob tro y ffarweliem ag ef byddai Mam yn dweud wedyn, 'Machgian annw'l i. Tybad welwn ni o eto?' Buasai Hywel ar lawer cyrch awyr dros yr Almaen, yn cynnwys y cyrch nodedig pan aeth, am y tro cyntaf, gymaint â mil o awyrennau i fomio Köln (Cologne) ym Mai 1942. Ei ofn mwyaf ar y cyrch hwnnw oedd, nid y gynnau o'r ddaear, ond bomiau o awyrennau'r RAF uwch ei ben gan fod cymaint o draffig uwchben Köln y noson honno.

Nos Sadwrn, 27 Chwefror 1943 cychwynnodd Hywel ar gyrch fomio arall o dde Prydain. Croesodd o Loegr a chyfeirio dros Fôr y Gogledd am yr Iseldiroedd. Wedyn troi ychydig i ddilyn Afon Rhine dan olau'r lleuad.

Ymunwyd â nifer o awyrennau eraill ger Köln wedi hanner nos, ac yna daeth ei dro yntau i lywio'r cwrs drwy'r *Flak* (tân o ynnau'r gelyn) dros y ddinas i ollwng y bomiau. Yn ddirybudd trawyd ei awyren enfawr gan ynnau o'r ddaear a ffrwydrodd y Lancaster gan ddisgyn yn belen o dân a malu'n chwilfriw. Collwyd pob un o'r criw. Daeth teligram i Joe Edwards yn y Post i ddweud wrth fam Hywel, Anti Lena, *'your son Sgt. Hywel Rees Jones is reported missing from a raid over enemy territory.'* Gwrthodai ei fam dderbyn fod Hywel wedi ei ladd ac effeithiodd y golled yn fawr arni. Daliai i bwysleisio'n obeithiol mai *'missing'* oedd Hywel nid *'killed in action'*. 'Roedd Hywel Ty'n y Maen yn fachgen tawel, annwyl a phoblogaidd dros ben. Dychwelwyd ei ddillad a'i eiddo personol i'w fam ymhen pythefnos ac ymysg y pethau hynny 'roedd y pwys ymenyn a roesai Mam iddo ar y dydd Iau cyn ei gyrch olaf.

Oddeutu pum mis wedi'r newydd drwg am Hywel yr oeddwn bron â chyrraedd adref ar fy meic o'r Cownti pan sylwais ar golofn o fwg yn codi'n uchel i'r awyr tua Llanfugail. Reidiais tuag yno a phan gyrhaeddais 'roedd y lle'n ferw gwyllt o bobl a phlismyn a thân. Deallais fod bomer Wellington o'r RAF wedi mynd i helbul uwch ben Llanfachraeth. Neidiodd y criw allan ohoni bob un ar ei barasiwt a disgynnodd yr awyren, a hithau ar dân, ar gae Fferm Plas Llanfugail a llithrodd ar hyd y cae drwy glawdd ar draws y ffordd a thrwy'r clawdd arall i gae ffrynt Tyddyn Watkyn lle bu'n llosgi am hydoedd. Rhyw led dau gae o Dy'n y Maen y digwyddodd hyn. Wrth groesi'r ffordd ger Llanfugail o gae i gae digwyddodd trychineb a ddisgrifid fel siawns mewn miliwn. Trawodd y Wellington danllyd yn erbyn modur Dr Chill a'i sgubo yn erbyn clawdd o'i blaen gan roi modur y meddyg ar dân hefyd. Lladdwyd gwraig Dr Chill a'i mam yn y fan a bu Dr Chill hefyd farw yn Ysbyty Fali wedyn. Dr Chill druan oedd y meddyg teulu i'n hardal.

Ddiwedd 1943, 'roedd Glyn, ac yntau'n *Lance Corporal*, wedi cael seibiant o ferw brwydro Burma i dreulio'r Nadolig yn India. Yn ystod y gorddathlu aeth i dipyn o helbul. Daeth rhyw ringyll o heddlu'r fyddin heibio i'r dathliadau. Pigodd y ffŵl ar Glyn o bawb a'i gyhuddo o darfu ar yr heddwch. Ni chymerodd Glyn fawr o sylw ohono er mwyn osgoi miri. Ond daliai'r rhingyll i'w boeni a'i gyhuddo er mwyn cael gwneud *arrest* a chael pluen yn ei gap. Collodd Glyn ei limpyn, a rhybuddiodd y rhingyll, *'If you insist that I'm disturbing the peace, then that's what I'm going to do unless you leave me alone.'*

'I can arrest you now for threatening behaviour,' meddai'r rhingyll.

'If you lay a hand on me you'll regret it,' meddai Glyn.

'I'll knock hell out of you,' meddai'r llall. Yr eiliad nesaf 'roedd ar lawr yn anymwybodol a dant neu ddau o'i geg yn llwch Calcutta. Enillasai Glyn bencampwriaeth baffio pwysau canol y *South East Asia Forces* ychydig ddyddiau ynghynt!

Yn ystod y rhyfel llwyddwyd i gynnal eisteddfodau lleol a chenedlaethol rywsut neu'i gilydd, er nad yn eu holl ogoniant. Yn 1943 cynhaliwyd yr Eisteddfod Genedlaethol ym Mangor, nid mewn pabell na phafiliwn ond yn hen sinema'r *County*. Penderfynodd John Rice Rowlands, Bryn Aber a minnau fynd yno ddydd Mercher ar y trên saith o'r gloch y bore o'r Fali. Cerddasom goridor y trên i chwilio am gaban gwag i setlo i lawr yno. Daeth awyrennwr i mewn, ac wedi iddo gau'r drws ac eistedd i'n hwynebu gwelais mai swyddog-beilot yn Awyrlu Canada ydoedd. Agorwyd y drws drachefn a daeth hen ŵr a adwaenwn yn dda i mewn, sef cyn-ysgolfeistr Fali, Mr O. E. Jones. Wedi cyfarchion croesawus a boneddigaidd O. E. Jones siaradai John a minnau gyda'n gilydd a thynnodd yr hen ŵr sgwrs â'r peilot.

Wedi cyrraedd Bangor cawsom gyd-gerdded gyda Mr Jones ar hyd y stryd gan na wyddem y ffordd i'r Eisteddfod. Pan oeddem dafliad carreg o'r *County* safodd yr hen ysgolfeistr ac aeth i'w boced a rhoi hanner coron yr un i John a minnau am inni fod yn ddigon awyddus i gefnogi'r Eisteddfod.

Prif seremoni'r prynhawn oedd coroni'r bardd. Testun y bryddest oedd 'Rhosydd Moab' a W. J. Gruffydd a draddodai'r feirniadaeth. Galwyd ar 'Llewyn Llwyd' i sefyll, a phan safodd hwnnw gwelais mai Dafydd Owen, Dinbych, myfyriwr yng Ngholeg Bala-Bangor oedd yr enillydd. Hoffais ei bryddest i'r fath raddau fel y dysgais hi ar fy nghof, fel y gwnaeth Llew fy mrawd hefyd.

Yr ail Eisteddfod-amser-rhyfel yr hoffwn sôn amdani yw Eisteddfod Genedlaethol y Rhos yn 1945. 'Roeddwn wedi gorffen fy nghwrs yn y Normal ac yn disgwyl cael galwad i'r Awyrlu pan wahoddwyd fi gan Emrys Griffiths, fy nghyfaill yn y coleg, i fynd i aros ato i Frithdir ger Llanfyllin dros yr Eisteddfod. 'Roedd aelwyd y Waunoleu ym Mrithdir yn hynod o groesawus a chartrefol, a thad a mam Emrys yn bersonoliad o fwynder Maldwyn.

Fore Iau y nawfed o Awst 1945 clywsom y newydd brawychus ar y radio fod ail fom atomig wedi'i gollwng ar Siapan gan ddinistrio dinas Nagasaci y tro hwn ac, fel dridiau ynghynt yn Hiroshima, lladdwyd cannoedd o filoedd o bobl. Ymhyfrydai'r cyfryngau a llywodraethau'r Cynghreiriaid yn y llanast a wneid gan yr erfyn newydd a dychrynllyd hwn.

Aeth Emrys a minnau i'r Eisteddfod a chael lle hwylus i eistedd tua chanol y pafiliwn. Tra'n disgwyl am seremoni'r cadeirio torrwyd ar draws y gweithrediadau gan yr arweinydd yn cyhoeddi fod Siapan wedi ildio a bod y rhyfel ar ben. Gofynnodd ymhellach i'r dyrfa ymdawelu ac ymuno, dan arweiniad Elfed, mewn gweddi o ddiolchgarwch i Dduw am weld ohonom ddiweddu'r rhyfel. Yn y distawrwydd llethol tra arweinid Elfed ddall i'r llwyfan cododd hen ŵr penwyn, rhyw ddeg sedd o'n blaenau, a gwaeddodd yn deimladwy ac apelgar, 'Bendith y Tad i chi, rhowch y gorau i'r rhagrith yma rŵan. Nid Duw ddaeth â'r rhyfel i ben ond y fom atomig uffernol yna. 'Does a wnelo Duw ddim â chychwyn, cynnal na diweddu rhyfel.'

Wrth apelio fel hyn troes ei ben i bob cyfeiriad i edrych ar yr holl gynulleidfa. Mr O. E. Jones, hen ysgolfeistr y Fali ydoedd, a heddychwr wrth natur. Edmygwn ei safiad yn fawr. Pwy a allai ddadlau nad y fom atomig a ddaeth â'r rhyfel i ben, a go brin mai creadigaeth Duw Cariad oedd honno.

Perthnasau

Galwai rhai ohonynt yn eu tro, a rhai na alwent o gwbl. Byddem yn falch o weld rhai ohonynt yn cyrraedd ac yn falch o weld rhai yn gadael. Ond 'roedden nhw yna.

Oherwydd i Richard Jones, tad fy nhad, farw'n naw ar hugain oed bu fy nain weddw, Elin Jones, yn ddygn iawn yn cario marchnad — ymenyn, wyau a chynnyrch cae — i Gaergybi o Dyddyn Lawrence, Llanfair-yng-Nghornwy i gynnal ei phedwar plentyn. Byddem yn falch iawn o weld Nain Rhyd-wyn yn dod atom. 'Roedd hi'n llawn hwyl bob amser ac yn garedig wrth natur. Hi fyddai'n dod i'n tŷ ni i edrych ar ein holau pan fyddai Mam yn ei gwely dros gyfnod o eni plentyn. Fel Mam, fe wnâi Nain fwyd da allan o ddim bron, drwy fod wedi arfer gorfod bod yn fforddiol.

Richard oedd yr hynaf o'r pedwar plentyn a Phrif Stocar ar y *Cambria* ydoedd fel y nodais eisoes. Cofiaf ef yn ŵr gweddw ac yn byw yn Vulcan Street, Caergybi, gyda Nansi, ei ferch a Tecwyn, ei fab. Fy nhad, William oedd y nesaf ato, ac yna Modryb Jên.

Dynes fain, dal, hyll ddychrynllyd tua'i cheg oedd Modryb Jên. Bu'n byw yng Nghlydach Vale tua dechrau'r ganrif, a phan laddwyd ei gŵr cyntaf, Owen, yn y pwll glo, daeth yn ôl i Fôn ac ailbriodi gyda Dewyth Wil o Langaffo. Rhywsut neu'i gilydd aeth Mam ati i Glydach Vale rhywdro gyda chymorth label ar ei chôt, *'Please put me on the Cardiff train,'* am nad oedd ganddi ddigon o Saesneg i holi am gyfarwyddiadau o drên i drên rhwng

Caergybi a Chaerdydd. Nid oedd gan Modryb Jên blant, a bu'n gynnil iawn rhag rhoi dimai na hosan i'r un ohonom. Yr unig beth a roddodd hi erioed i ni, a hynny ar hyd ei thin chwedl Mam, oedd caniatáu i Llew a minnau fynd ati i Wenith Nant wrth droed mynydd y Foel am wyliau. Aethom ein dau yno pan oedd Llew tua naw oed a minnau tua saith. Wedi swper o de a brechdan ac wy anfonwyd ni i'r gwely i siambar yn y drws nesaf. Dau fwthyn dan yr unto oedd Gwenith Nant ond 'roedd yn rhaid mynd allan i fynd o'r naill i'r llall. Dywedodd Modryb Jên wrthym, 'Cysgwch rŵan, 'does 'na ddim bwgan yn fan'ma.' Diffoddwyd y gannwyll ac er i ni ofyn am fatsen i'w hailoleuo rhag ofn i ni fod yn sâl fe'n gwrthodwyd. Ofn bod ag ofn oedd arnom mewn gwirionedd. Clywsom glep ar ddrws y siambar a chlep ar y drws allan, a distawrwydd.

Hyd yn oed wedi i'n llygaid gynefino â'r tywyllwch dudew ni allem weld llygedyn o olau yn unlle. 'Roedd hi fel bol buwch yn siambar-garchar Modryb Jên. Dechreuasom siarad yn ddistaw â'n gilydd am ryw hanner awr efallai ac ni allem fynd i gysgu gan ofn — ond ofn beth? Dywedodd Modryb Jên, chwarae teg iddi, nad oedd dim bwgan yno. Pan oeddwn rhwng cwsg ac effro dyma bwn imi gan Llew a 'Gwranda!' Daeth sŵn puo dwfn bob yn ail ag ochneidio o'r ochr arall i ddrws y siambar. Dyma ni'n gafael yn dynn yn ein gilydd a dechrau crio. Clywsom ddrws y siambar yn agor a sŵn cadair yn cael ei rhygnu ar hyd y llawr. Dyma ni'n dechrau gweiddi crio a galw am Modryb Jên. Aeth y sŵn yn ôl i'r ystafell arall gyda chlep ar ddrws y siambar. Ond rŵan ac yn y man daliodd y sŵn puo ac ochneidio i ddod o'r fan honno. Daliem ninnau i ochneidio crio bron drwy'r nos, a chrynu gan ofn, ac 'roeddem yn falch eithriadol o weld y bore'n cyrraedd. Codasom o'r gwely blêr, gwisgo amdanom a disgwyl i Modryb Jên ddod i'n nôl. Buom yn disgwyl am ddwyawr neu well mae'n siŵr, gan gynhared y codasom. Dyma sŵn ei thraed yn dod ac yn agor drws y bwthyn ac i'r siambar. 'Ddaru chi gysgu'n iawn?'

'Do, Anti Jên.'

'Pwy symudodd y gadair 'ma? Chi?'

'Na.'

'Wel, pwy arall? Mae'r bwgan wedi mynd o'ma ers talwm.'

Amser brecwast, dyma Modryb Jên yn gofyn, 'Pa bryd 'dach chi isio mynd adra?' 'Heddiw,' meddem fel un. 'O, dyna chi 'ta. Mi a' i â chi at Foto Wilias at 'reglw's, i 'neud yn siŵr 'bod chi'n cael arno fo'n saff.'

'Roedd Mam wedi synnu mai dim ond am un noson y buom yno, a phan eglurodd Llew fel y daeth bwgan i darfu arnom ac fel 'roedd arnom gymaint o ofn ac wedi crio a gweiddi am Modryb Jên a honno ddim yn ein clywed ni, ychwanegodd Mam yn syth, 'Wel! Chlyw'is i 'rioed rotshiwn beth! Y hi neu'r Wil 'na mae'n siŵr ydi'r unig fwgan yn Gw'nithnant.'

Ni chafodd Modryb Jên gymaint o groeso yn Tŷ Capel wedyn er iddi ffalsio fel y medrai hi.

Yng Nghaergeiliog yr oedd 'Dewyrth Huw, brawd ieuengaf fy nhad yn byw. 'Roedd yna lawer mwy o sŵn yn perthyn iddo nag oedd yna i 'Dewyrth Dic. Dwy ferch oedd ganddo, Gwyneth a Jane Elin, a phrofedigaeth lem iddo ef ac i Anti Jini oedd marwolaeth Gwyneth o'r diptheria yn 1941 a hithau'n ddim ond un ar bymtheg oed.

Ychydig iawn o gof sydd gennyf am Evan Owen, tad fy mam, oherwydd bu farw pan oeddwn bron yn ddwy a hanner oed. Tua Glynebwy, Sir Fynwy y ganed ef, a phan gafodd ei dad ei ladd mewn pwll glo 'doedd dim modd i'w fam ei gynnal ef a'i ddwy chwaer hŷn, Ann a Jane. Un o Lanrwst oedd Mary Owen, mam fy nhaid, yn wreiddiol ond ni wn sut yr aeth i'r De. Beth bynnag, deallodd y byddai modd iddi wneud bywoliaeth yn Sir Fôn wrth fynd o fferm i fferm yn golchi a gwnîo, ac fel *'washer-woman's son'* y cyfeirir at fy nhaid yng Nghyfrifiad 1861.

Elizabeth Williams oedd enw morwynol mam fy mam. Hi oedd yr hynaf o bump o ferched John ac Elinor Williams, Tŷ Capel Bethania, Llanddeusant. Yr unig beth a wn i sicrwydd am John Williams, fy hen daid, a aned yn 1826 yw mai plentyn llwyn a pherth ydoedd. Geneth o Lantrisant, mae'n debyg, gan mai yno y ganed John, oedd ei fam, a hithau yn forwyn yng nghartre'r Bulkeleys ym Mhenyrargae, Llanfachraeth pan aeth yn feichiog o un o feibion y Bulkeleys. Arddelwyd y baban gan deulu'r Bwcleaid a'i anfon i'w fagu at rywun ym Mryngwran. Pan ddeallodd Mrs Bulkeley nad oedd John bach yn cael chwarae teg yno fe'i hanfonwyd i'r Bull, Llanddeusant i gael ei fagu. Yno'r oedd pan briododd, ac yn aelod yng nghapel Annibynwyr Bethania, a hefyd yn ŵr cyhoeddus dawnus a godwyd yn ddiacon ac yntau'n ddim ond ugain oed.

Wedi i Elizabeth Williams ac Evan Owen briodi aethant i gadw Tŷ Capel Ty'n y Maen ac yno y ganed eu pum plentyn, John, Gruffydd, Evan, Mary (fy mam) ac Ellen (mam y Glyn a fagwyd gan fy mam). Dynes a llais distaw ganddi ac yn gwisgo'n dwt a da, a thipyn yn bell oedd Nain

Ty'n Maen, a fu hefyd yn Nain Parc, Nain Penbont, Nain Glan Llyn a Nain Ffynnon Lôn, lle bu farw yn 1931.

'Roedd ei mab hynaf, 'Dewyrth John hefyd yn ddyn distaw ac annwyl iawn a mwstás mawr du ganddo. Bu farw yn ganol oed o gancr a gododd o'i boen a'i bryder yn methu â chael gwaith yn y tridegau, meddai Mam. Aeth 'Dewyrth John ar ei feic yr holl ffordd o Lanfachraeth i Ddolgarrog i chwilio'n ofer am waith. 'Roedd yn ddyn a fyddai'n rhoi saim gŵydd ar ei esgidiau mawr i'w cadw'n barod i waith bob amser. Tipyn o hen lolan oedd Anti Leisa ei wraig. Haerai Mam na fedrai neb ddal pen rheswm â hi. 'Roedd gan modryb Leisa eiriau nas defnyddid gan neb arall; soniai, er enghraifft, am gniglyn o dân, sef tân bach. 'Roedd ganddynt ddwy ferch, Mary a Nel ond bu Mary annwyl farw yn 19 oed o gancr; hiraethu ar ôl ei thad meddent hwy.

'Rwy'n amau mai 'Dewyrth Gruffydd oedd ffefryn Mam o'r teulu. Deuai i'n tŷ ni i fwrw'r Sul weithiau, a dyna falch a fyddai fy nhad o gael cymorth ar gyfer y Sul yn y Cwrdd Gweddi. 'Roedd Gruffydd Owen yn un da ar ei liniau ac yn mwynhau pob pregeth, gyda'i borthi — yn dawelach na 'Nhad — ond yn cadarnhau'r pregethwr. Byddai'n selog iawn yn Soar, Bryn-teg, ei gapel ei hun. Hoffem weld 'Dewyrth Gruffydd yn dod atom am fod ganddo ddigon o hiwmor hefyd.

Nid oedd llawer o groeso gennym ni'r plant i 'Dewyrth Ifan gan ei fod yn ddyn garw ac fel petae wedi suro wrth bawb a phopeth. Fodd bynnag, gellir dweud o'i blaid ei fod wedi cael profiadau chwerw iawn yn rhyfel 1914-18. Ni fu'r un frwydr lle collwyd cynifer o fywydau mewn cyn lleied o amser â'r frwydr am goedwig Mametz ddechrau Gorffennaf 1916. O'r miloedd o hogiau'r Ffiwsilwyr Cymreig, hogiau Môn, Arfon a Meirionnydd, ychydig iawn a ddaeth yn fyw o'r gyflafan honno. Cafodd 'Dewyrth Ifan ei saethu yn ei ben gan sneipar yn y coed pan oeddent yn gorffen clirio'r Almaenwyr oddi yno, ac yr oedd ganddo blât dur yn ei ben dros y pant a wnaeth y fwled yn yr asgwrn. Caem gyffwrdd yn y plât i'w deimlo'n symud.

Rhyw fwmblo dweud pethau'n aneglur y byddai a phan awn ag ambell ffrind o ysgol Llanfachraeth ato i gael gweld y plât a'r rheiny'n gofyn, 'Ew, sut wnaethoch chi hynna?' ac yntau'n mwmblo, *'German sniper* yn fy saethu'n *Mametz Wood,'* ni allai'r plant ei ddeall. Pan ofynnent eilwaith byddai'n gwylltio, ac yn sicr, 'doedd dim modd deall beth a ddywedai wedyn. Yn bur aml, byddai'n gorffen y perfformans drwy roi chwelpan i mi.

Cofiaf iddo ddweud hanes yr ymosodiad ar Goed Mametz. 'Roedd dau gae mawr rhyngddynt a'r coed, a hanner dwsin o resi o wifrau pigog yn amddiffynfeydd ar eu traws. Dyma'r prif swyddog yn annerch tuag wyth mil ohonynt ac yn eu gorchymyn i gerdded i gyfeiriad y coed gyda bidogau ar eu gynnau'n barod. Dywedodd wrthynt am beidio â dychryn na throi'n ôl pan daniai'r *machine guns* arnynt am nad oedd y rheiny'n beryglus iawn. Yn fuan iawn, gorweddai cannoedd o gyrff ar y gwifrau pigog ymhobman a 'Dewyrth Ifan a'r gweddill yn cerdded drostynt ac ymlaen, ymlaen i gwr y coed. 'Roedd gan y prif swyddog reswm da dros eu hannog i wynebu'r gynnau. Wedi tanio hyn a hyn o gannoedd o fwledi byddent yn poethi ac yn gorfod distewi am ychydig i oeri neu byddent yn tagu. Felly, pa ots fod miloedd o hogiau'n marw, os gellid, drwy hynny, dawelu'r gynnau'n ddigon hir i'r gweddill fedru cyrraedd y coed gyda'u bidogau ac ymosod ar yr Almaenwyr. Mathemateg oedd ystyriaeth bwysicaf yr ymgyrch. Os oedd angen dwy fil o fidogau i gyrraedd y coed, 'roedd yn rhaid cychwyn gydag o leiaf wyth mil er mwyn gallu fforddio bwydo chwe mil i dawelu'r gynnau. Y pris a dalwyd am gymryd Coed Mametz oedd bywydau miloedd lawer o weision ffermydd a chwarelwyr ieuanc a'u tebyg o Wynedd.

Bu 'Dewyrth Ifan mewn llawer helbul nad oeddwn i, yn blentyn, i fod i wybod amdanynt. Ni wn yn siŵr am ba reswm y bu'n aros yn ein tŷ ni am gyfnod. Sut bynnag, bu'n byw gyda ni am rai wythnosau ac yn ddigon cas ac annifyr gyda ni'r plant.

Rhyw chwech oed oeddwn pan benderfynais wneud llong gyda darn pydredig o bolyn ffens. Ar lawr y stabal yr oeddwn, yn curo hoelion i osod rîl edau yn gorn ar y stemar, pan ddaeth cysgod mawr i'r drws a llais chwyrn 'Dewyrth Ifan, 'Be' 'ti'n feddwl 'ti'n 'neud?'

'G'neud llong i fynd ar Afon N'uadd.'

'Daria chdi am wastio hoelion. Ty'd â'r mwrthwl 'na yma rŵan.'

'Tada pia hwn, nid chi,' meddwn.

'Paid ti â bod yn bowld hefo fi, y Gwyddel bach!' meddai gan afael yn y morthwyl.

Gwylltiais yn gacwn, a heb feddwl ei fod rhyngof a drws dihangfa, gwneuthum beth beiddgar iawn. O gofio'r ffordd y byddai'n mwmblo-glafoerio'r frawddeg, 'Dwi 'di ca'l fy saethu'n 'y mhen gin Jerman Sneipar yn Mamets Wd', dyma fi'n ei ddynwared yn dweud hynny, a'r un pryd yn pwyntio at fy mhen. Gwylltiodd yntau a rhoddodd gic i mi ar ochr fy nghlun dde nes oeddwn yn codi'n glir o'r llawr. Bûm ar lawr oer a chaled y stabal yn crio am oriau. Pan ofynnodd Mam i mi, ddeuddydd neu dri'n ddiweddarach, paham y cerddwn yn gloff, dywedais yr hanes wrthi. Cymerodd y clais mawr dipyn go lew o amser i glirio oddi ar fy nghlun a bûm yn gloff am wythnosau.

Ymhen blynyddoedd wedyn, tua 1970, cawn boen yn aml yn fy nghlun dde, ac wedi i Dr Arthur Thomas, Cemais fy anfon at yr arbenigwr, Mr Arwyn Evans ym Mangor, dywedodd Mr Evans nad cryd-cymalau oedd y prif reswm am yr asgwrn clun darfodedig. Holodd a oeddwn wedi syrthio neu gael damwain pan oeddwn yn ieuanc iawn. Cofiais am gic 'Dewyrth Ifan. Ie, effaith y gic honno fu'r rheswm pennaf i mi orfod cael clun blastig yn Ysbyty Eryri, Caernarfon yng Ngorffennaf 1983. Oherwydd i'r ddamwain ddigwydd o ganlyniad anuniongyrchol i ryfel 1914-18 bûm yn meddwl a fyddai gobaith i mi gael pensiwn rhyfel tybed?

Unig chwaer fy mam oedd Modryb Nel, a hi oedd mam Glyn-ni. Cofiaf ei hail ŵr, Jac Meri Ŵan (Owen), yn dda iawn. Ni fuom erioed yn ei alw'n 'Dewyrth Jac. Edrychid arno fel un o'r caridýms, ac ni fu bywyd yn esmwyth o gwbl rhyngddo ef a'i wraig yng Nglanmorfa nac wedyn yn Bedo Bach. Er nad oedd y fath air yn gyffredin bryd hynny, mae'n debyg fod Jac Meri Ŵan yn alcoholic. Byddai'n mynd i ffermydd i fegio am datw i fwydo'i wraig a'i dair merch, Barbara, Mary ac Evelyn ond cyn cyrraedd adref byddai wedi gwerthu'r tatw i brynu diod. Ar y ffermydd lleol ni welwyd ei gyflymach erioed am deneuo rwdins. Ruthrai fel fflamia' ar ei bedwar, gyda sachau wedi eu clymu am ei bengliniau, gan ennill ceiniog neu geiniog a dimai am deneuo rhes, a ffwrdd ag o'n syth wedyn i Siop Pender i wario'i enillion ar smerit-neitar am fod hwnnw'n rhatach na wisgi.

Deallwn iddo fod yn yr Aifft yn ystod rhyfel 1914-18, a rhyw dro gofynnais iddo beth a welodd yno. Disgwyliwn iddo fod wedi gweld y Nîl, y Pyramidiau neu'r Sahara, ond ei ateb oedd, 'Mi wel'is i ddau ful ar gefna'i gilydd 'chan, a'r offisyr yn chwerthin, a minna' hefyd.' Petae wedi gweld dau gamel byddai hynny wedi bod yn fwy daearyddol ddiddorol o leiaf, ond dyna Jac Meri Ŵan i'r dim.

Pan oedd Meri, ei ail ferch, yn bedair ar ddeg oed yn Rhagfyr 1940 gadawodd yr ysgol i fynd yn forwyn i'r Persondy. Dloted oeddynt fel teulu fel yr âi Modryb Nel i'r Persondy bob dydd Gwener i gael cyflog Mary ac ni welodd y ferch druan geiniog o'i henillion prin erioed. Fe'i tarawyd yn wael o effeithiau diptheria ac yn ystod ei gwaeledd yn ei gwely dan y to sinc llusgodd i'r gegin o glywed ei thad yn ffraeo ac yn bygwth cario rhywun mewn arch o'r tŷ 'os na chaei di dy geg.' Meddai hithau wrtho, 'Rhag c'wilydd ichi. Ydach chi ddim yn sylweddoli ei bod hi'n ddydd Sul?'

Ymhen tridiau yr oedd Mary yn ei harch yn bedair ar ddeg oed. Wedi i Frank Roe Buck wneud yr arch daeth gair o Fangor i ddweud fod yn rhaid mynd â Mary i'r ysbyty am *post-mortem*. Daeth hers O. R. Jones, Llanfaethlu i'w nôl a thra ceisiai Frank ac Owen Jones gario'r arch i'r hers gafaelai Jac Meri Ŵan ynddi i geisio'u rhwystro dan feichio crio. 'Dowch â hi'n ôl imi,' meddai wrth Owen Jones.

'Rydw i'n addo i chi y gwna' i, John Owen,' meddai Owen Jones druan, gan wybod yn iawn na allai.

'Roedd Mary'n eneth dlos ac annwyl, hoff gan bawb, a hi oedd yr unig un a gawsai rywfaint o drefn ar ei thad anystyriol.

I'r Coleg

Derbyniais lythyr ar ddydd Gŵyl Ddewi 1943 i'm hysbysu fy mod wedi fy nerbyn i ddechrau cwrs hyfforddiant athro yn y Coleg Normal, Bangor yn yr hydref. Ymhen pedwar diwrnod daeth gair o'r Bwrdd Addysg yn fy nghyfarwyddo i ddewis ysgol leol i gael rhywfaint o brofiad o addysgu ynddi. Gwneuthum drefniadau i fynd i Ysgolion y Cyngor yn y Fali a Llanfachraeth.

'Roeddwn yn wynebu'r draul o brynu llyfrau ar gyfer mynd i'r coleg pan alwodd Dewyrth Jac, Capel Soar acw a dweud wrthyf am beidio â phrynu 'pejan', chwedl yntau, oherwydd bod llong wedi cael ei suddo ym Môr Iwerddon. Llong y Groes Goch oedd hi ar ei ffordd i Sbaen hefo llwyth o bethau i garcharorion Prydeinig yn yr Almaen. Daethant i'r lan rhwng Glan Môr Swtan a Thraeth Bodlasan. 'Roedd Gwylwyr y Glannau — yntau'n un ohonynt — wedi dod â'r llyfrau i gyd i stabal Capel Soar. 'Maen nhw'n wlyb ond mae posib eu sychu nhw. Ty'd i ddewis be wyt ti isio. Ella byddan nhw'n help i ti'n y Coleg,' meddai Dewyrth Jac.

Bûm yn cloddio drwy bentyrrau o lyfrau hallt-wlybion am ddeuddydd a dewisais tua deg ar hugain o lyfrau Saesneg yn cynnwys gweithiau Browning, Shelley, Tennyson a Keats, a llyfr trwchus ar *History of the Development of the English Language*. Ym mhopty lled-gynnes Tŷ Capel, gyda'i ddrws yn agored, llwyddwyd i sychu'r llyfrau yn eithaf.

Ar 26 Gorffennaf 1943 dechreuais ar fy wythnos o brofiad ysgol yn Fali, ac ymhen deuddydd rhoddais fy ngwers gyntaf o flaen dosbarth o blant, a'r llyngyren ddaear oedd fy nhestun. 'Roedd gennyf tua chwe thudalen o nodiadau manwl a lluniau mawr llafurus, ac eto, gorffennais y wers mewn rhyw ddeng munud. 'Roeddwn yn chwys oer trosof am nad oedd gennyf ddim gair arall i'w ddweud o flaen dosbarth o blant distaw, disgwylgar, gyda'u breichiau ymhleth ar orchymyn W. J. Jones, yr ysgolfeistr, ond yn amlwg wedi diflasu ar y wers fwyaf truenus a draddodwyd erioed.

Yn ysgol Llanfachraeth y profiad rhyfeddaf i mi oedd bod Owen John, fy mrawd ieuengaf, yn fy nosbarth.

* * *

Un o Gaergybi oedd Eryl Williams ac yno y mae'n byw o hyd. Aethom ein dau i'r coleg ddiwedd Medi 1943, a'n cartref newydd fyddai Hostel y George. Hyd nes daethom i adnabod rhai o'r myfyrwyr eraill 'roedd Eryl a minnau gyda'n gilydd ym mhobman fel dau frawd. Cyn bo hir daethom yn gyfeillgar iawn gydag Emrys Griffiths o Lanfyllin a Dafydd Parry o Ro-wen, a phery ein cyfeillgarwch hyd heddiw. Naw ar hugain o ddynion oedd yn y Normal i gyd, deuddeg 'hynafgwr' a dau ar bymtheg ohonom ni'r 'flwyddyn gyntaf'. 'Roedd yn rhaid i'r dynion fod yn ddigon ieuanc yn mynd i'r coleg fel y gallent orffen eu cwrs i ateb gofynion consgripsiwn i'r lluoedd arfog, heb gael fawr ddim gohiriad. Golygai hynny fod y mwyafrif o'r merched a dderbyniwyd yr un adeg tua blwyddyn yn hŷn na ni. Credaf fod yna bron i ddau gant o ferched yno yr adeg honno, oherwydd i Vincent o Gefn-mawr sylwi'n nwydus, *'There's six "Mots" for every "Georgian" here.'*

Dilynwn gwrs Cymraeg Uchaf gyda naw neu ddeg o'r merched a Thomas Roberts M.A. yn ddarlithydd inni. Cynhwysai'r cwrs astudiaeth o Ddafydd ap Gwilym a'i Gyfoeswyr, Y Bardd Cwsg, Daniel Owen, Pedair Cainc y Mabinogi a Chymraeg Canol, Awdlau 'Ymadawiad Arthur' a'r 'Gaeaf' a llawer pwnc diddorol arall.

Mwynheais Fathemateg gyda Ms McKintosh hefyd, a mwynhau yn arbennig Ysgrythur gyda Mr Ambrose Bebb. 'Roedd gennyf feddwl y byd o Ambrose Bebb. Byddai'n rhoi croeso i rai ohonom i'w dŷ am de a sgwrs weithiau. Wedi i mi adael y coleg, a thra oeddwn yn yr Aifft gyda'r awyrlu, fe ysgrifennai Mr Bebb lythyrau maith ataf er prysured oedd.

Yn ystod ein dyddiau cyntaf yn y George bu raid mynd drwy dreialon yr *initiation* gan y *Seniors*. 'Roedd llawer o'r miri'n hwyl a pheth ohono'n amhleserus. Wedi'r gwasanaeth hwyrol yn y neuadd disgwylid i ni wneud pob math o bethau i ddiddori'r hynafgwyr. Bu raid i bob un ohonom sefyll ar y bwrdd unwaith, yn ein tro, ac adrodd darnau o farddoniaeth yn ddi-stop am bum munud. Lwc fy mod yn gwybod 'Rhosydd Moab' Dafydd Owen ar fy nghof! Byddai trochfa yn y baddon i'w gael am wneud unrhyw gamgymeriad neu am beidio â gwneud camgymeriad. 'Roeddem yn colli bob ffordd. Euthum i gapel Annibynwyr Pendref ym Mangor rhyw fore Sul a dau o'r hynafgwyr, Evie Roberts a Ranyl Parry gyda mi i ofalu fy mod yn ysgrifennu pregeth y Parch. R. G. Owen i lawr bob gair i'w marcio ganddynt. Ar y *Souvenir Night* disgwylid i bob un ohonom fynd allan gyda rhyw ferch o'r Normal a dod â dilledyn o'i heiddo i'w ddangos wedi'r gwasanaeth hwyrol. Chwarae teg i'r ferch annwyl o'r

Wyddgrug y cyd-gerddais â hi yn Siliwen y noson honno, daethai â hosan sbâr gyda hi fel swfenîr imi.

Dro arall 'roedd hi'n *Harriers* arnom ac anfonwyd ni i redeg saith milltir mewn cylch o'r George i gyfeiriad y Felinheli. Cyd-redwn i â'm cyfaill Eryl Williams. Ymhen rhyw filltir a hanner 'roedd Eryl wedi hario ac yn mynnu llusgo cerdded a chloffi. Dyma ffawd-heglu o hynny ymlaen a daeth car a âi i gyfeiriad y George heibio. Stopiodd hwnnw a chyn pen dim 'roeddem yn ôl yn y George heb golli chwys na chael ein gweld gan neb. Aethom i'n hystafell i guddio nes byddai rhai eraill o'r rhedwyr wedi dychwelyd o duthio saith milltir. Disgwylid i ni gymryd cawod wedi'r rhedeg. Ni fuom yn ddigon gofalus i wneud yn siŵr fod rhai o'r rhedwyr wedi cyrraedd yn ôl cyn i ni fynd am gawod. Aeth y ddau ohonom i'r ystafell ymolchi lle'r oedd chwe chawod, ac aethom dan y dŵr. Ymhen deng munud clywsom lais Skuse, rhedwr gorau'r coleg, yn gweiddi mewn syndod, *'Who the bloody hell got back before me? Jesus, you Williams! You of all bloody people.'* Clywyd y stŵr gan y 'swyddog' a safai wrth y drws ffrynt i nodi'r dychwelwyr yn eu trefn, a daeth i weld a holi drosto'i hun. Bu llys ymchwiliad a'r ddedfryd oedd ein bod yn gorfod rhedeg y saith milltir nas rhedasom yn ogystal â rhyw fân gosbau eraill.

Gorfodwyd ni hefyd i baffio yn erbyn ein gilydd. Parwyd fi hefo Emrys Griffiths o Lanfyllin, a ninnau'n dau'n gyfeillion ers rhai dyddiau. Daethom i gytundeb i beidio â tharo'n galed na tharo wynebau'n gilydd. Y canlyniad oedd — cyfartal. Cafodd Dafydd Parry ei bario â Skuse. 'Doedd Dafydd erioed wedi gwisgo menyg paffio o'r blaen ond 'roedd Skuse yn bencampwr ysgolion. Drwy ryw wyrth 'doedd Dafydd fawr gwaeth ar derfyn yr ornest. Drannoeth cynhaliwyd treialon pêl-droed a chafodd Emrys, Skuse, Vincent a minnau ein dewis i dîm y coleg.

Yn ystod y tymor daeth Llew, a oedd ar saib o'r awyrlu, i'm gweld, a pharsel o fwyd gan Mam imi. Yn fy nhlodi, mor falch oeddwn hefyd o gael punt o bres poced gan Llew. Ysgrifennai Bessie o Rochdale ataf yn aml heb anghofio rhoi chweugain yn yr amlen gyda'r llythyr. Heblaw am roddion o'r fath byddwn wedi bod cyn dloted â chwannen ar gas stîl yn y coleg. Ni allai fy rhieni fforddio rhoi dim imi am nad oedd ganddynt ddim i'w roi. Gwerthodd Mam y mochyn a chael rhywfaint o rywle ym mhen hynny i dalu ffi'r coleg, sef bum punt ar hugain. Pan ddaeth galw am ffi'r ail flwyddyn, 'doedd dim mochyn i'w werthu am nad oedd arian i brynu mochyn bach i'w besgi. Felly, bu'n rhaid i mi gael benthyciad gan Gyngor Sir Môn a'i ad-dalu pan oeddwn yn yr awyrlu.

Yn ysbeidiol, gorfodid ni i fynd i Ysgol Glanadda, Bangor neu Ysgol y Cyngor, Porthaethwy am 'Sgwlrwm'. Rhoddid dosbarth o blant i eistedd yn startslyd ynghanol neuadd yr ysgol. O'u blaenau safai un o'm cyd-fyfyrwyr nerfus a fu'n ddigon anffodus i gael ei ddewis neu ei dewis gan Miss Griffith i roddi'r hyn a elwid yn *'demonstration lesson'* fel y câi rhyw drigain o fyfyrwyr eraill gyfle i dynnu'r wers a'i chyflwynydd yn llyfriau. Arswydwn rhag cael fy nedfrydu i'r fath boendod ac ni fyddwn byth yn lleisio barn na beirniadaeth yn gyhoeddus yng nghlyw Miss Griffiths rhag dod i'w sylw o gwbl. Ond, do, fe ddaeth fy nhro innau.

Hen gyfnod digon annifyr oedd yr ymarfer dysgu hefyd. Rhyw sefyllfaoedd braidd yn ffug oeddynt, a'r plant yn gwybod mai myfyrwyr yn ymarfer oeddym ni. Anfonwyd fi i Ysgol y Cyngor Llangefni am y cyfnod ymarfer cyntaf ac ni fwynheais y profiad o gwbl. Yna, treuliais dair wythnos yn hen ysgol Genedlaethol Caergybi ac nid oedd pethau fawr hapusach imi yno 'chwaith. Ym Mawrth 1945 cychwynnais ar y trên o Fangor am Fethesda yng nghwmni deg o fyfyrwyr eraill o'r Normal, merched i gyd, i wneud fy Ymarfer Dysgu Terfynol. I Ysgol Cefnfaes yr anfonwyd Alice Williams (y ddawnswraig werin enwog), Gwyneth Williams (gwraig y Parch. Emlyn John, Cemais wedi hynny), Mair Edmunds, Nesta Wyn Jones a minnau, a'r gweddill o'r merched i Garneddi. Bu'r athro dosbarth, Mr John Jones o Borthaethwy, yn gymorth parod i mi bob amser. 'Roedd Mr John Llewelyn Roberts, prifathro Ysgol Cefnfaes, yn gymeriad eithriadol o hoffus. Nid oedd unrhyw 'fawredd' prifathro yn perthyn iddo. Gwnaeth i mi deimlo'n gartrefol iawn yn ei ysgol o'r cychwyn cyntaf a chymerai ddiddordeb personol ynof, nid fel tipyn o fyfyriwr coleg ond fel hogyn o Lanfachraeth gyda diddordebau arbennig o'r tu allan i gwrs addysg. Bûm yn hapus iawn yng Nghefnfaes ac yn sgîl hynny mae'n bosibl fy mod wedi gwneud yn well nag ar y ddau ymarfer dysgu blaenorol. Yn ystod fy nhridiau olaf daeth Mr Pugh, Arolygydd ei Fawrhydi yn Sir Ddinbych, a Miss Stanley Jones, Arolygydd ei Fawrhydi ym Mhenfro, i'm gwylio'n perfformio ac i'm hasesu. Gwers Hanes ar Owain Glyn Dŵr a gafodd y plant o flaen Mr Pugh, a gwers ddarllen Saesneg a gwers o farddoniaeth Gymraeg o flaen Miss Stanley Jones. Gwneuthum argraff gweddol dda ar yr Arolygwyr ac 'roedd fy nyled yn fawr i'm mabwysiedig 'fab colegol' o'r flwyddyn iau, sef J. O. Hughes o Ben-y-sarn, Amlwch. John oedd arlunydd gorau'r coleg, mae'n debyg, ac 'roedd gennyf ddarluniau ardderchog ar gyfer fy ngwersi, diolch iddo ef! Cyn i mi adael yr ysgol dywedodd Mr John Llewelyn Roberts wrthyf fod yr arolygwyr wedi eu plesio. Bendith arno am roi cymaint o hwb i'm calon.

Tymor oedd gennyf ar ôl yn y coleg; aethai'r misoedd heibio fel y gwynt. Bu'n amser hapus oherwydd y cyfeillion oedd gennyf yno yn cyd-fyw, cyd-chwerthin a chyd-ofidio, yn enwedig pan ddôi'r arholiadau ar ein gwarthaf heb inni fod yn barod amdanynt! Byddai *'Lights Out'* am un ar ddeg y nos yn anhwylus iawn a ninnau yn ein cyfyngder eisiau adolygu, yn llythrennol ar yr unfed awr ar ddeg, erbyn rhyw arholiad neu'i gilydd drannoeth. Meddyliwyd am ffordd i wneud i'n goleuadau ni weithio'n annibynnol yng nghornel uchaf a phellaf y George, sef ystafelloedd 50, 51 a 54. Casglwyd gwybodaeth am gylch trydanol yr hostel a llwyddasom i dorri'r cyflenwad am ysbaid byr un prynhawn a gosod y gwifrau angenrheidiol i ni gael golau trydan drwy'r nos. Gan fod blacowt ar ein ffenestri ni welid llygedyn o olau o'r tu allan ychwaith.

Cofio colli chwys a gwaed yng ngemau pêl-droed y *'Wooly Cup'* yn erbyn y Brifysgol.

Cofio dianc allan o'r hostel yn y nos i fynd i Gaernarfon i lyfu amlenni etholiad dros yr Athro J. E. Daniel yn Is-etholiad Bwrdeisdref Arfon. Yno y gwelais ddyn ieuanc gwallt golau yn ei ugeiniau hwyr na wyddwn pwy ydoedd nes clywais ef yn annerch torf fawr ym Mangor nos drannoeth ac yn gwefreiddio pawb. Dywedodd rhywun, 'Mi wnaiff hwn farc dros Gymru, gewch chi weld!' 'Pwy ydi o?' gofynnais. 'Hogyn ifanc o'r Sowth yn r'wla.

Gwynfor Evans ydi'i enw fo.' Yn sicr ddigon fe wnaeth y gŵr ifanc hwnnw ei farc dros Gymru.

Cofio cael cynnig swydd athro gan Awdurdod Addysg Slough ac yna gan Lerpwl cyn cael cyfweliad gan Gaernarfon a chael cynnig swydd yno hefyd. Yna daeth panel Môn i'n cyfweld i'r Normal. Cofiaf E. O. Humphreys, y Cyfarwyddwr Addysg, yn darllen manylion fy nghwrs coleg a phan ddaeth at *Rural Science* trodd at Syr Thomas Jones a dweud, ''Dew, dyma'r bachgen i R. D. Parry yn Amlwch 'cw.' Ni ddywedais air, dim ond cyd-wenu â hwy a diolch na wyddent mai *Rural Science* oedd fy man gwannaf yn y cwrs. Derbyniais y swydd a gynigiwyd i mi ganddynt ym Môn. Beth fyddai fy hanes tybed petawn wedi derbyn swydd yn Slough a phriodi yno efalli?

Cofio cael arholiad llafar ar fy maes llafur Cymraeg gan yr Athro Henry Lewis, Abertawe. Awgrymodd i mi fynd i wneud cwrs pellach mewn Cymraeg wedi i mi ddychwelyd o'r lluoedd arfog, ac i mi gysylltu ag ef yn bersonol os hoffwn wneud hynny yn Abertawe.

Cofio bod yn falch o dderbyn y *Soccer Colours* i'w gwnîo ar boced fy mlesyr er i mi fethu'r gôl lawer gwaith!

A chofio'r chwithdod a'r hiraeth am droeon brith a chyfeillion lawer wrth adael y coleg ym Mehefin 1945. Gyda chyfnewid cyfeiriadau, lluniau ac addewidion y caem eto gwrdd daeth tystysgrif athro cofrestredig y Bwrdd Addysg i'm meddiant.

Awyrlu

Wedi ymadael â'r coleg disgwyliwn gael galwad i ymuno â'r awyrlu ar f'union ond nid felly y bu.

Dydd Llun, 10 Medi 1945 dechreuais ar fy swydd gyntaf fel athro yn ysgol Gynradd Gwalchmai dan brifathrawiaeth Hywel Thomas. Ddechrau mis Hydref cefais fy nghyflog cyntaf, sef £16.8s.5d. am fis.

Ar y nawfed o Hydref bu'n rhaid i mi fynd i Gaernarfon o flaen Bwrdd Meddygol a farnodd fy mod yn gorfforol abl i ymuno â'r awyrlu. Yna ar y pumed o Dachwedd dyma lythyr — Rhybudd Listio — yn cyrraedd acw o Gaerdydd. Er i'r hen gymeriad annwyl O. E. Jones, Fali geisio dylanwadu arnaf i gofrestru fel Gwrthwynebydd Cydwybodol, ateb galwad yr RAFVR a wneuthum. Yn ystod fy amser yn y Normal, hyd yn oed pan oeddwn yn ddim ond dwy ar bymtheg oed, bu raid dioddef gwawd ac edliw llawer o bobl ym Mangor, Llanfachraeth a Gwalchmai am nad oeddwn yn yr 'Armi'. Derbyniais fy ail gyflog o £26.5.0. cyn gadael ysgol Gwalchmai yn Nhachwedd. 'Roedd Mam druan yn methu â deall pam 'roedd eisiau i mi 'joinio' o gwbl a'r rhyfel trosodd fwy neu lai. Ni allwn innau ddeall pam 'roedd Mam yn poeni a cholli deigryn pan ffarweliwn â'r cartref i fynd i Padgate.

'Roedd Eryl Williams, fy nghyd-Normalydd o Gaergybi wedi cael yr un gorchymyn â minnau a chychwynasom o Gaergybi gyda'n gilydd ar y trên i Warrington. 'Roedd lori'r RAF yn ein disgwyl yn yr orsaf i fynd â ni i'r gwersyll yn Padgate. Buom yno am rai dyddiau yn cael ein dilladu ac ati. Yn ystod y dyddiau hynny wrth fynd o'r naill gownter i'r llall i gasglu'n pethau 'roedd Eryl a minnau, gyda'n Cymraeg uchel, fel cesyg eira wrth dreiglo, wedi casglu nifer o ricriwts oedd yn Gymry Cymraeg o'n cwmpas — Emlyn Jones, Dic Jones (Llanwrda), Fred Roberts, Now Brynsiencyn, Now Bryngwran, Ken Williams o Ddinbych, Emlyn o Faentwrog ac eraill. 'Roeddem yn gwmni i'n gilydd mewn lle digalon.

'Roedd Dic Jones o'r Farmers, Llanwrda, Aberteifi yn 'hen ddyn' yn ein mysg, bron yn ddeg ar hugain oed. Daeth ef a minnau — y ddau Ddic Jones — yn gyfeillion am flynyddoedd wedi'n cyfarfyddiad cyntaf yn Padgate. Pryd tywyll iawn oedd i wallt Dic, a'i wyneb llydan, gyda gwrid iach y wlad a'r tywydd arno, yn barod i wenu'n wastad.

Diafol annifyr, brwnt ei dafod oedd y Rhingyll Cook a ofalai amdanom. Un diwrnod cyhoeddodd y byddai archwiliad llawn gan y prif swyddog ymhen deuddydd. *'And before then,'* meddai, *'there'll be a bloody harvest,'* ac aeth ymlaen i ddweud y byddai'n rhaid torri'n gwalltiau fel na fyddai gan neb ohonom un blewyn yn hwy na hanner modfedd. Rhoes Dic rhyw gysgod o wên ac fe welodd Cook hynny. *'Wipe that bloody smile off your stupid Welsh face.'* meddai. *'You look like one of those f--- sheep on those filthy Welsh mountains!'*

Daeth diwrnod yr archwiliad a gosodwyd tua phum mil ohonom, o'r ricriwts i'r swyddogion uchaf, yn rhengoedd a rhesi trefnus patrymol ar y tarmac eang. 'Roedd Dic a minnau wrth ochrau'n gilydd yn sefyll yn y rhes flaenaf o'n sgwad ni. Symudai'r prif swyddog yn gyflym ar hyd yr holl sgwadiau, a dau neu dri o'i is-swyddogion wrth ei gynffon. Pan ddeuai at sgwad arall byddai rhingyll y sgwad honno yn ymuno â'r gynffon i ateb unrhyw ddiffyg a welai'r CO ar ei sgwad.

Pan ddaeth yr osgorddlu at ein sgwad ni a dechrau cerdded yn gyflym ar hyd y rheng, stopiodd y CO yn sydyn gyferbyn â Dic. Edrychodd yn graff arno a gofynnodd yn Gymraeg, 'Cymro ydych chi?' 'Ia, Syr,' meddai Dic.

'Roeddwn i'n meddwl braidd, 'rydych chi'n edrych yn debyg i Gymro rywsut,' meddai. 'Beth ydi'ch enw chi ac o ble ydych chi'n dod?'

'Richard Jones, Syr, o Farmers, Llanwrda, ac mae 'nghyfaill fan hyn yn Gymro hefyd.'

'Beth ydi'ch enw chi, ac o b'le ydych chi'n dod?' gofynnodd i mi.

'Richard Jones ydi f'enw innau hefyd, Syr, ac o Sir Fôn rydw i'n dod,' meddwn.

'Mae'n dda gen i gyfarfod â chi,' meddai'r Prif Swyddog Blythin o Sir y Fflint. Syndod a dryswch oedd ar wynebau ei is-swyddogion uniaith wrth fynd heibio inni. Yn ddiweddarach holodd y Rhingyll Cook ni'n fanwl, *'What was all that blarney about, with the CO then? Explain.'*

'He knew Dic,' meddwn, *'and he asked us if we had any complaints.'*

Bu'r Rhingyll Cook yn od o glên ar ôl hynny a throes *'those bloody Welsh sheep'* yn *'my Welsh boys'*!

Yn Chwefror 1946 anfonwyd fi i Kirkham ger Blackpool ac ailymunais â Dic Jones gan fwynhau ei gwmni ef ac Ilan Jones o Ddolgellau yn fawr.

Yn y cwt lle'r arhoswn gyda 44 o rai eraill dechreuais ddadlau gyda Sais yn y gwely nesaf un noson am hawliau'r

India, Yr Aifft a Chymru i hunanreolaeth. Ymhen rhyw ddeng munud 'roedd lleisiau Seisnig gwrthwynebus ym mhobman yn bwrw sen a gwawd arnaf, heb ymresymiad call o gwbl o'u mysg, ac un neu ddau yn fy herio i gwffio a setlo'r mater unwaith ac am byth. Wedi i mi eu cyffelybu i'r *British Gunboats* a setlai ddadleuon yr Ymerodraeth Brydeinig, aeth pethau'n waeth, a buasent wedi fy llarpio oni bai i ryw Gymro abl o Bontypridd, na wyddwn am ei fodolaeth yn ein cwt, ymyrryd drwy ddechrau canu 'Hen Wlad fy Nhadau' a herio rhyw ddau Sais gyda'i gilydd i'w wynebu. Gwyddel oedd cyfaill y bachgen o Bontypridd, a llindagodd hwnnw un o'r Saeson, heb fod ganddo unrhyw ran yn fy nadl i o gwbl!

Ar ôl gorffen ein cwrs yn Kirkham a chael rhyw bythefnos o saib gartref cafodd Dic a minnau ein hanfon am yr Aifft.

Wedi glanio yn Alecsandria aethpwyd â ni i wersyll Amriya i letya mewn pebyll, gyda naw ohonom ym mhob pabell, a symudwyd ni wedyn drannoeth i Port Suez. 'Roedd y cardotwyr o bob oed yn ddigon o fandilwp arnom bob dydd.

Ymhen rhyw dair wythnos cefais fy nghludo mewn lori agored drwy heolydd drewllyd Port Suez ac Ismalia i Gairo, ac oddi yno mewn lori arall am tua hanner can milltir i wersyll 135 MU ar gwr anialwch y Sahara.

'Roedd tua chwe chant o awyrennau ar y tywod yn 135 MU a rhai ohonynt yn newydd sbon danlli. Rhyw ddeugant o ddynion oedd yn y gwersyll a'u hunig bwrpas yno oedd gofalu am ddiogelwch yr awyrennau a rhestru ac ailrestru *'the property of the Government of His Majesty King George the Sixth,'* yn y gwersyll. Cyfarfûm â thri Chymro yn lled fuan ar ôl cyrraedd, sef Sam Thomas o Gaernarfon, Glyndwr Goronwy Jones o Fynwy a 'Ginge' Thomas o Ddinbych.

Albanwr, F/O Barrie, oedd swyddog ein hadran, a gan ei fod wedi priodi â Chymraes fe gymerodd ataf a rhoi dyrchafiad a gofal arbennig i mi dros feddiannau lawer. 'I leihau'r stoc,' meddai wrthyf, 'gellwch losgi popeth sydd dros flwydd oed yn y rhan yma o'r hangar.' 'Roedd yno ugeiniau o blancedi, esgidiau a chotiau ac oherwydd bod yn gas gennyf wastraff ac arogl mwg deuthum i gytundeb preifat â'r tri theiliwr Eifftaidd yn y gwersyll i brynu'r cyfan gennyf fesul tipyn. Cafwyd fod pawb o'r swyddog i'r Arab yn hapus gyda'r trefniant a wneuthum.

Mewn pebyll yr oeddym yn byw wrth gwrs, a Chymro o Gemais, Sir Drefaldwyn, John Ifor Jones, gyda mi. Cyd-ddarllenem nofelau T. Rowland Hughes, *O Law i Law* a *William Jones*, a phan ddigwyddai un ohonom fod yn newid lle gyda'r llall ar shifft warchod, mor felys fyddai'r cyfarchiad parodïol i'r anffodus, 'Cadw dy blydi gard.' Ni fyddai'n syndod o gwbl i ni fod yn deffro ambell fore a'n trysorau wedi eu lladrata yn y nos gan Arab. Ddistawed y byddai'r lladron yn ein pebyll wrth eu gwaith gefn drybeddion nos fel na synnais o gwbl glywed W/O Mathews yn dweud, *'The bastards can steal a sheet from under you as you sleep, and you wouldn't know it.'*

Rhyw benwythnos euthum i Gairo i'r capel yn Fawad-El-Awal, lle cynhelid gwasanaeth Cymraeg. Er llawenydd i mi cwrddais â chydnabod yno oedd wedi eu gwasgaru oddi wrthyf yn Amriya, sef Dic Jones, Eryl Williams a Fred Roberts. 'Roedd yno nifer o Gymry Cymraeg y deuthum i'w hadnabod yn dda wedyn ac un arbennig y deuthum yn gyfeillgar ag ef hyd heddiw, sef Handel Morgan o Benrhiw-ceibr. 'Roedd Handel yn flaenllaw iawn yn y capel ac yn y gymdeithas Gymraeg yn y 'Victory Club'. Byddai dyn croenddu hefyd yn dod i'r gwasanaethau Cymraeg yn Fawad-El-Awal ac yn eistedd yn y cefn. Ni wn ai i ddysgu'n hiaith neu i gyd-addoli'n ddiddeall y deuai yno.

Gan boethed oedd hi ar gwr y Sahara dechreuem weithio am bump o'r gloch y bore a gorffen awr cyn canol dydd. Cysgu a wnaem drwy'r prynhawn fel arfer, a deffro tua phedwar o'r gloch i ysgrifennu llythyrau, glanhau'r babell neu olchi'n dillad. Pan fyddwn am olchi fy nillad byddwn yn gadael llond jar fetel o ddŵr ar y tywod yn y bore ac erbyn y prynhawn byddai'r dŵr yn chwilboeth yng ngwres yr haul tanbaid.

Yma ac acw rhwng y pebyll byddai'r *water lillies* yn hwylus iawn. Twmffat, mawr ei ben, oedd y 'lili'r dŵr' yma, a choes fetel hir wag ganddi yn torgladdu i'r tywod. I'r rheiny y byddem yn gwneud dŵr, a *disinfectant* wrth law rhag denu'r pryfetach diddiwedd yno.

Daeth Gwyddel o'r enw Paddy Traynor atom i rannu pabell â ni am ychydig. Creadur ar y naw oedd hwnnw. Ei bennaf diddordeb oedd paffio, a mynnodd fy mod yn ymarfer ag ef. 'Roedd Paddy'n hyfforddwr da hefyd a dysgodd ddigon imi fel y deuthum i gynrychioli'r gwersyll yn y dosbarth pwysau ysgafn yn erbyn gwersylloedd eraill. Enillwn a chollwn rai o'r gornestau, gan ganolbwyntio mwy ar amddiffyn nag ar ymosod. Ddiwedd 1946 cyrhaeddais ffeinal pwysau ysgafn rhyng-wersylloedd ardal Cairo, a chynghorodd Traynor fi, *'This guy will come at you like a madman to try and knock you out so cover-up for the first two rounds. Take all his punches on your arms. Then he'll be so tired you can knock him out in the last round.'* Felly y bu ar y dechrau ond 'roedd fy mreichiau innau wedi blino erbyn y rownd ddiwethaf hefyd a 'doedd dim modd i mi daro'n galed, felly fy ngwrthwynebydd a enillodd am ei ymosod ffyrnig yn y ddwy rownd gyntaf.

Pan ddeuai John Ifor gyda mi i Gairo i fwrw'r Sul arhosem yn y Toc-H fel arfer. Ar wahân i fynychu'r Gymdeithas Gymraeg yn yr hen Lysgenhadaeth Eidalaidd yn y ddinas honno byddem yn ymweld â'r pyramidiau, yr amgueddfeydd yng Nghairo, a phopeth o ddiddordeb hanesyddol o fewn cyrraedd i ni. 'Roedd hi'n werth y straffîg i ymlwybro ar hyd y twnelau llychlyd oddi mewn i byramid mawr Cheops, yn Giza, i gyrraedd y siambr fewnol dywyll yn ei grombil, lle claddwyd yr hen Pharoh dros bedair mil a hanner o flynyddoedd yn ôl. 'Roedd hi'n werth chweil hefyd stryffaglio i ddringo mor uchel ag oedd bosibl ar wyneb allanol y pyramid i gael golwg banoramig ar ddinas Cairo dros y Nîl. Bûm gyda Handel Morgan unwaith yn y Mwsci, y gweithdai a'r farchnad frodorol yng Nghairo. A Handel a minnau'n cyd-drafod yn Gymraeg werth ryw eitem ledr ar un o'r cownteri, dyma'r gwerthwr du ei groen yn ein synnu drwy ddechrau ein holi yn Gymraeg. 'Roedd wedi bod yn pedlera yn Sir Gaerfyrddin ac wedi dysgu Cymraeg yn eithaf da drwy hynny.

Gwneuthum gais am gael mynd i Gaersalem ar gwrs gan fy mod yn meddwl y buasai rhywle, hyd yn oed Palesteina a'i pheryglon, yn well na'r lle'r oeddwn. Caniatawyd fy nghais. 'Roedd Palesteina yn lle peryglus iawn i Brydeiniwr yng ngwisgoedd y lluoedd arfog yr adeg honno. Gyda thair carfan o derfysgwyr yno, sef Irgun Zvai Leumi, Haganah a'r Stern Gang, 'roedd gan Brydeiniwr sawl siawns i gael ei saethu. Pan gyrhaeddais orsaf Caersalem dywedodd un o'r milwyr a ruthrai heibio, *'There's been an almighty explosion!'* Do, bu un o'r ffrwydradau mwyaf yn hanes cythryblus y wlad. Gosodwyd chwe chan llefrith mawr yn llawn o ddefnyddiau ffrwydrol ger colofnau cynhaliol y 'Regence Bar' yng Ngwesty'r Brenin Dafydd. Yn y pen hwn o'r gwesty yr oedd pencadlys y fyddin Brydeinig ym Mhalesteina a chwalwyd y darn hwnnw o'r adeilad hardd yn yfflon gan ladd dros gant o bobl. Ar ein ffordd o'r orsaf ni chaniateid i ni fynd ar hyd 'Julian's Way' heibio'r gwesty wrth gwrs, gan fod mwg a thân, llwch a llanastr a milwyr ym mhobman. Menachem Begin, prifweinidog Israel yn ddiweddarach yn y saithdegau, oedd arweinydd y terfysgwyr a fu'n gyfrifol am y dinistr i'r 'Brenin Dafydd'. Bu angladdau am ddyddiau lawer yng Nghaersalem, a phan gleddid Arab Palesteinaidd llenwid yr heolydd â miloedd o alarwyr yn wylofain eu gofid ac yna'n darogan llid a dialedd. Erbyn deall 'roedd y terfysgwyr Iddewig wedi eu rhithio mewn gwisgoedd Arabaidd ac yn cymryd arnynt ddanfon y cyflenwad dyddiol disgwyliedig o lefrith i'r gwesty mawr. Yn lle llefrith wrth gwrs 'roedd tua saith gan pwys o TNT yn y caniau.

Yn yr *Old Silesian Boys' School* y lletyem yng Nghaersalem, a phawb yn ei dro yn gwarchod y lle, bob awr o'r dydd, rhag ofn. Cofiaf fod ar wyliadwriaeth ar do fflat yr adeilad tu ôl i *twin Lewis guns* un noson, o ddau hyd bedwar o'r gloch y bore. 'Roedd gorfodaeth deuddeg awr o gyrffiw yn y ddinas ar bawb o saith o'r gloch bob nos, a gorchymyn i'r gwylwyr i rybuddio, ac yna os na cheid adwaith boddhaol, i saethu beth bynnag a fyddai'n symud. Tua diwedd y shifft, a'r wawr yn torri gan ddangos amlinelliad gwan o do Eglwys yr Holl Genhedloedd yng Ngardd Gethsemane, sylwais ar gysgod yn nesáu ataf ar yr ochr draw i'r ffordd. Amheuwn mewn ofn mai dyn yn ei gwman ydoedd yn barod i daflu grenêd ataf. Gwaeddais arno i sefyll ond ymlaen y deuai'r cwmanllyd yn ddi-hid. 'Doedd dim amdani ond anelu a gwasgu'r triger i danio. Dychrynais o'm croen gyda'r fath sŵn o'r gynnau, a hithau mor ddychrynllyd o ddistaw ar doriad gwawr ganol haf yn y ddinas sanctaidd. Brysiodd swyddog y wyliadwriaeth ataf ac anfonodd ddynion arfog dros y ffordd i ymchwilio i'r digwyddiad ac i nôl y corff. 'Roeddwn yn wirioneddol falch pan ddaethant yn ôl at y swyddog a dweud, *'It was a bloody big skinny dog, Sir. Better off dead I suppose.'* 'Roeddwn yn falch, rhag ofn fy mod i wedi lladd rhywun diniwed.

Breuddwyd pob un ohonom mae'n debyg oedd dal neu saethu Menachem Begin oherwydd yr addewid o bum mil o bunnau a chael mynd adref i bwy bynnag a'i daliai yn fyw neu'n farw. Pan fyddem yn mynd am dro hyd heolydd Caersalem byddai'n rhaid i ni ofalu bod yn arfog ac yn un o bedwar neu fwy ar draed. Wedi i ni gyrraedd y YMCA rhyw ddiwrnod gadewais fy nghyfeillion ac euthum wrthyf fy hunan am ychydig lathenni oddi yno i weld Richard Hughes, hen frodor o Fetws-y-coed a fu'n byw yng Nghaersalem ers 1892.

'Roedd Richard Hughes yn fawr ei barch gan Arab ac Iddew. Ef a drefnodd i osod Gweddi'r Arglwydd yn Gymraeg yn eglwys Pater Noster ar lechwedd Mynydd yr Olewydd, yn ogystal â hanes iacháu'r gwahanglwyfus wrth lyn Bethesda yn Gymraeg ymysg 140 o ieithoedd eraill. Cefais groeso mawr ganddo a thoc wrjiodd baned o de imi. Canodd gloch fach a daeth ei forwyn i mewn. Siaradodd Richard Hughes gyda hi am ychydig mewn iaith ddieithr a gwenodd hithau'n annwyl arnaf. Meddai Richard Hughes wrthyf, 'Mae'r wraig hon yn siarad iaith eich Gwaredwr chi a minnau, Aramaeg.'

Treuliais dipyn go lew o amser yng nghwmni Richard Hughes tra oeddwn yng Nghaersalem, gan fanteisio ar ei wybodaeth i ddod i weld a deall y wlad a'i hanes yn well. Arweinid ni gan Padre Campbell a'i gyfeillion ar lawer taith gofiadwy hefyd i ymweld â mannau o ddiddordeb hanesyddol a Beiblaidd.

Yn eglwys Yr Holl Genhedloedd yng Ngardd Gethsemane y cefais un o'r munudau mwyaf anghyfforddus a brofais erioed. Pan euthum i mewn i dawelwch a gwyll yr eglwys sylweddolais fod gwasanaeth defodol yn cael ei gynnal yno. Troediais heb siw na miw ar y llawr mosêc rhag tarfu dim ar yr addolwyr dwys. Darperais yn ddistaw i dynnu lluniau o'r ffenestri a'r allor wych ond sylweddolais fod angen rhoi ffilm newydd yn fy nghamera. Yn ofalus, agorais gefn y camera, tynnu'r hen ffilm allan a gyda bysedd nerfus fy llaw chwith ceisiwn roddi'r ffilm newydd i mewn drwy ymbalfalu yn y llwydwyll. 'Roedd gennyf ormod o bethau yn fy nwylo a disgynnodd y camera o'm llaw gan daro'r llawr caled yn drystfawr. Stopiodd yr offeiriad ei litani a throes cant a mwy o bennau i edrych yn ôl i'm cyfeiriad yn gyhuddol fel pe'n dweud, 'Dod dy gamera yn y wain.'

Oherwydd holi taer fy nhad yn llythyrau Mam ataf, a oeddwn wedi bod wrth Lyn Bethesda ai peidio, teimlwn fod yn rhaid imi ymweld â'r lle a roes enw i hen gapel bach Llanfachraeth. Gresynwn fod wedi mynd yno o gwbl pan welais yr olion dreiniog blêr a sych a chwalodd y darlun sanctaidd a gefais o'r lle yn Ysgol Sul yr hen Jane Hughes.

Darllenais mewn llythyr arall oddi cartref gan Mam, '. . . O ia, mae dy dad yn gofyn fedri di yrru llun o Ben Calfaria iddo.' Daeth cyfle rhyw ddiwrnod pan aethom drwy Borth Herod i ddilyn y Via Dolrosa, gyda'r pedwar man ar ddeg arni yn nodi digwyddiadau ar daith ofidus Iesu Grist yn cario'i groes i Galfaria, o'r Ecce Homo yn yr hen Gaer Antonia hyd Eglwys y Beddrod Sanctaidd. Ar ffordd y groes yn rhywle daeth Arab atom i geisio gwerthu darnau o hen hoelion wedi rhydu, *'Look Jock, this nails come from cross of your Jesus Christ. How much?'* Siom arall i'm dychymyg oedd crwydro o gwmpas yr eglwys fawreddog a godwyd dros y man y tybiai'r Frenhines Helena fod lleoliad Bryn Calfaria. Beth oedd pwrpas tynnu llun hen furiau llwyd a fuasai wedi troi'n adfail oni bai am sgaffaldiau cynhaliol, a'i anfon i un a gafodd flas ar ddyblu a threblu

> Pen Calfaria,
> Nad aed hwnnw byth o'm cof?

Oddi yno euthum drwy Borth Damascus heibio i chwareli Solomon i Galfaria Gordon a oedd, 'tu fas i fur y dref'. Fel finnau, 'roedd y Cadfridog Gordon yn siomedig gyda Chalfaria Helena ac yn 1883 gwelodd fryncyn ar ffurf penglog ac wedi ymchwil bellach daeth o hyd i'r Bedd Gwag gerllaw mewn gardd. Anfonodd air i'r Frenhines Victoria i ddweud wrthi am ei ddarganfyddiad gan ddisgwyl ymateb canmolus. Cafodd yr hen gadfridog air yn ôl yn diolch iddo ond fod yn well ganddi hi barhau'r traddodiad a sefydlwyd 'gan ein cyfnither Helena'.

Dewisais dynnu llun o Galfaria Gordon gyda ffurf penglog yn y graig uwch y bedd a ymddangosai mor anorffen â bedd Joseff o Arimathea. Anfonais hwnnw i 'Nhad, ac meddai Mam yn ei llythyr nesaf, ' . . . mae dy dad isio imi ddeud fod y llun yn debyg iawn i'r hyn oedd o'n feddwl oedd Bryn Calfaria.'

Er y byddai'n ddiogelach bod yn yr Aifft nac ym Mhalesteina 'roedd Gwlad Canaan ymhell ar y blaen i wlad Pharoh mewn glendid, tywydd ac amgylchedd.

Yn ôl i'r Aifft y bu rhaid mynd yn y diwedd, ac i 135 MU lle'r oedd pethau'n prysur ddod i ben. 'Roedd nifer fawr o garcharorion rhyfel Almaenig wedi cyrraedd yno i weithio erbyn hynny. Gwerthasid yr awyrennau i wŷr busnes Eifftaidd o Gairo. Ymwelodd dau ohonynt â'r gwersyll un diwrnod i drafod gyda'n huwch-swyddogion beth oedd i ddigwydd i'r awyrennau. Daeth nifer o fodurdanceri i nôl y petrol o'r *Wellingtons*, *Liberators*, *Hudsons*, *Blenheims* a'r lleill. Cariwyd dros 38,000 o alwyni o betrol ohonynt ac wedyn rhoddwyd gorchymyn i'r carcharorion rhyfel dorri cynffonnau'r awyrennau'n rhacs gyrbibion mân fel na ellid eu codi i ehedeg byth mwy. Y fath wastraff. Pa fargen gawsai'r Eifftwyr tybed?'

Dechreuais ymddiddori yn yr iaith Almaeneg gyda'r carcharorion a chefais gopi o *Lilli Marlene* yn Almaeneg gan un ohonynt. Er hynny fy hoff gân i yn y cyfnod hwnnw oedd yr Ink Spots yn canu *Bless You For Being an Angel* gyda'r awgrymiadau serchog a rhamantus ynddi!

Bless you for being an angel
Just when it seemed that heaven was not for me.

Cyn i'r Almaenwyr gyrraedd, dibynnem bron yn llwyr ar yr Eifftiaid i wneud y gwaith corfforol. Ambell waith byddem mor ddiamynedd hefo'r Eifftiaid oherwydd eu harafwch yn gweithio a'u diogi naturiol fel y byddai'n well gwneud rhywbeth eich hunan na disgwyl wrthynt. 'Roedd gennyf fformiwla a oedd yn asesiad gweddol agos ati o werth llafur yn ein gwersyll: gallai un Almaenwr wneud gwaith dau Sais neu waith deg Eifftiwr. Yn ein gwersyll ni, beth bynnag, 'roedd Cymro a Gwyddel a Sgotyn yn gyfartal â'r Almaenwr!

* * *

Ym mis Hydref aeth 'Ginge' Thomas a minnau ar wyliau i Luxor, ac un bore cawsom gwch i fynd â ni ar draws Afon Nîl, ac wedi glanio'r ochr draw cawsom asyn bob un i'n cario hyd odre bryniau Thebes. Cyn bo hir daethom at Deml Seti I, mab i Ramses I a'r Pharo a deyrnasai tua 1300 CC. Adeiladwyd y neuadd fawr yno gan Ramses II ac ar ei muriau mae lluniau yn dangos ei dad Seti I ym mhresenoldeb y duwiau.

Wedi gadael y deml hon yn y gwyrddlesni, ymhen ychydig filltiroedd daethom i gwr yr anialwch a oedd yn giaidd dan draed ac yn llachar i'n llygaid dan yr haul poeth. Dal i ddringo a wnâi'r asynnod bach blinedig rhwng y clogwyni oedd yn amddiffynfeydd naturiol i orffwysfan olaf y Pharoaid grymus. 'Roedd y distawrwydd llethol, yr anghyfanhedd-dra a'r teimlad ein bod wedi gadael y byd a'i bethau'n llwyr, yn rhoi rhyw awyrgylch o arswyd a pharchedig ofn i mi wrth gyrraedd Dyffryn y Brenhinoedd, a gadael yr asynnod bach yno i ninnau fynd ymlaen ar droed.

’Roedd hi’n boeth ddychrynllyd yn y dyffryn lle claddwyd o leiaf drigain o frenhinoedd, rhai dinod a rhai pwysig iawn. Aethom i mewn i hundai Ramses, Amenhoteb a Seti I, cyn teimlo’r ias fawr o sefyll ar ben y grisiau a arweiniai i lawr i hundy Tutankhamen. Gwrthododd tri o’n cyd-deithwyr fynd i mewn i’r hundy oherwydd yr hen goel neu felltith a haerai na fyddai’r sawl a âi i mewn i’r hundy fyw yn hir wedyn. Cofir i’r ddau a’i darganfu, Howard Carter a’r Arglwydd Caernarfon, farw’n fuan wedi’r darganfyddiad. Cefais ias arbennig wrth ddisgyn y grisiau a mynd i mewn i’r hundy, a dwyn i gof eiriau Crwys yn ei soned i Tut-Ankh-Amen,

Ni’ch goddiweddir ddim; mae’r teyrn ar daith,
Ni ddychwel heno, — nac yfory chwaith.

Yr hyn a’m synnodd fwyaf yn yr hundy oedd cyflwr paent y lluniau ar y muriau, yn union fel petaent wedi eu paentio yr wythnos cynt!

Trannoeth daeth yr amser i ni adael Luxor, a’n gwyliau ar ben. ’Roeddwn yn griciau i gyd wedi’r marchogaeth anghynefin i Ddyffryn y Brenhinoedd. Bu’r daith yn ôl i Gairo yn hir, blinedig ac yn llawn moscitos.

Wedi noson o gwsg yn y Toc H aeth Ginge a minnau i’r Amgueddfa yng Nghairo i weld trysorau yr hen Tut. ’Roedd yno wylwyr arfog ym mhob cyfeiriad i ofalu na fyddem yn ‘rhofio llwyth ar lwyth,’ chwedl Crwys.

* * *

Ar Ragfyr 30 cefais fy neffro am bedwar o’r gloch y bore i’m paratoi fy hun i adael 135 MU. Yn rhyfedd iawn, wrth feddwl am adael ’roedd gennyf dipyn o hiraeth am y lle cythreulig a fu’n gartref imi am naw mis! Ni wn sut ar y ddaear i egluro'r peth, os nad efallai fy mod yn teimlo'n ansicr o'r hyn oedd o'm blaen.

Euthum i Gairo mewn lori ac oddi yno i Ismailia mewn trên yn orlawn o filwyr ac Eifftiaid. O orsaf Ismailia aed â fi mewn lori i Fayid, ac i 109 MU. 'Roedd ehangder y gwersyll enfawr yn ddychryn i mi, a chutiau'r barics yn rhesi dros aceri o dywod. Cafodd Harry Hughes a minnau wely mewn cwt trystfawr gyda deg ar hugain o awyrenwyr eraill, a'r peth cyntaf a wnaeth hen ddeiliaid y cwt oedd ceisio codi ofn arnom. Meddai un ohonynt wrthym, *'You've come just in time to have typhoid. One lad died this morning of it.'*

'Lucky bugger,' meddai Hughes, a dyna ddiwedd ar y pryfocio!

Yr oedd yna ddwy fil neu ragor o ddynion yng ngwersyll Fayid, ac 'roedd gwersyll i garcharorion rhyfel wedi ei adeiladu ar ei bwys.

O glywed y bechgyn yn galw rhywun yn 'Taffy' yn ein cwt, euthum at y bachgen tal main i'w holi a chael gwybod mai Ken Williams o Lysfaen ger Bae Colwyn ydoedd a'i fod yn siarad Cymraeg. Rhyw ychydig nosweithiau wedyn 'roeddwn ar wyliadwriaeth nos gyda Chymro Cymraeg arall, 'Taff' Edwards o Lechryd, Aberteifi. Rhyfedd fel mae rhywun yn taro ar siaradwyr Cymraeg p'le bynnag yr awn yn y byd, yn enwedig o gofio cyn lleied ohonom sydd ar gael yn ôl yr ystadegau.

Gyda gwawr y flwyddyn newydd yn 1947 bu farw awyrennwr arall o effeithiau'r teiffoid, A/C Pegden, bachgen pedair ar bymtheg oed o'n cwt ni. Gorchmynnwyd fi i gasglu ei eiddo personol, eu rhestru a'u diogelu nes deuai ei rieni i'w casglu wedi'r angladd. Ymysg eiddo'r awyrennwr ieuanc 'roedd rhai pethau calon-rwygol — llythyr heb ei orffen, lluniau ohono yn ei afiaith gyda phreswylwyr y cwt, ei frws siafio, cardiau nas anfonwyd i ddymuno 'Dolig llawen a blwyddyn newydd dda i gâr a chyfaill, a dyddlyfr gwyn, glân ar gyfer 1947.

Cefais afael ar Eryl o Gaergybi, a oedd yn Kabrit, a threfnwyd i'w gyfarfod yn Kasfareet. Wedi hynny daethom i gysylltiad â mwy o Gymry — Glyn Huws o Fryngwran, Fred Roberts o Abergele, Dic Jones o Farmers, Gwilym o Lanberis, Trefor o Ruthun, Ilan o Ddolgellau a Vernon o Benmaen-mawr a threfnwyd gwasanaeth Cymraeg yng Nghapel yr Albanwyr yn Fayid. O hynny tyfodd cymdeithas Gymraeg gref yn Fayid, er nad oedd gennym gyfleusterau i hysbysebu ein cyfarfodydd.

'Roedd Gwilym o Lanberis newydd fod adref am saib o'r fyddin ac yn dweud ei bod hi'n gafael o oer yng Nghymru fach. Ymhen ychydig wedyn daeth Dic Gwalchmai i'm gweld i ddweud ei fod yn cael mynd adref am seibiant, a'i fod am fynd i weld fy mam a'm tad ac aeth â thún o ffrwythau oddi wrthyf iddynt. Y Dic hwn oedd person Llanfechell yn y chwedegau pan oeddwn i'n ysgolfeistr yno, y Parch. Richard Llewelyn Owen, a aeth wedyn yn berson i Langefni a Bangor ac yn Ganon yn rhengoedd yr Eglwys yng Nghymru. I'r gymdeithas hefyd yn 1947 daeth Dafydd Parry, Ro-wen (Siop Lyfrau Gymraeg Llanrwst ac awdur cyfres *Y Llewod* yn ddiweddarach), a oedd yn y coleg gyda mi.

Weithiau aem i Ismailia i'r Tecell Glas, ar y *Welfare Bus* neu lori o'r gwersyll. Daeth Eryl i'm gweld rhyw ddiwrnod i geisio fy hudo i fynd gydag ef i Ismailia ond 'roedd yn well gennyf finnau aros yn y gwersyll i wylio gêm o bêl-droed. Bu hen ddadlau ond cytunodd Eryl o'r diwedd i aros gyda mi ac i fynd i'n sinema awyr agored gyda'r nos. Fore trannoeth pan aethom i'r cantîn am frecwast clywsom y newyddion trist am ddamwain ddychrynllyd. 'Roedd y lori yr oeddem ni'n dau i fod arni i ddod yn ôl o Ismailia wedi troi drosodd ac wedi mynd ar dân gan ladd pawb ar wahân i ddau neu dri a losgwyd y tu hwnt i wellhad. Bob tro y gwelaf ef mae Eryl yn dal i ddiolch imi am achub ei fywyd!

Yn y storfa lle gweithiwn 'roedd Gwyddel o'r enw Paddy Walsh na fyddai byth yn ymolchi; Sais diog o'r enw 'Ginge' Hampson; Sais arall, Corporal Dagg, a oedd yn gegog ond aneffeithiol yn ei waith; rhingyll yn y WAAF o'r enw Jean McCathie, hogan ddel ac yn gwybod hynny, a Warrant Officer Mathews — i ofalu amdanom. 'Roedd yno ddeg neu ddeuddeg o garcharorion Almaenig i wneud y gwaith caled. Maes o law cafodd Paddy Walsh ei symud i wersyll arall am nad oedd y Rhingyll Jean McCathie yn or-hoff o'i arogli. Yn fuan wedyn cafodd Corporal Dagg a Ginge eu dal gan blismyn yr awyrlu mewn puteindy yn Ismailia ac ni welsom fawr ohonynt wedyn.

Addawodd F/Lt Godfrey y byddai'n anfon rhywrai yn lle'r tri a'n gadawodd. Rhoddodd ddwy streipen Dagg i mi, gyda *'Carry on, best you can, Jones.'* Rhoddais fesur helaeth o gyfrifoldeb i un o'r Almaenwyr, Felix Brahm, a gwyddwn o hynny allan y byddai gwell trefn yn fy stôr i nag yn unlle arall ar y gwersyll. Ad-drefnwyd y silffoedd a'r cypyrddau a'r llyfrau cofnodi er mwyn bod yn fwy effeithiol, ac wedi hanner awr o sgwrs am waith y dydd rhwng Felix Brahm a minnau bob bore ni fyddai rhaid i McCathie na Mathews wneud nemor ddim. Rhoddai W/O

Mathews ryw dro o gylch y stôr weithiau gan synnu at y drefn, y glendid a'r twtrwydd, a chofiaf un sylw o'i eiddo, wedi ymweliad felly, *'How the hell did these Germans lose the war, Jones? Can you explain it? They're so damn efficient.'*

Daeth Felix Brahm a minnau'n gyfeillion mawr. Rhingyll yn y *Wehrmacht* oedd Felix a bu'n ymladd gyda byddin Almaenig Von Manstein yn Rwsia cyn cael ei symud i'r Eidal a chael ei gymryd yn garcharor yno. Gorffenasai ei gwrs Fferylleg mewn Prifysgol yn yr Almaen cyn ymuno â'r fyddin. Soniodd gyda digofaint am ei brofiadau erchyll yn Rwsia a rhybuddiodd fi y gallai Prydain a'r Almaen a'r Amerig fod ar yr un ochr yn gwrthwynebu Rwsia cyn bo hir. Dywedodd Felix wrthyf i ddynes ddweud wrtho yn Rwsia fel y bu i'w gŵr a'i mab gael eu dienyddio ar orchymyn y wladwriaeth am fynd i'w gwaith awr yn hwyr ddau fore'n olynol. 'Roedd treialon Nuremburg ar dro yr adeg honno, a gwersylloedd echrydus Belsen, Dachau a Buchenwald yn llenwi'r papurau. Mynnai Felix a Rudi Muller, fy nau 'swyddog', na fyddai'r Almaenwyr byth yn ymostwng mor fwystfilaidd isel a thrin pobl mor ddychrynllyd o giaidd. 'Roeddwn yn bendant fy meddwl na wyddai'r ddau ddim oll am erchyllterau carchardai'r Iddewon.

Poenai'r carcharorion o glywed drwy lythyrau o'u cartrefi am y newyn yn yr Almaen ar ddiwedd y rhyfel. Dywedodd mwy nag un ohonynt wrthyf fod Hitler wedi bod yn dda wrth yr Almaenwyr, yn ei ddydd.

Parhaodd cyfeillgarwch Felix Brahm a minnau hyd ei farwolaeth yn 1983. Buom yn cyfathrebu â'n gilydd yn gyson am bron i ddeugain mlynedd, ac wedi marwolaeth

Felix ceidw ei deulu a minnau mewn cysylltiad â'n gilydd o hyd drwy gardiau Nadolig.

Pan oeddem yn cael paned gyda'n gilydd rhyw fore dywedodd Felix rywbeth fel hyn wrthyf, yn Almaeneg, 'Rhyfedd meddwl, petaem ni'n dau wedi cyfarfod ddwy flynedd yn ôl, mi fyddem dan orchymyn i ladd ein gilydd. Gwallgofrwydd ydi rhyfel yntê!'

Gyda'r ychydig ddyrchafiad a gefais, rhoddwyd dewis i mi i symud o'r cwt mawr (A4) i breswylfa breifat yn adeilad y stôr. Cefais gynnig ystafell ddymunol iawn wedi ei dodrefnu'n gartrefol, a phenderfynais dderbyn. Erbyn hyn 'roedd yn chwith gennyf adael A4 a'r gwmnîaeth yno, ond awn yno'n aml wedyn i drafod, dadlau a difyrru.

Daeth S/Ldr Wills-Selman i mewn i'r cwt rhyw dro ac er i'r *warrant officer* orchymyn tawelwch mynnodd Harry Hughes gael ychwanegu un sylw arall mewn rhyw ddadl a ddigwyddai fod ar dro. Clywodd y *Squadron Leader* ef a gofynnodd, *'What did you say, airman?'*

'We were arguing about the merits and de-merits of the RAF, Sir.'

'And what are your views on the RAF?' gofynnodd y *Squadron Leader.*

'It's alright for orphans and bastards, Sir,' meddai Hughes, a bu'n rhaid iddo fynd o flaen ei well drannoeth.

Pan ddeuai awyrenwyr newydd i'n gwersyll byddai'n rhaid iddynt ymweld â phob adran gyda'u Papur Derbyn. Deuent i'r stôr ataf i, ac wedi arwyddo'r papur a threfnu iddynt gael gwely, matres, cynfasau ac ati, arferwn holi rhywfaint arnynt yn enwedig am eu profiad a'u gallu ym myd pêl-droed. 'Roedd tîm Shurba (109 MU) ar ben y cynghrair, ac 'roedd hi'n holl bwysig, ymysg y cannoedd ohonom, i gael gwybod am dalent newydd yn fuan. Daeth bachgen tal cringoch ataf un diwrnod a dechreuais ei holi. Leslie Olive oedd ei enw ac 'roedd ei gartref ym Manceinion. Ar ôl gofyn iddo a oedd yn chwarae pêl-droed a chael ar ddeall ei fod, gofynnais a oedd yn chwarae i dîm mewn cynghrair lleol ym Manceinion. Oedd. I bwy felly? Manchester United oedd yr ateb, er ei fod yn cyfaddef nad oedd yn aelod cyson o'r tîm cyntaf.

'Roeddwn wrth fy modd o glywed hyn, a ffoniais ein hyfforddwr pêl-droed i ddweud wrtho y byddai gennym yr hanerwr-canol gorau yn y Dwyrain Canol. Bachgen gwylaidd iawn oedd Les Olive ac fe chwaraeodd bêl-droed hefyd dros awyrlu'r Aifft, awyrlu'r Dwyrain Canol a lluoedd arfog yr Aifft. Er hynny i gyd, nid pêl-droed oedd ei ddiddordeb pennaf ond Cristnogaeth. Ef oedd y mwyaf selog yn yr eglwys yn Fayid. Harry Hughes, hanerwr de ein tîm a roes, yn anfwriadol, y deyrnged fwyaf i Les Olive pan ddywedodd wrthyf fod yn rhaid i'n tîm ni chwarae gêm bwysig ar ddydd Sul ac ychwanegodd, *'We'll be in trouble, 'cause that bible-thumping ginger-headed bugger from Manchester won't play on bloody Sunday.'*

Pan gollwyd cymaint o chwaraewyr a swyddogion Manchester United yn nhrychineb Munich yn 1958, a Walter Crickmar, eu prif ysgrifennydd, yn eu mysg, Leslie Olive a benodwyd i'r swydd i'w olynu. Ymddeolodd Les rhyw flwyddyn yn ôl wedi iddo ddal swydd weinyddol bwysicaf un o glybiau pêl-droed gorau'r byd am bymtheng mlynedd ar hugain. Yn un o'i lythyrau diwethaf yn ei swydd ataf, soniai fwy am ei brysurdeb a'i ddiddordeb yn ei eglwys nag am Man U.

Er bod dau swyddog yn ein hadran uwch ben W/O

Mathews, ni wnâi'r un o'r ddau fwy nag arwyddo llythyrau, ffurflenni a phenderfyniadau Mathews. Pan aeth Mathews ar seibiant daeth y pennaeth newydd, Squadron Leader De Bono (brodor o Malta) ataf a dweud y byddai'n rhaid gwneud y brif archeb flynyddol i'r stôr yn ystod y tridiau nesaf, ac mai fi a ddylai ei gwneud yn absenoldeb Mathews. Golygai wario cannoedd o filoedd o bunnoedd, ond gyda chymorth Felix Brahm cyflenwyd y stordai yn ddiwastraff a chefais ddyrchafiad arall yn gydnabyddiaeth am hyn gan De Bono. Gofynnwyd i mi hefyd gyfweld pedwar o wŷr busnes Eifftaidd a oedd wedi cynnig am gytundeb teilwra'r gwersyll a rhybuddiwyd fi gan De Bono i gael y gorau ac, os yn bosibl, y rhataf hefyd. 'Roedd un o'r pedwar yn ddychrynllyd o ffals a gwasaidd a gofynnodd imi, cyn iddo glywed na dweud dim, *'Where in England you come from?' 'I come from Wales,'* meddwn. *'I hear Wales is a very nice town,'* meddai yntau. Nid dyna'r unig reswm pam na chafodd yr Eifftiwr hwn y cytundeb teilwra!

Ddechrau 1948 galwyd fi o flaen S/L Wills-Selman yn adeilad pencadlys y gwersyll. Dywedodd nad oedd gennyf ond ychydig wythnosau nes byddwn yn cael di-mob o'r awyrlu. Fe hoffai imi ystyried aros yn yr awyrlu, ac os gwnawn, yna byddai ef yn gefnogol imi fynd ar gwrs i'm haddasu i fod yn swyddog ac aros wedyn yn yr awyrlu am flynyddoedd. 'Roedd hi'n anodd gwrthod cynnig didwyll fel hyn gan ŵr a barchwn ond, fel y dywedais wrtho, byddwn yn hapusach yn ôl ym Môn fel dinesydd.

Ar 22 Ebrill 1948 yr oeddwn ar fwrdd yr *Empress of Scotland* ym mhorthladd Port Said. Pylodd goleuadau'r Aifft o'm golwg tua hanner awr wedi wyth y nos. Galwyd yn Haifa fore trannoeth i nôl cannoedd o wŷr arfog hapus ar eu ffordd adref. Gwelsom fryniau Crete ac Olympus hefyd ar ein ffordd i borthladd Piraeus. Gallwn weld yr Acropolis yn glir drwy ysbienddrych. Gadawsom Piraeus drannoeth a chawsom storm ddychrynllyd ymlaen o Cape Matapan. 'Roeddwn yn wirioneddol wael fore trannoeth ac yn od o falch pan ddociodd y llong ym Malta.

Tua naw o'r gloch y bore ddydd Sul yr ail o Fai clywyd cyffro'r dynion o fwrdd y llong. Euthum i fyny i ymuno â'r cannoedd oedd yno yn edrych ar fynydd isel ar y gorwel. Bu bron i mi â chrio pan ddaeth llais oddi ar bont y llong fawr yn cyhoeddi, *'Good morning. This is your captain speaking. The land that you see on the starboard side is Holyhead Mountain in Anglesey, Wales. And I should know, because I'm Welsh and I know* Sir Fôn.' Rhoes y ddwy eitem yna o wybodaeth ias o falchder i mi, sef mai Mynydd Tŵr oedd y darn tir cyntaf o Brydain i ni ei weld ac mai Cymro oedd capten yr *Empress of Scotland*. Am tua dwyawr wedyn 'roedd traethau Ynys Môn yn weladwy i ni tra cyfeirid y llong am Lerpwl. Dociwyd yn y prynhawn yn y *Princess Landing Stage*. Drannoeth aethpwyd â ni ar drên i Lytham, ac mewn lori oddi yno i Wharton. Ar y pedwerydd o Fai aethpwyd â ni i Kirkham, ac am 4.36 p.m. 'roeddwn wedi fy rhyddhau'n gyfan gwbl o'r awyrlu. Euthum ar drên i Warrington a Chaer ac yna cyrraedd Caergybi am hanner nos. Telais bunt i dacsi am fynd â mi adref i Lanfachraeth. 'Roedd pawb yn eu gwelyau yn Tŷ Capel ond 'roedd drws y tŷ ar glicied yn unig. Euthum i fyny'r grisiau ac i lofft Mam yn ddistaw. Taniais fatsen i oleuo'r gannwyll a deffrôdd Mam. 'Richie bach!' meddai, ac aeth y tŷ'n ferw gwyllt fel petasai'n hanner dydd.

Be' Wna i Rŵan?

Wedi i gyffro'r croeso adref dreio, fe'i cawn yn anodd meddwl am setlo i lawr i fywyd y pentref a gwaith. Wedi'r rhyfel ni fyddai pethau byth yr un fath yn Llanfachraeth eto ychwaith. Bûm yn aros hefo Dafydd yn Ro-wen am rai dyddiau er mwyn gwireddu'r breuddwyd oedd gennym yn yr Aifft i fynd i grwydro'r mynyddoedd pan gaem ein rhyddhau. Difyr oedd gwneud ein ffordd o Ro-wen i fyny rhwng y Drum a Phen y Gadair a thrwy Gwm Eigiau, ac oddi yno drosodd rhwng Creigiau Glas a Phen Llithrig y Wrach i olwg Moel Siabod. Ddiwrnod arall aethom i ben yr Wyddfa. Aeth Eryl, Dafydd, Vernon a minnau i wersylla i'r Eisteddfod Genedlaethol ym Mhen-y-bont ar Ogwr hefyd ddechrau Awst, a mwynhau cwmnïaeth 'yr Aifft' ymhell o'r tywod a'r gwres.

Felly yn ddigon diysbryd anfonais air i'r Swyddfa Addysg yn Llangefni i ddweud fy mod wedi fy rhyddhau o'r lluoedd arfog, a gwahoddwyd fi i fynd i'w gweld yno. Cefais air o'r brifysgol yn Aberystwyth hefyd i ddweud y byddai lle imi yno yn nhymor yr hydref i gychwyn ar gwrs yn yr adran Gymraeg. Euthum i'r Swyddfa Addysg sirol am gyfweliad a gorchmynnwyd fi i lenwi swydd athro yn yr *Interim Secondary Modern School* yn Llangefni o'r Llun dilynol, 24 Mai 1948, ymlaen hyd wyliau'r haf. Ysgolion dros gyfnod pontio i'r gyfundrefn addysg gyfun oedd yr *interims* yma, i blant hyd bymtheg oed a fu'n aflwyddiannus yn yr arholiad '11+'. Ni fûm yn hapus o gwbl yn ysgol Llangefni ac arnaf fi 'roedd y bai am hynny mae'n debyg.

Daeth gwyliau'r haf a rhyddhad o Langefni, a gobeithiwn y cawn ryddhad o fyd addysg yn gyfan gwbl. Euthum i holi am waith yng ngorsaf Caergybi ac i'r porthladd i weld a oedd gobaith cael gwaith ar y llongau. Pan ddeallodd Mam fy mod yn bwriadu newid fy ngwaith o fod yn athro aeth yn ddigalon iawn ac addewais iddi y byddwn yn dal ati am ryw flwyddyn neu ddwy arall beth bynnag.

Cytunais i arwyddo i chwarae pêl-droed i glwb Bodedern yng nghynghrair Môn am y tymor dilynol. Tua diwedd Awst a dechrau Medi arferai Llew a minnau fynd am benwythnosau i Lerpwl i wylio pêl-droed. Melys yw dwyn i gof un penwythnos arbennig pan oeddem mewn tyrfa o ddeng mil a thrigain ym Mharc Goodison yn gwylio Everton a Newcastle United. Gêm gyfartal, tair gôl yr un, oedd hi, a George Lowrie, mewnwr chwith a chwaraewr rhyngwladol Cymru, a sgoriodd dair gôl Newcastle ac 'roedd T. G. Jones yn wych yn amddiffynfa Everton i gadw Jackie Milburn yn ddistaw. Gyda llaw, ysgrifennodd George Lowrie ryw erthygl fer gefnogol i Blaid Cymru yn y *Welsh Nation* ym Mawrth y flwyddyn honno. Wedi treulio nos Sadwrn a nos Sul yn Lerpwl yn gwneud ein gorau glas i ymddwyn fel hogia' Tŷ Capel aethom ymlaen i Blackpool ein dau y Llun canlynol, i wylio Manchester United yn curo Blackpool 3-0. Pan gyrhaeddais adref oddi yno 'roedd llythyr yn fy nisgwyl yn fy hysbysu fy mod i symud i swydd athro parhaol yn y *Rhoscolyn Interim Secondary School* ar y seithfed o Fedi, a'm bod i gysylltu â'r prifathro, Mr T. H. Breese, mor fuan ag y gallwn.

Yn ystod gwyliau'r haf bûm yn gweithio yn y cynhaeaf gwair yn Bronallt a hoffais olwg y moch bach *saddle backs* oedd gan Tomi. Prynais dri mochyn ganddo, ac adeiladais gwt ar eu cyfer yn hen furddun Tŷ Lawr, ar dir y capel. Pan euthum, yn erbyn fy ewyllys braidd, i weld Mr T. H. Breese, roedd gennyf fwy o ddiddordeb mewn magu moch na dysgu plant.

I'm llygaid a'm deall i 'roedd Mr Breese yn ddyn sensitif a sylweddol ei farn. 'Roedd ei gyfarchiad yn gyfeillgar a chroeso Mrs Breese ar ei haelwyd yn gynnes gartrefol. Eglurodd Mr Breese ei fwriadau a'i obeithion ynglŷn â'i ysgol newydd i mi a gwneud i mi deimlo fy mod yn rhan nid amhwysig o'i gynlluniau. Disgwylid i mi ddysgu Mathemateg, Gwaith Coed a Metel, Arlunio ac Ymarfer Corff i'r plant. Wedi i mi ddechrau ar fy ngwaith teimlwn yn hapus iawn yno ac edmygwn Mr Breese fel arweinydd a lwyddai i feithrin ysbryd cyfeillgar a hapus ymysg plant ac athrawon. Y fo, yn anad neb, a feithrinodd ynof finnau gariad at y gwaith o ddysgu plant pan oeddwn ar fin rhoi'r gorau i'r gwaith. 'Roedd disgyblaeth dda ac awyrgylch hyfryd yr ysgol, gyda chymorth, trafodaeth a chwmnîaeth cyd-athrawon fel Cassie Jones, Gwladys Eades, Blodwen Roberts, Cledwyn Williams, Fred Pritchard-Jones, Owen John Hughes ac Olwen Williams yn troi'r gwaith yn bleser.

Oherwydd fy mod i'n mwynhau gweithio yn Ysgol Rhoscolyn, yn fodlon ar y cyflog a gawn am hynny a bod fy musnes cadw moch wedi tyfu o dri i ddeg o foch, anfonais air i Goleg Aber i'w hysbysu nad oedd gennyf ddiddordeb mwyach mewn gwneud cwrs coleg arall.

Er ei bod wedi bod yn chwith gennyf golli'r cwmni a'r cyd-fyw yn yr awyrlu, a hynny yn tueddu i'm diflasu, 'roeddwn yn dechrau rhyw setlo'n ôl yn well i fywyd y pentref gyda threigl y misoedd. Gydag Eryl Williams o Gaergybi yr awn i grwydro gan amlaf i Fangor a mannau eraill, a threuliem lawer iawn o amser gyda'n gilydd yng Nghaergybi a Llanfachraeth hefyd. Cefais groeso mawr yn ei gartref bob amser gan ei rieni. Gyrrwr trenau oedd Huw Williams, ei dad, ac 'roedd ei fam yn foneddiges annwyl a charedig iawn. Bûm yn tynnu coes Eryl lawer gwaith gyda'r sylw, 'Wn i ddim sut gythral y bu i bobl mor ardderchog â dy dad a dy fam gynhyrchu llanast fel chdi!' Cefais yn Eryl gyfaill da a diddorol iawn. 'Roeddwn yn hapus yn fy ngwaith ac yn fy oriau hamdden. Chwaraewn ddrafftiau'n aml gyda'r hen saer, Frank Roe Buck. Awn i Gaergybi yn gyson hefo'r hogiau, Bob Post, Bob Caerau, Wil Neuadd, a'm brodyr Llew, Ifor ac Owen, Evie Glan Llyn ac eraill i'r pictiwrs, i chwilio am gymar o'r rhyw deg ac i wylio pêl-droed. Chwaraewn bêl-droed gyda Bodedern ac yna Cemais yng nghynghrair Môn. 'Roedd y moch hefyd yn talu am imi edrych ar eu holau a phesgi elw ynddynt, ac 'roedd y Tŷ Capel yn dal i fod yn ferw gwyllt o fynd a dod a hwyl a dadlau.

Daethai Bessie fy chwaer (o hiraeth mae'n debyg) a'i gŵr Jack Coupe, a thri phlentyn, Richard, Emrys a Menna atom i fyw dros dro o Rochdale, tra'n chwilio am gartref yn lleol. Pump oed oedd Richard ar y pryd ac yn Sais uniaith. O reidrwydd yn awyrgylch y Tŷ Capel, siaradai Gymraeg yn rhugl ymhen ychydig wythnosau a chofiwn amdano'n profi hynny, er mawr syndod a hwyl inni, mewn sgwrs gyda Mam. 'Roedd gan Richard bach wy wedi ei ferwi o'i flaen, a Mam wedi torri pen yr wy iddo. Arferai ei fam dorri darnau o fara iddo i'w trochi ym meddalwch ei wy a'u galw'n *fingers*, ac meddai Richard wrth ei nain, 'Ga' i *fingers* gynnoch chi, Nain?'

'Chdi a dy *fingers*,' meddai Mam.

'Chitha' a'ch bara-the hefyd,' meddai'r tinllach bach powld wrth ei nain. Richard hefyd, yn ei lediaith newydd, a bortreadodd orau y sefyllfa yn ystafelloedd gorlawn y Tŷ Capel yn y cyfnod hwnnw pan ofynnodd i Ifor fy mrawd, 'Pwy sy'n cysgu hefo chi i gyd, Yncl Ifor?' Pan oedd Richard tua phymtheg oed fe gynganeddai'n rhwydd ac aeth hefyd ymlaen i raddio mewn Cymraeg yng Ngholeg y Brifysgol, Bangor.

Gyda'r fferm foch yn tyfu gennyf 'roedd gofyn i mi gael moddion cludiant blawd o'r felin ac ati. Yn Chwefror 1950 talais bum punt ar hugain i Llew Pritchard am hen Ostin Sefn (1928) wedi ei lifio yn ei hanner i wneud wagen fach. Rhoes y gwerthwr ddeng munud o wers imi ar sut i ddreifio'r modur od a bûm yn ymarfer ychydig ynddo ar hyd lôn Neuadd Wen cyn mentro ar y ffordd fawr. Awn yn yr hen wagen fach i nôl blawd i'r moch o felin Selar, Llanddeusant, i nôl teiars o garej Elim i'w llosgi dan foiler y swil, i nôl sgimlaeth gan William Evans o Fynydd-y-Gof ac i gasglu swil rownd tai yng ngwersyll awyrlu'r Fali. 'Roedd yna gymaint o fara yn y swil fel nad oedd angen fawr ddim o flawd i orffen pesgi'r moch.

Cynghorwyd fi i siwtio am drwydded yrru car neu byddai rhywun yn siŵr o achwyn i'r heddlu. Ymhen rhyw dri mis euthum i ysgol foduro ym Mangor am wers neu ddwy, yn un o'u moduron hwy. Daeth dydd y prawf ym Mangor a phan gyrhaeddais nid oedd y modur bychan hwylus yr oeddwn mor gynefin ag o ar gael a bu rhaid ei mentro hi mewn clamp o fodur hollol ddieithr imi. 'Roedd Rheolau'r

Ffordd Fawr ar flaenau fy mysedd ond wrth droi'r car rownd ar ganol lôn yn y gêr ôl pwysais ar y petrol yn drwm yn lle ar y brêc. Neidiodd y car yn ei ôl a thrawo polyn haearn a gynhaliai lamp stryd.

'Bloody hell!' meddai'r profwr. *'Go back to my office before you knock the whole bloody street down.'*

Methu'r prawf a wneuthum a 'doedd dyn yr ysgol foduro ddim yn hapus iawn pan welodd o drwmbal ei gar!

Anfonais am brawf arall ymhen y mis a phenderfynu mynd yn yr hen wagen fach, er na fu honno ddim pellach na'r Fali gennyf. Gosodais wydr i wneud ffenestri bob ochr i'r cab ynddi, i'w thwtio a'i gwneud yn fwy clyd. Ar fy mhen fy hun yr euthum i Fangor heb gyd-yrrwr profiadol yn gydymaith ychwaith, yn ôl gofyn y ddeddf! David Lloyd, brodor o Lanfaethlu, oedd y profwr y tro hwn. Ac yntau'n ddyn mawr, cafodd drafferth i ddod i mewn i'r cab bychan.

'Cychwynnwch, Mr Jones,' meddai, a ffwrdd â fi i ryfygu ar heolydd Bangor. 'Roedd yna fwg o'r ecsôst yn prysur lenwi'r cab drwy'r llawr tyllog, a dyma Mr Lloyd, rhwng pesychiadau, yn gofyn toc yn ddigon sbeitlyd, 'Oes 'na ddim corn simdde ar beth fel hyn 'dwch?'

Tra'n meddwl am gynnig stopio i agor ffenestri euthum drwy arwydd *HALT*, a gwaeddodd Mr Lloyd, 'Arglwydd mawr, ddyn, stopiwch! Welsoch chi'r sein 'na?'

'Do.'

'Beth oedd o'n ddweud 'ta?'

'Halt,' meddwn, fel dyfaliad sydyn a rhesymegol i'w adwaith o banig.

'Pam ddiawl na fasach chi'n holtio 'ta?'

''Roeddwn i'n pwyso ar y brêc, Mr Lloyd, ond 'doedd

dim byd yn digwydd,' atebais. Gwyddwn fod ceblau'r brêc wedi stretsio, a ddim yn gweithio'n rhy dda. Newidiais le hefo'r profwr er mwyn iddo gael gweld a theimlo drosto'i hun.

'Ia,' meddai mewn llais a thinc o gydymdeimlad ynddo. 'Mi fedrwch gael clipiau i dynhau'r *cables*, wyddoch chi. Ewch i ryw garej ar eich union ar eich ffordd adra'. Mae'n beryg' fel hyn.'

Atebais bob cwestiwn yn gywir o'r *Highway Code* iddo, ac estynnodd ei dystysgrifau o'i gês ac meddai, 'Wn i ddim yn iawn be' i'w 'neud hefo chi. Mi aethoch drwy'r *Halt* 'na, ond ar wahân i hynny mi wnaethoch yn iawn. Ylwch, er mwyn ichi gael sbario llusgo i Fangor eto yn y jalopi 'ma mi'ch pasia' i chi.'

Wedi cael trwydded yrru teimlwn y byddai'n hwylus imi gael modur mwy gweddus yr olwg arno i fynd i Gaergybi. Prynais Ostin Sefn arall ond ieuengach o ddwy flynedd na'r hen wagen fach. Wedi i gyflenwad y swil o dai'r awyrlu yn y Fali hysbio, oherwydd bod awdurdodau'r gwersyll hefyd wedi penderfynu cadw moch, gwerthais y ddau gerbyd a phrynais Standard 10, a hwnnw fu gennyf wedyn am chwe blynedd.

Yn ei dro clywodd yr hen Standard bob math o sgwrsio a chyfrinachau. Wrth inni ddychwelyd o gyfarfod pregethu ym Miwmares clywodd fy nhad yn mynd i hwyl wrth lafarganu uchafbwynt pregethu y Parch. R. H. Williams, Chwilog,

> Mae gwyrthiau Galilea
> A'r syched yn Samaria
> A'r dagrau ym Methania
> Drosom ni.

Clywodd hefyd regfeydd a dicllonedd Dic Lewis, Huw Ty'n Cae, 'Cwni', Llew a minnau wedi i ryw reffari ddyfarnu'n annheg yn ein herbyn mewn gêm bêl-droed yng Ngwalchmai, a hynny am fod arno ofn y cefnogwyr lleol.

Clywodd eiriau rhamantus o'i sedd gefn ac addunedau serchog a gadwyd ac a chwalwyd. Clywodd o'i seddau blaen ochneidiau torcalonnus pan fethai rhesymeg gyfiawnhau gwahanu i galon gariadus.

Clywodd fargeinio a dadlau ynglŷn â phris wyth mochyn bach rhyngof i a Gruffydd Parry, Bryn 'Rodyn, a dadlau pellach am swm y lwc dda ar bob pen ohonynt.

Clywodd hwyl afieithus hogiau tîm pêl-droed ysgol Rhoscolyn ar ambell fore Sadwrn, wrth ddychwelyd o gêm, wedi ei hennill neu ei cholli yn erbyn ysgol arall.

Clywodd siarad hiraethus fy mam am Lisi bach ac Arthur bach a'r dyddiau gynt, ar ein ffordd i bicio'n ôl a blaen i weld 'Dewyrth Gruffydd i Fryn-teg ger Califfornia.

Clywodd lond car o nithoedd a neiaint, Richard, Emrys, Menna, Arthur, Marian a'u ffrindiau yn domennydd o chwys tra'n gweiddi-canu 'Mae glan y môr ymhell' wrth imi eu danfon i Lan Môr Tywyn Hir yn Llanfwrog.

Clywodd sgwrs amryw o bregethwyr wrth gael eu danfon i Fodedern am ail ran eu cylchdaith Sabothol, ac eraill fel y Parch. Tom Nefyn Williams a'r Parch. John Roger Jones (Coed-poeth) wrth gael eu danfon at y trên i'r Fali o gyfarfod pregethu, gyda'u 'Cofiwch ddiolch i'ch mam drosta' i eto,' wrth ffarwelio.

Clywodd yr hwyl, sylwadau a'r straeon digrif a'r chwerthin wrth fynd i briodas Llew a Margaret yn 1951 a Mair a Twm yn 1953.

Gwybu hefyd am ddistawrwydd pwdlyd ambell gwmnîaeth, a dieiriau dristwch angladdau 'Dewyrth Dic, Modryb Nel a 'Dewyrth Gruffydd.

Glas a llwyd oedd lliwiau gwreiddiol yr UN 7981 ond ar awgrym Frank Roe Buck y byddai'r car 'yn fuddiol i briodas a ch'n'ebrwn',' fe'i paentiwyd yn ddu gan yr hen saer am bris y paent yn unig. ' 'Tasai'n dod i hynny,' meddai Frank, ' 'doedd 'rhen Tomos Robaits (Llanddeusant) ddim ymhell o'i le pan ddeudodd o mai c'n'ebrwn' dyn byw ydi priodas hefyd.'

Daeth oes yr *Interim Modern Secondary Schools* i ben gydag adeiladu'r ysgolion cyfun enfawr yn Amlwch, Caergybi, Llangefni a Phorthaethwy. 'Roedd yna lawer o blant yn Ysgol Rhoscolyn na ddylent, yn ôl eu gallu, fod wedi methu'r '11+'. Gwiriwyd hynny pan gawsant eu trosglwyddo i'r ysgolion cyfun at eu cyfoedion oedd wedi pasio'r arholiad, a gwneud yn well yn arholiadau'r lefel-O na rhai o'r hufen honedig. Credaf i'r plant a fu yn ysgol Rhoscolyn gael addysg o ansawdd gwych iawn am fod gan yr athrawon, dan arweiniad Mr Breese, yr agwedd iawn tuag at eu disgyblion i wneud iddynt deimlo nad carfan fethiant mohonynt ond rhai wedi colli un cyfle ac am fanteisio ar gyfle arall a estynnwyd iddynt.

Ar y chweched o Ionawr 1953 fe drosglwyddwyd dau o athrawon ysgol Rhoscolyn, sef Cledwyn Williams (Llanrug wedyn) a minnau i Ysgol Gyfun Syr Thomas Jones yn Amlwch. 'Roedd pwyslais ar ddisgyblaeth, fel yn ysgol Rhoscolyn, gennym ein dau yn sicr ac 'roedd angen disgyblu mewn rhai dosbarthiadau yno. Tra bûm yno am ddwy flynedd a hanner bûm yn dysgu ymarfer corff, chwaraeon, gwaith coed, mathemateg a physeg i blant o wahanol oedran. Ar y pryd 'roedd James Arnold Jones yno'n athro Lladin a byddem yn herio'n gilydd yn ddyddiol bron i wneud englyn i ymarfer y gynghanedd.

Daeth y fenter cadw moch i ben hefyd gan nad oedd gennyf amser mwyach i'w pesgi ac i edrych ar ôl hychod yn dod â moch bach ac ati.

Daliwn i chwarae pêl-droed i Gemais a mwynhau partneriaeth yr asgell chwith gyda Jack Paxton. Athro o Sais o Durham oedd Jack. Priododd ag Elinor, Lamia, Bodedern, a dysgodd Gymraeg yn rhugl, gan feddwl ceisio am swydd ym Môn. Oherwydd methiant yr athro gwych a'r boneddwr annwyl hwnnw gyda'i ymholiadau am swydd y tro cyntaf, amddifadwyd rhyw blant ym Môn o feithrinwr doniau ac arweinydd di-ail i ysgol. Dyrchafwyd ef yn Sir Amwythig i brifathrawiaeth a gofal rhai o ysgolion mwyaf y sir honno.

Wedi ambell gêm, heb ddisgleirio, i Gaergybi ym mhrif gynghrair Gogledd Cymru rhoddais y ffidil yn y to cyn belled ag 'roedd chwarae pêl-droed yn bod. Yr unig anaf a gefais wrth chwarae oedd *ruptured triceps* yn fy mraich dde pan ddisgynnais ar ddaear galed wedi tacl fudr. Ni fu fy enw erioed yn llyfr unrhyw ddyfarnwr ond byddai Llew fy mrawd mewn rhyw helbul yn dragwyddol.

'Roedd gŵr o'r enw Mr Roach yn gweithio ar fysys Crosville ac adwaenem ef yn dda. Yn wir, 'roeddem yn eithaf cyfeillgar ag ef ac yn ei ystyried yn hen foi iawn ond ef oedd y dyfarnwr mewn gêm pan dramgwyddodd Llew yn enbyd yn erbyn rheolau pêl-droed a rygbi, a hyd yn oed rheolau ymaflyd codwm. Aeth Roach yn swyddoglyd drybeilig mewn munud, a gyda'i lyfr a'i bensel yn ei law, torsythodd a gofyn, 'Be' ydi d'enw di, Llew?'

Gwrthodais swydd barhaol yn Ysgol Syr Thomas Jones gan mai fy mwriad oedd mynd i'r gwasanaeth cynradd. Cyn imi brynu beic modur i fynd a dod i Amlwch teithiwn yn fy Standard at gapel Bethania, Llanddeusant i gwrdd â bws Carreg-lefn a oedd yn cludo plant i Ysgol Syr Thomas Jones. 'Roedd y teithio'n ôl a blaen i'r ysgol yn fy niflasu braidd, ac felly 'roedd gennyf fwy o ddiddordeb y tro arbennig hwn yn anogaeth ysgolfeistr Llanfachraeth, Ifor H. Roberts, pan welais ef yn y pentref.

'Mae ysgol Llanrhuddlad yn mynd, Richie,' meddai wrthyf. 'Beth am gynnig amdani er mwyn ichi gael eich trwyn i mewn!'

Anfonais am ffurflen i'r Swyddfa Addysg, cwblheais hi a'i hanfon yn ôl gyda dau destimonial, y naill gan Mr Breese a'r llall gan Mr Caradog Evans, prifathro Ysgol Syr Thomas Jones ar y pryd. Ofnwn y byddwn braidd yn rhy ieuanc i gael fy ystyried o ddifrif, a synnais gael gair yn ôl yn fy ngwahodd am gyfweliad. 'Roeddwn cyn falched â dim o fod ar restr fer i fod yn brifathro ysgol Llanrhuddlad, nes deallais mai dim ond dau oedd wedi cynnig amdani. Yr ymgeisydd arall, Mr Huws, prifathro Llanddona, a benodwyd.

Pan adewais adeilad y Cyngor Sir i ddychwelyd i'm car, sylwais ar radiogram hardd yn siop Arkle yn Llangefni. Euthum i mewn i holi am ei phris a'i pherfformans. 'Roedd gennyf gramaffôn gartref i chwarae recordiau 78, ond un ddidrydan ydoedd ac 'roedd yn rhaid ei weindio i'r pen i chwarae un record. A ninnau newydd gael trydan i'n pentref ac i'n tŷ ni, fe'm temtiwyd i brynu'r ddarpariaeth drydanol wych yn Arkle a chefais fy mhlesio'n aruthrol yn ansawdd y sŵn newydd. Bu Bob Post, Bessie fy chwaer a minnau'n gwrando ar yr Ink Spots, Mills Brothers, Al Johnson, Hoagy Carmichael, Bing Crosby a David Lloyd, wrth gwrs, hyd oriau mân y bore ar yr hen gramaffôn a'r radiogram. 'Roedd gennyf feddwl y byd o'm casgliad recordiau.

Ymhen ychydig fisoedd hysbyswyd yn y wasg swydd prifathro Ysgol Llanddona. Ni fuaswn wedi cynnig amdani o gwbl oni bai i mi dderbyn llythyr cyfrinachol-bersonol oddi wrth Mr Percy Hughes o'r Benllech yn fy annog yn gryf i wneud hynny gan fod ganddo le i gredu y byddwn yn llwyddiannus. Yr oedd cynrychiolydd Llanddona ar y Pwyllgor Addysg wedi gofyn iddo ysgrifennu ataf. O ganlyniad i dderbyn y llythyr annisgwyl hwn gan Percy Hughes anfonais am ffurflen gais. Ni wn faint o ymgeiswyr oedd yna am y swydd ond cefais air i'm hysbysu fy mod ar y rhestr fer ac i ymddangos o flaen y Pwyllgor Addysg llawn ymhen rhyw wythnos. Ddeuddydd cyn y cyfweliad daeth 'Dewyrth Gruffydd o Fryn-teg i'n tŷ ni, ac meddai Mam wrtho, 'Mae Richie 'ma ar y rhestr fer am Ysgol Llanddona 'chan.'

'Llanddona!' meddai f'ewythr gyda pheth syndod yn ei lais. 'I be' wyt ti isio mynd i'r ffasiwn le o'r ochra' yma d'wad?'

'Mae 'na le braf yno, yn ôl a glywais,' meddwn innau, 'ac mae hi'n ysgol fechan wledig fel b'aswn i'n lecio.'

'Ella hynny,' meddai 'Dewyrth Gruffydd. 'Mae 'na dŷ ysgol yno hefyd. Mi fydd raid i ti siwtio am wraig rŵan, ond cofia d'oes yna ddim 'lectrig yno, a 'fydd yna ddim 'lectrig yno am rai blynyddoedd 'chwaith.'

Pan ddywedodd nad oedd trydan yn yr ardal euthum bron i stagtishiwn. Onid oeddwn i newydd brynu radiogram hardd ac yn mwynhau gwrando ar recordiau ac wedi prynu llwyth o recordiau newydd? Bobol annwyl, beth ar y ddaear a wnawn i rŵan? 'Roedd un peth yn bendant, nid oeddwn am gefnu ar fy radiogram.

Ni allwn feddwl am reswm nac esgus i dynnu'n ôl oddi ar y rhestr fer yn yr amser byr oedd gennyf cyn ymddangos o flaen y sanhedrin yn Llangefni. Euthum i'r cyfweliad gan obeithio gwneud argraff dda, at eto, ond nid yn ddigon da i gael y swydd. Yn anffodus, rywsut, cefais hwyl reit dda yn fy marn fach fy hun ac ar y diwedd wedi i mi eistedd i lawr wrth ochr Mr E. O. Humphreys, y Cyfarwyddwr Addysg, dywedodd hwnnw, *'There are two more questions that I have to ask you on behalf of this committee, Mr Jones. The first is, have you approached any member of the Education Committee either directly or indirectly with regard to this appointment?'*

'No, Sir,' meddwn yn gydwybodol gan nad y fi a wnaeth yr *'approach'*.

'Thank you, and the second question is this. If appointed will you be prepared to reside in the area of the school?'

'Roedd yr ateb i fod yn *'Yes, Sir,'* wrth gwrs, fel y byddai pawb yn ateb ar amgylchiad fel hyn, ond yn annisgwyl i Mr Humphreys a rhyw ddeugain o gynghorwyr dyma fi'n dweud, *'No, Sir.'*

Aeth y lle'n ddistaw fel y bedd, a Mr Humphreys yn amlwg wedi ei gythruddo.

'What?' gofynnodd. *'Have you heard correctly? If so, what is your reason for saying that you are not prepared to reside in the area of the school?'*

Yng ngolwg y Cyfarwyddwr Addysg a'r cynghorwyr byddai'n gyfaddefiad anhygoel i mi ddweud ar goedd fod fy radiogram yn cael blaenoriaeth ar fy uchelgais i fod yn brifathro ysgol. Ar amrantiad, fel petae, meddyliais am reswm a fyddai'n fwy derbyniol efallai, ac atebais nad oeddwn yn teimlo y gallwn gymryd tenantiaeth tŷ'r ysgol a minnau'n ddibriod. Mewn tipyn o dymer ddrwg ychwanegodd Mr Humphreys ryw sylwadau fel hyn i'm rhoi yn fy lle o flaen y cynghorwyr i gyd, *'You knew that very well before you came here today. You have wasted my time, the time of my office staff as well as the time of all these worthy people by agreeing to come here. You have obviously ruled yourself out of consideration for this post and quite possibly similar posts in the immediate future.'*

Ymhen blwyddyn clywais fod prifathro ysgol Bryngwran yn bwriadu ymddeol. 'Roeddwn wedi bod yn meddwl, os oeddwn am fod yn brifathro, yr hoffwn ysgol yn rhywle'n agos i'r A5, y brif ffordd ar draws Ynys Môn. Os oeddwn am gynnig amdani yna byddai'n rhaid i mi roi cais neu ddau aflwyddiannus am ysgolion eraill er mwyn gweithio fy ffordd yn ôl i ffafr grymoedd addysg y sir. Gwelais hysbyseb am brifathrawiaeth ysgol gynradd Llanfechell a phenderfynais gynnig amdani. Yn annisgwyl i mi cefais air yn fy ngwahodd, yn un o dri allan o dri ar ddeg o ymgeiswyr, i fynd gerbron y Pwyllgor Addysg yn Llangefni yng Ngorffennaf 1955.

Penderfynais wneud sioe go lew fel y cawn fy ystyried o ddifrif am ysgol Bryngwran. Pan groesawyd fi i mewn gan Mr Humphreys wynebwn fwy neu lai yr un cynghorwyr ag y cyhuddwyd fi o wastraffu eu hamser flwyddyn ynghynt! 'Roedd yno ambell wyneb newydd, a thipyn o syndod i mi oedd gweld yr hen William Jones, Crown, Llanfechell yn eu mysg. Erbyn deall, yr hen siopwr pryd tywyll, byr ei dymer oedd y cynghorydd dros Lanfechell. William Jones oedd yr hwligan pêl-droed cyntaf i mi ei adnabod. Pan chwaraewn i dîm Cemais, safai gyda dau neu dri o'i gyfeillion o'r tu ôl i gôl ein gwrthwynebwyr a chollai ei ben yn lân weithiau pan anghytunai â'r dyfarnwr. Dro arall bygythiai ein gwrthwynebwyr am fudreddi eu chwarae. Heriai hefyd gefnogwyr ein gwrthwynebwyr ar y cae a gorchmynnai'n uchel iddynt 'fynd adra ac aros adra'. Gwyddwn ei fod yn edmygydd o'm tipyn talent ar yr asgell chwith i dîm Cemais. 'Roeddwn yn digwydd bod yn gyflym iawn gyda'r bêl o'm blaen, ac os cawn i ymyl y cwrt cosbi, ac os cawn y bêl ar fy rhediad ar fy nhroed chwith, ac os byddai imi daro'r bêl yn iawn, gwyddwn y byddai yng nghefn y rhwyd ac y byddai William Jones yn gweiddi ei orfoledd gyda'i ''Wannw'l! 'Na hi!' Dro arall gwaeddai'n ddiamynedd, 'Rhowch hi i Dic Jôs,' gan ddisgwyl y byddwn yn gwneud rhyw wyrth a oedd tu hwnt i'm gallu.

Ie, yr hen hwligan pêl-droed a fu yn ffosydd Ffrainc yn rhyfel 1914-18 oedd y cynghorydd dros Lanfechell ymysg y sanhedrin ar y Pwyllgor Addysg y diwrnod hwnnw. Gwyddwn fy mod yn sicr o gael un bleidlais oherwydd bod yr hen William Jones yn fy nghefnogi gyda phorthiant clywadwy, ond rhywsut, gobeithiwn na fyddai gennyf ddigon o bleidleisiau i gael y swydd. Gofynnwyd y cwestiynau arferol ar y diwedd i mi ac, yn eu plith, a oeddwn yn fodlon byw yn nalgylch yr ysgol. Atebais yn gadarnhaol gan nad oedd tŷ ysgol yn Llanfechell. Ar ddiwedd y cyfweliad a minnau'n disgwyl am y canlyniad gyda fy nghyd-ymgeiswyr, daeth Idwal Jones, y clerc, i mewn i gyhoeddi ac i'm synnu, 'Mr Richard Jones, mae'r pwyllgor am eich gweld i'ch llongyfarch.'

Yr wyf yn grediniol mai'r hyn a'm gwnaeth yn ysgolfeistr Ysgol Gynradd Llanfechell oedd y grym yn fy nhroed chwith a wnaeth i hen filwr y Somme orfoleddu ugeiniau o weithiau gyda'i ''Wannw'l! 'Na hi!'

Pan euthum yn ôl o flaen y pwyllgor, 'roedd yr hen William Jones ar ei draed o flaen pawb yn gwasgu fy llaw gyda '*Well done,* 'ngwas i,' fel 'tawn i wedi sgorio gôl arall. 'Roedd Mr E. O. Humphreys am imi ei ddilyn i'w swyddfa i gael gair pellach â mi am fy nghyfrifoldeb newydd, ac yno gofynnodd,

'Ydych chi wedi priodi bellach?'

'Nac'dw, syr,' atebais.

'Wel, peidiwch â phoeni am chwilio am lety yn Llanfechell. Gellwch fynd a dod i'ch gwaith o'ch cartref yn Llanfachraeth yn hawdd, 'machgen i,' meddai yn gyfeillgar. Oedd, 'roedd Mr Humphreys yn ddyn caredig a rhesymol iawn wedi'r cyfan, ac arnaf fi 'roedd y bai am ffiasco Llanddona.

Ar yr un diwrnod ag y penodwyd fi i Ysgol Llanfechell cafodd fy nghyfaill, Eryl Williams, ei benodi'n ysgolfeistr yn Llain-goch hefyd.

Llanfechell

Nid oeddwn yn siŵr ymhle'r oedd Llanfechell ond 'roedd gennyf syniad ei fod tua Chemais yn rhywle. Gwyddai fy nhad yn iawn am y lle a chofiai'r ysgol yn cael ei hadeiladu yno tua 1907. Cofiai droliau'n cludo llwythi o gerrig i lenwi'r pwll dŵr mewn congl o gae i gael sylfaen i'r ysgol. Euthum am dro i weld yr ardal ac ar ôl bod fe'm cysurwn fy hunan mai rhyw ddwy flynedd y byddai raid i mi aros yno cyn cynnig am ysgol Bryngwran neu ysgol y Gaerwen, efallai, ar yr A5. Prin y breuddwydiwn ar y pryd y byddwn yn ysgol Llanfechell am bymtheng mlynedd arall ac yn ymadael yn ddigon hiraethus ar derfyn y cyfnod hwnnw. Fodd bynnag, yn y cyfamser byddai llawer tro ar fyd wedi bod yn fy hanes.

Byddwn wedi rhentio tŷ o'r enw 'Hyfrydle' yn Llanfechell ac wedi newid ei enw i 'Pennant' cyn mynd yno yn Chwefror 1956. Yno y bûm ar fy mhen fy hun hyd nes i mi briodi â Glenys Williams, merch fferm y Bodwyn, Llanrhuddlad ar yr ugeinfed o Orffennaf 1957. Yn Llanfechell yr oeddem pan anwyd Siân Eleri, ein plentyn hynaf, yn Nhachwedd 1958 ac yno hefyd y daeth ei brawd bach, Rhys, a anwyd ym Mehefin 1963.

Byddwn wedi fy nghyfethol ar Gwrdd Plwyf Llanfechell yn Ionawr 1956. Cyfetholiad a oedd, mae'n debyg, yn dod yn naturiol i ran y Sgŵl yn yr ardal. Yr un pryd gosodwyd arnaf yr anrhydedd o fod yn ysgrifennydd dosbarth lleol y WEA, y dosbarth hwnnw a oedd yn llawn cymeriadau gwreiddiol a roes gymaint o adloniant naturiol i mi ers bron i ddeugain mlynedd bellach. 'Roedd yno gymeriadau fel Huw Jones, Simdde Wen; Owen Jones, Plas y Brain; Richard Jones, Pen y Groes; Robert Owen, Tŷ Hen; William Jones, Calfaria; Tom Williams, Pen Llyn ac eraill.

Ymaelodais yn Ebeneser, capel yr Annibynwyr dan weinidogaeth y Parch. D. W. Aubrey, y capel lle bu'r Cadfridog Owen Thomas A.S. yn aelod ohono ac yn athro ysgol Sul ynddo hyd ei farw yn 1923. Yr un Owen Thomas ag a sefydlodd yr *Anglesey Trading Company* yn Llanfechell yn 1896, gyda dau Sais, Maxted a Barkworth yn bartneriaid ag ef. Torrodd y cwmni yn 1899 ac yn 1912 achubwyd Barkworth o drychineb arall oddi ar fwrdd y Titanic pan suddwyd y llong honno.

Yn Llanfechell yr oeddwn pan alwodd fy mrawd yng nghyfraith yn Chwefror 1958 i ddweud wrthyf fod fy nhad wedi cael strôc. Yn gystuddiol mewn gwely ym mharlwr bychan Tŷ Capel y bu wedyn am naw mis hyd ei farwolaeth ym mis Tachwedd. Oherwydd yr effaith a gafodd y strôc arno mynnai mai Mrs Pritchard (gwraig Sgŵl Llanfachraeth ers talwm) oedd Glenys, fy ngwraig. Mae'n bosibl deall hynny gan falched oedd pan wnaed ei fab yn Sgŵl yn Llanfechell. Daeth pymtheg o weinidogion i'w angladd bedwar diwrnod cyn geni Siân, a chanwyd 'Pwy sy'n dwyn y brenin adref,' gan gapelaid o alarwyr, a chydiwyd yn yr emyn i ddyblu a threblu'r geiriau gan dyrfa fawr o'r tu allan i'r capel.

Yn Hydref 1959, dan fantell nos, cymerais ran mewn darlledu'n anghyfreithlon oddi ar lethrau Mynydd y Garn. Dywedem ychydig o eiriau i dorri ar draws diwedd rhaglenni teledu i dynnu sylw at yr achos dros gael gwasanaeth Cymraeg ar y teledu.

Gan fod arian yn brin gennym, wedi imi brynu Ostin A35 newydd, ni allem fforddio dodrefnu'r parlwr. Galwodd rhyw gyfaill heibio'n tŷ ni a'm slensio i fynd ar y rhaglen deledu 'Pwy Fase'n Meddwl', gan ychwanegu y gallwn ennill pum punt ar hugain os na allai'r panel ddyfalu fy nghyfrinach mewn pum munud, a phumpunt os gallwn ei chadw rhagddynt am ddau funud a hanner. Byddai'n bosibl i mi brynu carped ar lawr y parlwr a phrynu dwy gadair esmwyth am bum punt ar hugain, ac felly anfonais air i Bontcanna, Caerdydd i fynegi fy niddordeb ac amgáu rhestr o gyfrinachau iddynt ddewis ohonynt. Derbyniais ateb yn dweud eu bod am ddefnyddio'r ffaith fy mod wedi yfed dŵr o Ffynnon Jacob ac fe'm gwahoddwyd i'r stiwdio yng Nghaerdydd yn Ionawr 1961.

Daeth fy nai pymtheg oed, Richard Coupe, gyda mi. Cychwynasom ar y trên ond am nad oedd sedd ar gael yn y cerbydau trydydd dosbarth o gwbl aethom i gerbydau'r dosbarth cyntaf. Eisteddai Cynan ar ei ben ei hun yn un o'r cerbydau hynny ac aethom i mewn ato. Cyfarchodd ni a gofynnodd i ble'r oeddym yn mynd. Atebais mai i stiwdios Pontcanna. Wedi iddo holi ymhellach i beth yr aem yno, a minnau'n egluro a dadlennu fy nghyfrinach, gofynnais iddo i ble'r âi ef. 'I'r un fan â chithau,' meddai, 'a'r gyfrinach sydd gen i yw fy mod wedi fy ordeinio'n weinidog yn y fan y dywedir i Paul fod wedi pregethu gyntaf i'r Corinthiaid.'

Buom yn ei holi am ei farddoniaeth, a chofiaf ofyn iddo sut yr aeth ati i gynllunio'i bryddest 'Y Dyrfa', a'i ateb oedd, ''Dydi peg yn ddim ond rhywbeth i ddal eich dillad, felly y byddaf innau'n cymryd testun gosodedig, dim ond rhywbeth i hongian fy syniadau a'm meddyliau wrtho . . .' Ar ganol hynny daeth y swyddog tocynnau i mewn gyda'i *'Tickets please'*.

Eglurodd Cynan iddo mai tocyn trydydd dosbarth oedd ganddo ond ei fod yn fodlon iawn talu'r gwahaniaeth i gael aros yn y dosbarth cyntaf gan nad oedd sedd ar gael yn y trydydd dosbarth. Eglurais innau nad oeddem wedi llwyddo i gael lle yn y trydydd dosbarth ond na chytunwn i dalu'r gwahaniaeth am fy mod wedi talu am sedd i Gaerdydd a bai awdurdodau'r rheilffordd ydoedd nad oedd sedd ar gael i mi yn ôl eu cytundeb. Ni chafodd fy sylw groeso o gwbl, a gyda *'Don't be awkward, or else,'* bu'n rhaid i ni adael Cynan ym moethusrwydd ei gerbyd!

Fore trannoeth aethom i Bontcanna a chyfarwyddwyd ni i fynd i'r cantîn. Tra yfem baned wrth fwrdd bach clywsom sŵn a chwerthin a chyfarch uchel o'r tu allan yn y coridor. Drwy'r drws, fel storm drystfawr, daeth Cynan a'i osgordd o wyth neu naw, a phob un ohonynt yn rhuthro i osod cadair iddo fel petae ganddo wyth pen ôl. Cawsant baneidiau ar eu bwrdd ac yna, ar awgrym un ohonynt, 'Stori fach, Cynan?' Edrychodd Cynan i'n cyfeiriad a chofiodd ein gweld ar y trên. 'O, 'dach chi wedi cyrraedd yn saff felly!' meddai, ac wrthyf fi ychwanegodd, ''Dach chi ddim yn meindio i mi ddeud stori ddiniwed o flaen yr hogyn 'ma?' a chyfeirio at Richard.

'Ewch ymlaen,' meddwn, a gostyngodd ei lais rywfaint, ond er ei fod ar fwrdd arall a phennau ei edmygwyr ar osgo ddisgwylgar clywem ninnau bob gair.

'Glywsoch chi am y ddynes honno yn yr ysbyty?'

gofynnodd Cynan. 'Roedd hi wedi cael triniaeth ac ar dân eisiau mynd adref, a phan ddaeth y doctor o Sais heibio gofynnodd iddo am y canfed tro, *"Can I go home, doctor?"* '

' *"How are you feeling?'* meddai'r doctor ac atebodd hithau, *"Quite well, thank you." "Well, you can go home tomorrow then,"* meddai'r doctor.'

"'Roedd yr hen wraig yn falch eithriadol, ac meddai yn ei llawenydd, "Campus, doctor!" Edrychodd y doctor arni wedyn ac meddai, *"In that case you'd better stay for another week."* '

Dim ond Richard a minnau a chwarddodd, ac meddai'r Cynan rhwystredig wrth ei gynulleidfa, "Dach chi'n 'i gweld hi? Campus, Can-pus.' Gan nad oedd y geiniog wedi disgyn aeth Cynan ymlaen i sbelio'r ateb iddynt, 'Cân-pus, a'r doctor yn meddwl ei bod wedi deud *Can't piss*.'

Ni chlywais gymaint o chwerthin erioed, gyda 'Go dda, Cynan,' 'Bobol bach, am wych yntê,' a'r naill yn ceisio rhagori ar werthfawrogiad y llall i blesio'r deudwr talentog, a'r cyfan yn troi'n syrffed o chwerthin ffug.

'Roedd pedwar ohonom yn herio'r panel, Cynan a minnau, a'r ddau frawd o Dre-garth, T. Gwynn Jones, y cerddor, gyda'r gyfrinach ei fod wedi cyfarfod â Syngman Rhea, Llywydd De Korea a'r Arlywydd Eisenhower, a'i frawd Emyr, gyda'i gyfrinach mai ef oedd y milwr cyntaf i fynd i wersyll Belsen tua diwedd y rhyfel. Wyn Roberts (Syr Wyn Roberts, Cyn-weinidog yn y Swyddfa Gymreig bellach) oedd cadeirydd y panel o dri. I gychwyn yr ornest cyflwynwyd fi gan Wyn Roberts yn debyg i hyn, 'Richard Jones o Lanfechell, Môn ydi hwn, ac mae Richard Jones wedi cael rhywbeth mewn lle arbennig.'

Dechreuwyd yr holi — 'Ai yn y wlad hon?' 'Pa wlad?' 'Cymru?' 'Nage.' 'Prydain?' 'Nage,' ac yn y blaen. Pan ganodd cloch y dau funud a hanner am bum punt 'roeddynt wedi cyrraedd Palesteina. Yn y man, daeth y cwestiwn 'Ger yr Iorddonen?' Y gynulleidfa'n clapio, a Wyn Roberts yn ychwanegu mai clap oedd honna, nid i'r afon ond i ddŵr. Ni ddylai yn fy meddwl i fod wedi rhoi'r cymorth yna!

'Môr Marw?' 'Nage.'

'Llyn Galilea?' 'Nage.'

'Rhywbeth i'w wneud â Nazareth?' 'Nac oes.'

Yna ymyrrodd Wyn Roberts drachefn i ddweud wrthynt am aros hefo'r dŵr.

'Llyn Genasaret?' 'Nage.'

Yna Wyn Roberts eto, 'Nid Llyn nac afon na môr — ond mae dŵr yno.' 'Roeddwn yn ffyrnig wrtho am roddi cymaint o help iddynt. Tro James Thomas oedd hi i gwestiynu ar y panel ac yna Glyn Willliams cyn dod at Jennie Eirian Davies. Nid oedd ond rhyw hanner munud i fynd o'r pum munud, a James Thomas yn y niwl.

'Dowch, James — rhywbeth,' meddai'r cadeirydd.

''Does gen i ddim syniad,' meddai James Thomas.

Ac yna dyma Wyn Roberts yn gwneud peth anfaddeuol i mi a'm hamddifadu o garped ar lawr fy mharlwr. Meddai, 'Awn i oddi wrth James rŵan a heibio i Glyn, achos mae Jennie Eirian bron â marw eisiau dweud rhywbeth. Jennie . . .'

'Ai chi yw'r gŵr wrth Ffynnon Jacob eisteddodd gynt i lawr?' gofynnodd.

'Wel na, ddim yn hollol,' meddwn.

'Dwi'n meddwl ei bod yn ddigon agos,' meddai Wyn

Roberts. 'Wedi cael diod o ddŵr o Ffynnon Jacob y mae Richard Jones.'

Wedi'r diwrnod hwnnw bob tro y gwelwn Wyn Roberts ar y teledu neu ei glywed ar y radio byddwn yn edliw fod arno fo garped i mi.

Drwy gydol y daith adref ar y trên 'roedd Richard a minnau'n chwarae gwyddbwyll ac yn melltithio Wyn Roberts.

Er fy mod yn chwarae gwyddbwyll yn amlach na drafftiau erbyn hynny, galwai amryw o ddafftwyr heibio am gêm. Deuai Albert Griffiths o Ros-y-bol, John Williams, Penbol, Gwyn Pritchard o Amlwch, Gwilym Thomas o Walchmai a'r Parch Robert Evans, gweinidog Methodistiaid Llanfechell. Un arall a alwai oedd y Rhingyll Meirion Huws o Swyddfa'r Heddlu yn Amlwch, tad Elfyn Llwyd yr aelod seneddol. Pan oedd y rhingyll yn chwarae yn tŷ ni un noson aeth i drap annisgwyl ar y bwrdd a hynny'n bygwth colli'r gêm iddo, ac ebychodd reg yn sydyn i fynegi ei siom. Sylweddolodd fod y Parch. Robert Evans gyda ni a brysiodd i ymddiheuro, 'Dychryn wnes i, Mr Evans annw'l,' meddai. 'Mae gofyn cymryd mwy o bwyll, deud y gwir.' 'Roedd Meirion yn ddrafftiwr da ond yn well englynwr, a gwerthfawrogai'r englyn a wneuthum i'w gynghori'r noson honno,

Stydiwch a neidiwch wedyn, — ac oedwch
Gyda'r hyn sy'n dilyn!
Drwy roi cêl drap i'r gelyn
Daw modd i gael dau am un!

Weithiau galwai Meirion Huws yn hwyr y nos wedi ei 'rownd' yn ei waith fel heddgeidwad i gynganeddu a thrafod englynion ac yfed te hyd oriau mân y bore. Bûm innau'n chwarae droeon gydag ef yn swyddfa'r heddlu neu mewn cell yno er mwyn i ni gael llonydd rhag y plant.

Collwyd y selocaf o'r drafftwyr a'r gloywaf o grefftwyr pan fu farw Frank Roe Buck yn 1963. Ymhen rhyw dri mis wedi hynny ar nos Sadwrn euthum i Drefor i chwarae drafftiau i dŷ Gwilym Thomas (NFU) ac 'roedd Emyr Jones, chwarelwr o Lanrug, a chyn-bencampwr gornest flynyddol Caernarfon, yno. ' 'Rydw i ar fy ngwyliau'r wythnos nesaf, Richard,' meddai Emyr. 'Tybed fedrwch chi ddod draw i Lanrug ddydd Iau am gêm? Mi gewch ginio hefo ni ac mi wnawn ni b'nawn go lew ohoni.' Cytunais i fynd.

Wrth yrru drwy Lanfachraeth ar fy ffordd adref tua hanner nos meddyliais am alw hefo Mam yn y Tŷ Capel, ond wedyn, tybiwn ei bod braidd yn hwyr. P'run bynnag, 'roeddwn wedi cael sgwrs gyda hi'r bore hwnnw yn nhŷ Lena, fy chwaer, ac yn ôl pob golwg 'roedd hwyl reit dda arni. Wedi cyrraedd adref dywedais wrth Glenys fy mod wedi trefnu i fynd i Lanrug y dydd Iau canlynol i chwarae drafftiau hefo Emyr Jones. 'Fedri di ddim,' meddai, ''rwyt ti wedi addo mynd i'r 'Steddfod i Landudno i aduniad o hogiau'r Dwyrain Canol!'

Cofiais i Handel Morgan sôn wrthyf am drefniant i gael aduniad ar Ddydd Iau Eisteddfod Genedlaethol Llandudno 1963. 'Roedd pethau'n drysu felly, gan na allwn fod yn Llanrug a Llandudno yr un p'nawn Iau.

Pan ddeffroais o freuddwyd rhyfedd yn gynnar drannoeth teimlwn yn drist iawn a'm gruddiau'n wlybion gan ddagrau. Ni allwn fynd yn ôl i gysgu. Amser brecwast dywedais hanes y breuddwyd wrth Glenys ac i'w egluro'n well iddi gwneuthum ddarlun ar gefn amlen a fu gennyf am flynyddoedd wedyn.

Yn fy mreuddwyd safwn mewn anialwch, tebyg i gwr o'r Sahara y bûm arno yn yr Aifft. 'Roedd gwely haearn hen-ffasiwn a phedwar postyn iddo ar y tywod. Wrth nesáu at y gwely gwelwn Frank Roe Buck (a oedd wedi marw ers tri mis), Emyr Jones, Llanrug a Handel Morgan, a phob un o'r tri'n gafael mewn postyn wrth dair cornel i'r gwely. Dyma Frank yn amneidio arnaf i afael yn y pedwerydd postyn. Pan wneuthum hynny cododd y gwely i'r awyr ac yna dod i lawr yn ysgafn ychydig ymhellach draw. Dechreuodd Emyr Jones wneud twll yn y tywod gyda rhaw enfawr, ac meddai, 'Mae'n rhaid i mi wneud hyn yn gyntaf.' Dechreuais innau wylo'n hidl am ryw reswm a deffroais yn y cyflwr trist hwnnw. Barnai Glen mai wedi bod yn meddwl am ddryswch dydd Iau'r Eisteddfod cyn mynd i gysgu'r oeddwn mae'n siŵr. Felly y gadawyd pethau.

Gyda'r nos, wedi i mi ddod o'r capel, daeth Lena fy chwaer a Dic ei gŵr i'n tŷ ni a dweud y byddai Ifor, Bessie a Mam hefyd yn debyg o alw'n ddiweddarach. Yn fuan wedyn daeth cnoc ar y drws. Mr Edwards, postfeistr Llanfechell, oedd yno gyda neges drist i ni. 'Ma' isio i chi fynd i Lanfachraeth ar eich union,' meddai. 'Ma'ch Mam wedi'i tharo'n wael. Ma' rhywun newydd ffonio.'

Aethom rhag blaen ac 'roedd Mam druan wedi cael strôc. Dim ond Dawn, merch ddeg oed Ifor, oedd gyda hi ar y pryd ac, yn ôl Dawn, 'roedd Mam newydd dynnu ei brat ar ôl swper pan gwynodd fod poen yn ei phen. Yna, edrychodd yn wyllt tua'r drws ac meddai, 'Cadair! Wil!' Yr eiliad y 'gwelodd' hi fy nhad syrthiodd i lawr yn anymwybodol. Ni ddaeth ati'i hun o gwbl a bu farw ddydd Llun. Claddwyd hi b'nawn Iau yr Eisteddfod Genedlaethol ym mynwent Llanfugail gyda'i hannwyl Wil. Na, nid oedd yn bosibl i mi fynd i Lanrug nac i Landudno 'chwaith y dydd Iau hwnnw, a chwalwyd yr hen gartref am na byddai Mam yno mwyach. A oedd yna ryw arwyddocâd yn y breuddwyd tybed?

Ni fedrwn ac ni fynnwn fyth anghofio'r gymdeithas glós hapus a fwynheais tra oeddwn yn ysgolfeistr yn Llanfechell. Gellid ychwanegu penodau am bob un o'r cymeriadau unigryw a adnabûm yno.

Huw Jones, Simdde Wen yn egluro sut y byddai'n cadw llygod mawr i ffwrdd o das ŷd drwy daenu pwcedaid o dywod sych ar ben yr ŷd pan fyddai'r das ar ei hanner. 'Ac wedyn,' meddai, 'mi weithith y tywod ei ffordd i lawr fesul tipyn, a phan fydd y llygod mawr yn edrych i fyny gan feddwl mynd i'r llofft mi aiff y tywod i'w llygaid ac mi ân nhw oddi 'no.' Comiwnydd oedd Huw Jones ac yn mynd i'w wely yn gynnar iawn fel y gallai ddeffro am ddau o'r gloch y bore i gael 'y newyddion o Fosco, yr unig wirionedd a ddaw o fol y weiarles.' Clywais ei fod yn cwyno rhyw dro ac euthum i edrych amdano. Ar fy ffordd yno gwelais ef yn pwyso ar glawdd mynwent Ebeneser ac yn edrych ar y cerrig beddau yno. Gofynnais iddo sut 'roedd o'n teimlo ac atebodd, 'Ga'i roi o fel hyn i chi, rydw i'n well na neb sy'n gorwedd yn fa'ma, a diolch i chi am ofyn.'

Richard Jones, Tŷ Main wedyn, yn mynd yn gonion pan soniwn am y Parch. John Williams, Brynsiencyn. Arferai Richard Jones gamynganu geiriau'n aml; er enghraifft, dywedai 'befra' am 'berfa'. 'Jac Brynsincyn,' meddai, 'paid â sôn wrtha' i am y diawl drwg, yn cymryd coron gin Lloyd George am hudo fi fynd i'r amri i'r rhyfel. Dim diolch i'r uffans drwg na ches i mo'n lladd.'

Richard Jones, Penygroes wedyn, yn sgwrsio'n ofalus araf gan ddechrau pob rhesymeg gyda, 'Yn wreiddiol felly . . .'

Bob Glynbwch yn mynd i Lanfair-yng-Nghornwy i weld rhywun. Pan ddaeth adre, ni fedrai ddod o hyd i'w feic a chysylltodd â'r heddlu i ddweud fod rhywun wedi'i ddwyn. 'Roedd wedi anghofio ei fod wedi mynd i Lanfair-yng-Nghornwy ar gefn ei feic, a cherddasai bob cam adref i Fynydd Mechell hebddo.

Curry Huws wedyn yn prynu cranc mawr ym Mangor rhyw noson ac yn bwyta'r rhan fwyaf ohono yn nhywyllwch ei gar cyn cyrraedd adref. Canmolai flas y cranc wrth Mattie ac edrychai ymlaen at gyrraedd adref i'w orffen. Pan aeth i'r tŷ yn Llanfechell a rhoi'r cranc ar blât mawr gwelodd ei fod yn 'cerdded o gynrhon', ac aeth allan i'r ardd i chwydu'r hyn a fwytasai eisoes. Pan oeddwn wrth y garej rhywdro'n cael petrol gan Curry Huws aeth car heibio a'r gyrrwr yn canu ei gorn i'n cyfarch. Codais fy llaw i gydnabod hynny, ac meddai Curry Huws, 'Mae ar hwnna lot o bres i mi 'wch. Fasa well iddo fo dalu'i filia imi na chanu'i gorn — a finna'n rhoi *free air* am ddim i'w deiars o.' Wedi rhyw funud o dawelwch dyma fo'n gofyn imi, 'Pwy oedd o 'dwch?' 'Roedd yn gymeriad unigryw ac yn fecanic da am ei fod o'n lwcus hefo morthwyl, yn ôl Hefin, ei gynorthwywr yn y garej.

Owen Jones, Plas Brain yn dadlau congl sosialaeth yn gryf lle bynnag y byddai, a Robert Owen, Tŷ Hen (Tyddyn Mieri wedyn) mewn ffordd dawelach yn chwifio baner Plaid Cymru. Mae'n debyg mai gan Robert Owen, a oedd yn ŵyr i chwaer fy nain, yr oedd y ddawn naturiol orau a glywais erioed i ddweud stori. 'Rwy'n cofio Robert Owen yn disgrifio arferiad dyddiol dwy wraig o'r pentref imi: 'Mae'r ddwy yn cario'u cŵn am dro bob dydd, a phan maen nhw o fewn ugain llath i'w gilydd maen nhw'n dechra' tuthio er mwyn cyfarfod â'i gilydd ynghynt, ac wedi cyrra'dd ei gilydd, maen nhw mor danllyd i adrodd eu straeon, fel bod y ddwy yn siarad a neb yn gwrando. Wedyn, wedi iddyn nhw 'rafu tipyn, a phan mae'r naill yn siarad, mae'r llall wrthi hi hefo'i dwylo fel 'tae hi'n trio dwyn geiriau o geg ei phartneres, yn ei hawydd i gytuno hefo hi.'

Mewn pwyllgor 'Taith yr Annibynwyr' wedyn, dan lywyddiaeth William Roberts, Carrog yn trafod prynu tŷ ar gyfer galw'r Parch. T. Meurig Mathews o Benygroes yn weinidog arnom, pryderem ynglŷn â'r cyllid.

'Mae Awelfryn ar werth,' meddai William Roberts, 'ond o ble' cawn ni arian i'w brynu o tybed?' Ac meddai Owen Williams, 'Sgubor Ddu, 'Dwi'n cynnig bod Robaits Carrog yn mynd i'r sêl i brynu Awelfryn trosom ni.'

'Iawn,' meddai William Roberts, 'Mi a' i, ond mi fydd raid imi ddod i 'Sgubor Ddu'n gynta' i gael yr arian.'

'Roedd Owen Williams yn aelod da a selog yn Ebeneser, a phan fu farw'n sydyn, teimlwn y dylwn wneud ymdrech i fynd i'w angladd, ac yntau'n gyd-gapelwr mor annwyl gennyf. Penderfynais ffonio Goronwy Prys Jones, Cyfarwyddwr Addysg Môn, i ofyn am ganiatâd i adael yr ysgol am ryw awr gan fod Ebeneser a'r fynwent o fewn lled cae i'r ysgol. 'Roedd Prys Jones yn dipyn o gymeriad fel y cofia llawer. Pan fyddai hwyl ddrwg arno siaradai Saesneg hefo fi. Bu hefyd yn athro arnaf pan oeddwn yn Ysgol Ramadeg Caergybi. Fel hyn yr aeth y sgwrs ar y ffôn:

'Richard Jones, Ysgol Llanfechell sydd yma.'

'Oh yes, Richard, what do you want?'

Pan glywais y Saesneg gwyddwn fod pethau am fynd yn flêr. Eglurais iddo'n fyr mai caniatâd i fynd i'r angladd a geisiwn, gan roddi'r rhesymau. Torrodd ar fy nhraws, *'Look Richard, I have a list here of sixteen names of teachers who want to do anything but teach. There's one who wants to appear on a tuppenny TV programme in Cardiff, another wants to travel with a third rate choir to Sheffield for a concert, another wants to . . .'*

Torrais innau ar ei draws yntau, 'Ylwch, Mr Jones,' meddwn, ''dydw i ddim isio clywed am un ar bymtheg o geisiadau eraill. 'Does gen i ddim diddordeb ynddyn nhw ac os ydi fy nghais i'n peri diflastod i chwi anghofiwch o, os gwelwch yn dda.'

Gorffennais fel yna. Ni roddais y ffôn i lawr ac ni roddodd yntau'r ffôn i lawr ychwaith ond bu tawelwch am tua chwarter munud, a ymddangosai fel awr, ac yna daeth llais Prys Jones, 'Ydach chi yna?'

'Ydw, Mr Jones.'

'Wel ewch i'r diawl 'ta, a chladdwch o'n ddigon dyfn, pwy bynnag ydi o.' Rhoddodd y ffôn i lawr ac euthum innau i angladd Owen Williams, 'Sgubor Ddu.

Er hynny, 'roedd gennyf barch mawr i Goronwy Prys Jones. 'Roedd o'n fardd da iawn, yn gwmnïwr difyr ac yn ddewin y gair parod.

Un tro, mewn cyfweliadau am swyddi, gofynnodd cadeirydd y Pwyllgor Addysg i athrawes ieuanc, 'Fedrwch chi chwarae'r piano?' 'Medraf, hefo un bys,' atebodd hithau mewn gorawydd am swydd, ac meddai Prys Jones, 'Mi fyddech chi mewn cythra'l o dwll felly 'tae chi'n colli'r bys hwnnw!'

'Rwy'n falch o fedru gwrando o hyd ar leisiau Huw Jones, Simdde Wen a Richard Jones, Tŷ Main er bod y ddau yn fud ers blynyddoedd bellach. Mae'n fendith fod Ifan Parry, Penbont gyda'i recordydd tâp a Robert Owen, Tyddyn Mieri a minnau wedi cyfweld cymaint arnynt i'w recordio cyn iddynt adael y fuchedd hon.

Hen gymeriad arall dawnus a chadarn yn Llanfechell oedd Huw Edwards, y gof cywrain. Gallai gyfansoddi tonau ac 'roedd yn feistr ar fesurau caeth barddoniaeth. Dysgodd amryw i gynganeddu tra'n llunio pedol neu chwythu megin yn ei efail, rhai fel Robbie Williams, Penllyn sy'n fyw heddiw i dystio i hynny.

'Roedd Hannah ei wraig yn chwaer i daid Tristan Garel-Jones, AS, prif gynllwynwr dymchwel Margaret Thatcher o Stryd Downing. Gan fod brawd Hannah, sef William Garel Jones, taid Tristan, yn gyfeillgar â Robert Williams Parry yn y coleg ym Mangor, ysgrifennodd Bardd yr Haf yr englyn canlynol yn llyfr llofnodion Hannah Mary:

Un hynaws hoenus a heini — mi wn
    Ydyw'm Hannah Mary.
Y diwrnod gwnaf briodi
Hannah is the Miss for me

8.12.1910 R. Williams Parry

I ble'r aeth llyfr llofnodion Hannah Edwards gydag englyn R. Williams Parry ynddo? I ble'r aeth y tri llyfr ysgrifennu yn llawn o waith cerddorol a barddonol Huw Edwards y gof? Cawsant eu llosgi fel ysbwriel gan y nai, Raymond Garel Jones o Ganada, wedi marwolaeth Hannah Edwards.

Ysgol Llanfechell
1955-69

Awst 30, 1955 oedd fy niwrnod cyntaf yn ysgol Llanfechell, gan wynebu dwy athrawes, Margaret Roberts a Ceridwen Owen a nifer o famau chwilfrydig dros ben. Er mai ychydig iawn o brofiad o addysgu plant cynradd oedd gennyf bûm yn darllen ac yn meddwl cryn dipyn ac yn gwrando ar gynghorion parod a charedig i ffurfio athroniaeth bersonol am y ffordd ymlaen i mi yn Llanfechell. Fy 'meibl' oedd llyfryn o'r enw *The Primary School in Scotland* lle cefais lawer o awgrymiadau rhesymol iawn.

Ar fur ystafell ddosbarth y plant hŷn 'roedd amserlen uniaith Saesneg yn dweud yn hollol pryd y dysgid hanner awr o Gymraeg, awr o Saesneg, tri chwarter awr o 'Arithmetic' ac yn y blaen. Cyn gynted ag y byddwn wedi cael trafodaeth gyda Miss Roberts a Mrs Owen am yr hyn a fyddai'n cymryd ei lle byddai llywodraeth haearnaidd yr amserlen ar ben.

Gan fy mod yn credu na ddylai addysg plant ieuanc gael ei ffug sianelu'n bynciol ddigyswllt diflannodd y ffrwyn dywyll oddi ar wal fy nosbarth am byth cyn diwedd Medi.

'Roedd pwyllgor addysg Sir Fôn wedi rhoi ei holl adnoddau i lunio ac i gyfeirio'r ysgolion cyfun newydd a oedd i arloesi ym myd addysg drwy Brydain oll ond ni roddwyd fawr o ystyriaeth i'r effaith a gâi hyn ar addysg gynradd y sir. Gadawyd yr ysgolion cynradd mewn gwagle ac yn ddiarweiniad, gyda'r unig wybodaeth na chynhelid yr '11+' i ddidoli plant ar gyfer addysg uwchradd ym Môn byth eto.

Gellid dadlau fod yr arholiad am fynediad i'r ysgol uwchradd yn safon i anelu ati i athrawon yr ysgolion cynradd hyd 1952 ym Môn. Papurau'r '11+', yn gam neu'n gymwys, oedd eu *'bench mark'*. Pan ddiflannodd hwnnw daliai rhai ysgolion i ymgynghori â hen bapurau'r arholiad i osod gwaith i'w plant hŷn. Ni roddodd yr awdurdod arweiniad digon pendant ynglŷn â'r ffordd fwy goleuedig oedd ymlaen iddynt wedi bwrw iau caethiwus yr arholiad annheg oddi arnynt. Gan na lanwyd y gwagle gydag arweiniad i addysg gyflawn a dilyffethair bu llawer o ysgolion yn ymbalfalu am gyfeiriad drostynt eu hunain. Byddai eraill yn llithro'n ôl at ganllawiau profion, fel caneri yn mynnu aros yng nghaethiwed ei gawell am ei fod yn ofni rhyddid er bod y drws yn agored iddo i fynd i gyfoethocach amgylchfyd. Bu awdurdod addysg Môn yn ddigon diweledigaeth yn y maes allweddol hwn mewn cyfnod anodd. Cynhelid cyrsiau ar Fathemateg a Hanes a phynciau eraill, ond cyrsiau ar bynciau o wybodaeth oeddynt, nid ar ddatblygu meddyliau, agweddau a thalentau plant. Byddai sôn tragwyddol am anghenion plant a diffinio'r anghenion hynny yn gul bynciol. Dysgu darllen, ysgrifennu a rhifyddeg i'w paratoi ar gyfer yr ysgol gyfun oedd prif bwrpas addysg i'r plant o hyd yn y cyrsiau hynny, a rhywfaint o wybodaeth o hanes a daearyddiaeth. 'Roedd yna o hyd orbwyslais afiach ar yr hyn y dylai plentyn un ar ddeg oed fod yn ei wybod yn hytrach nag ar ei ddatblygiad yn gyffredinol. Wrth gwrs, mae hi'n bwysig i blant fedru darllen ac ysgrifennu a chlandro, ond cofier mai offer neu arfau yn unig ydynt i wneud rhywbeth mwy sylweddol. Mae pob prentis o saer wedi gorfod ymarfer defnyddio'r lli, y morthwyl a'r plaen, gyda'r gobaith y byddai'n mynd ymlaen i gynhyrchu rhywbeth gwell na llwch lli a naddion yn y diwedd. Yn fyr, ein hamcan yn ysgol Llanfechell fyddai datblygu meddyliau'r plant drwy fanteisio ar eu profiadau, eu diddordebau a'u chwilfrydedd naturiol gan ymarfer darllen, ysgrifennu a chlandro yr un pryd ac i bwrpas, a gwneud hynny mewn awyrgylch o ymlacio, yn sŵn diwydrwydd a hwyl plant ac athrawon. NB.

'Roedd harneisio diddordebau'r plant i'w gwaith a chyfeirio'r gwaith a ddeilliai o hynny i ddeall a meistroli cysyniadau ac ymarfer sgiliau sylfaenol yn golygu fod rhywun cyn brysured â dyn yn lladd nadroedd drwy'r dydd. Ni fyddai yr un diwrnod yr un fath ond byddai pob diwrnod yn ddiddorol. Cawsom lyfrau gwyddoniaeth newydd i lyfrgell yr ysgol, *Exploring Science*, Walter Thurber M.Sc (Burke, Llundain); ac yn yr ail lyfr, mewn pennod ar ddisgyrchiant gwelwyd y gosodiad anwyddonol hwn: *'Things that are heavy fall to earth faster than things that are light.'* Gofynnais i rai o'r plant ystyried y gosodiad yna ac iddynt wedyn ddarllen hanes Galileo yn gwneud profion ar ddisgyrchiant o ben tŵr Pisa tua phedwar cant o flynyddoedd yn ôl. Mewn trafodaeth a ddilynodd hynny cytunai'r plant nad oedd Burke a Galileo yn dweud yr un peth. Cafwyd pleidlais pa un o'r ddau, ym marn y plant, oedd yn dweud y gwir. Ochrodd rhai gyda Galileo am ei fod yn 'ddyn clyfar' a'r gweddill hefo Burke am ei fod yn 'fwy modern'. Gwnaed profion o bob math gyda gwahanol ddefnyddiau gan gofnodi pwysau, amser disgyn ac arwynebedd y pethau cyn dod i'r casgliad pendant mai

Galileo oedd yn iawn. Anfonodd y plant lythyr at Burke, y cyhoeddwyr, i dynnu eu sylw at y camgymeriad a daeth yr atebiad sarhaus i mi, *'Principal of the Flamfeshell School, Amlwych, Anglesey,'* gyda'r sylw, *' . . . and these books are accurate enough for young children.'* Y fath hunangyfiawnder a thraha! Mae gofyn i ffeithiau fod yn gywir i bawb o bob oed. Yn ychwanegol at y gwaith gwyddonol ac ysgrifenedig a wnaed gan y plant, dysgasant egwyddor bwysig, sef nad yw popeth a argreffir yn wir nac yn gywir. Mewn argraffiad diweddarach cywirwyd y camsyniad yn ail lyfr Burke!

Saith a thrigain o blant oedd yn ysgol Llanfechell yn 1955 a phawb ond un ohonynt yn dod o gartrefi Cymraeg a'r Gymraeg yn iaith gyntaf gref iddynt. Gwahoddais eu rhieni i'r ysgol un noson ym Medi fel y cawn egluro iddynt ein cynlluniau a'n dulliau o ddysgu yn yr ysgol. Daeth nifer dda ohonynt ynghyd y noson honno, ac am sawl noson arall wedyn, a chafodd yr ysgol gefnogaeth dda iawn gan y rhieni a'r ardalwyr yn gyffredinol. Credwn ei bod yn bwysig bod y rhieni yn ymwneud ag addysg eu plant, yn bartneriaid â'r athrawon i raddau helaeth. Nid rhywbeth sy'n digwydd i blentyn rhwng naw o'r gloch y bore a hanner awr wedi tri'r prynhawn yn yr ysgol yw ei ddatblygiad cyflawn.

Deuthum yn gyfarwydd iawn ag Idwal Roberts, ysgolfeistr Llannerch-y-medd, a'i ddirprwy, John O. Roberts (actor adnabyddus erbyn hyn), ac â Frank Grundy, Gwalchmai. O'r adnabyddiaeth yma y deilliodd cynghrair pêl-droed bychan rhwng y tair ysgol. 'Rywsut neu'i gilydd, Frank Grundy fyddai'n cael ei ffordd ym mhob dadl ar drefniant a rheolau. Gallai Idwal, J.O. a minnau fod yn cytuno ond er hynny anghytundeb Frank a gariai'r dydd.

Yn aml iawn pan fyddai ei dîm yn colli llwyddai i anfon deuddegfed chwaraewr i'r maes gan resymu fod angen i hwnnw fynd â'i 'draed i'r efail' beth bynnag ac felly ni chyfrannai ddim at effeithiolrwydd y tîm, a gan fod ei gefnwr de wedi cloffi eisoes, yna gwerth un chwaraewr oedd y ddau! 'Doedd dim pen draw i Mr Grundy mewn dadl; 'roedd o'n dipyn o gymeriad.

Er fy mod wedi gwneud i ffwrdd ag amserlen y ffrwyn dywyll nid awn byth i'r ysgol heb fod gennyf gynllun gwaith ac amcanion pendant ar gyfer pob dydd, ond cynllun y gallwn ei newid neu ei ohirio hyd drannoeth os codai rhywbeth mwy diddorol o blith y plant neu o newyddion y dydd i gymell gwell dysg. Er enghraifft, ar y pedwerydd o Hydref 1957 anfonwyd y spwtnic ryfeddol honno gan y Rwsiaid i gylchdroi yn y gofod o gwmpas y byd. Felly, wedi gwneud sylw o hynny, daearyddaieth a seryddiaeth oedd pynciau'r astudiaeth y diwrnod hwnnw, a phob sym a darlun a wnaed, a phob gair a ddywedwyd, a ddarllenwyd ac a ysgrifennwyd yn ymwneud â'r newyddion syfrdanol.

Ym myd seryddiaeth yr oeddym eto, wedi i John Glenn, yr astronot Americanaidd, fynd i'r gofod yn Chwefror 1962, pan alwodd Miss Gwyneth Jones, Arolygydd ei Mawrhydi, yn yr ysgol. Ymunodd Miss Jones yn y drafodaeth yn gwbl naturiol frwdfrydig, ond troes y seryddiaeth yn ddiwinyddiaeth pan ofynnodd un o'r plant, 'Os ydi 'sbienddrych Joddrell Bank mor dda, fedran nhw weld i'r nefoedd drwyddo fo, a gweld pwy sy' yno?' Daeth *'Dedication From Barrack-Room Ballads'* gan Rudyard Kipling i'm hachub, y penillion a ddysgaswn gan Glyn yn llofft gefn Tŷ Capel flynyddoedd ynghynt:

Beyond the path of the outmost sun through utter darkness hurled —
Farther than ever comet flared or vagrant star-dust swirled —
Live such as fought and sailed and ruled and loved and made our world.

Beyond the loom of the last lone star, through open darkness hurled,
Farther than rebel comet dared or hiving star-swarm swirled,
Sits He with those who praise our God, for that they served His world.'

Llwyddwyd i osod y nefoedd tu hwnt i gyrraedd ysbienddrychau pob Joddrell Bank a sicrhawyd bodolaeth y nefoedd i feddyliau nad oeddynt yn barod am unrhyw chwalfa ddiwinyddol i'w credoau.

Mae'n debyg mai dod i adnabod Miss Gwyneth Jones oedd yr hyfforddiant mewn swydd gorau a gefais erioed. Yn foneddiges alluog gyda chyfeiriad pendant i'w hathroniaeth tuag at y safonau uchaf mewn addysg i blant, 'roedd ei brwdfrydedd dros y pethau hynny yn ddigon i gymell llawer o'r amheuwyr hefyd. Galwai yn aml yn yr ysgol a chymerai ddiddordeb cefnogol iawn yn y ffordd a'r drefn y gweithiai'r plant. Rhoddodd nifer o syniadau gwerthfawr iawn i'r disgyblion ac i ninnau'r athrawon dros y blynyddoedd. 'Roedd Mrs Ceridwen Owen, gyda deng mlynedd ar hugain o ddulliau dysgu traddodiadol pynciol o'r tu ôl iddi, yn gweld elw addysgiadol i'r plant o'u tanio drwy eu diddordeb a'u profiadau. Erbyn hyn, Miss Rhiannon Richards oedd athrawes y babanod. O Ryduchaf ger y Bala y deuai Miss Richards yn wreiddiol ond o ysgol Cemais y daeth i'n hysgol ni yn Ionawr 1958. 'Roedd hi'n un o'r athrawon gorau y bûm yn cyd-weithio â hi erioed. Priododd â saer coed o Gemais, William Arthur Jones, a phan anwyd eu mab Bryn yn 1964 ymddeolodd Rhiannon a daeth Mrs Violet Williams, gwraig y Parch. Eric Williams, Amlwch i gymryd ei lle. Ddwy flynedd yn ddiweddarach daeth Mrs E. O. Lewis, Carreg-lefn i gymryd lle Mrs Williams, hithau, ac yno yr oedd Mrs Lewis pan adewais innau yn 1969. Trist iawn fu'r gwaeledd a gystuddiodd Rhiannon am flynyddoedd cyn mynd â hi i gynnar fedd o'i haelwyd yn Nhryweryn, Cemais. Ar gais Wil, ei gŵr, lluniais englyn i'w roi ar ei bedd. Carwn feddwl y byddai'n falch o'r englyn am mai ymdrech cydweithiwr ydyw, cydweithiwr y gwyddai hi ei fod yn fwy na bodlon ar ei diwrnod gwaith a'i chariad at blant. Dyma fel yr ymddengys ar ei charreg fedd ym mynwent Bethesda, Cemais:

Am fam a gwraig mae eigion — o hiraeth
Yn Nhryweryn weithion,
Am air yn acen Meirion,
Am wên a llaw cwmni llon.

Yn 1963 bu farw Mr Cecil Jones, ysgolfeistr Cemais, a daeth Dennis Jones o ysgol Llanllechid i gymryd ei le. 'Roedd gan Dennis Jones, fel finnau, uchelgais i weld pob plentyn yn ddarganfyddwr ar rywbeth yn ystod ei yrfa ysgol. Yr un amcan oedd gennym hefyd ein dau fel athrawon i addysgu plant drwy ddulliau a fyddai'n ymestyn eu galluoedd a'u gorwelion, yn datblygu sgiliau sylfaenol dysg ac yn meithrin agweddau a chymdeithaseg a Christnogaeth ynddynt. 'Roedd yna athrawon eraill gyda'r un daliadau â ni'n dau ond gan mai dim ond prin ddwy filltir oedd rhwng ein dwy ysgol tueddem i gyfarfod yn aml i rannu profiadau a syniadau ac i gymharu canlyniadau. Awn i Ysgol Cemais ambell amser cinio a deuai Den yn ei dro i ysgol Llanfechell yr un modd. Bu'r cysylltiad rhyngom dros y blynyddoedd yn rhywfaint o elw i'r plant a hyfforddem.

Ym Medi 1964 daeth Miss Gwyneth Jones i'r ysgol gyda chynrychiolydd o brosiect y bwriedid ei gychwyn mewn ysgolion cynradd, sef '*Nuffield Junior Science Project*'. Yng Nghymru, Caerdydd a Sir Fôn a fyddai'n cymryd rhan a gofynnwyd a fyddwn yn fodlon bod yn gysylltydd dros Fôn. Fe'i teimlwn yn anrhydedd cytuno â'r cais. Bu grŵp o ysgolfeistri Môn yn cyfarfod yn rheolaidd wedyn am rai blynyddoedd i drafod effaith y prosiect a chanlyniadau'r gwaith yn ein hysgolion. Aeth gwaith y cysylltydd yn feichus ac aeth fy oriau cwsg yn brinnach gan y byddwn yn ysgrifennu adroddiadau a darparu ar gyfer cyrsiau hyd ddau a thri o'r gloch y bore. Awn i bwyllgorau gyda chynrychiolwyr eraill o wahanol rannau o Brydain ac Iwerddon, a moduro i Gaerlŷr neu Fanceinion, neu gymryd trên i Lundain. Ar ben hynny cawn wahoddiad i ddarlithio'n genhadol mewn gwahanol ganolfannau. Yn aml iawn byddai Den a minnau'n mynd hefo'n gilydd i roi perfformans mewn lleoedd fel Caerdydd, Broadstairs, Colegau Aberystwyth, Bangor a Wrecsam.

Cyfraniad pwysicaf prosiect gwyddoniaeth Nuffield oedd ei fod wedi tanlinellu'r angen i gyfannu addysg i'w gwneud yn ystyrlon yn hytrach na stwffio gwybodaeth i blant o gafnau gwahanol bynciau.

Ar wahân i weithio gyda'r prosiect hwn, 'roedd gennyf ddosbarth o tua deg ar hugain o blant, rhwng wyth ac un ar ddeg oed, a gweinyddiaeth yr ysgol ar ben hynny. Daeth gwyliau'r haf o'r diwedd i gynnig ychydig o orffwys, ac ar Sadwrn cyntaf y gwyliau, 23 Gorffennaf 1966, euthum i Gaernarfon gyda Frank Roe Buck a Gwilym Thomas o

Walchmai i gystadleuaeth pencampwriaeth drafftiau Gogledd Cymru a bûm yn ddigon ffodus i'w hennill wedi sawl gwaredigaeth o le cyfyng trwy gamgymeriadau gwrthwynebwyr. Yno y cadarnhawyd i mi wirionedd sylw'r gwyddbwyllwr Rwsiaidd, Tartakower, sef, 'Enillydd y gêm fydd y sawl a wna'r camgymeriad olaf ond un.' Mae drafftiau, gwyddbwyll a bywyd yn frith o gamgymeriadau!

Ni chefais fawr ddim o lonydd drwy'r gwyliau haf hwnnw ychwaith, rhwng darlithio ar gyrsiau a darparu ar gyfer blwyddyn newydd ein hysgol. Ond un diwrnod yn Awst cymerais ddiwrnod i'r brenin ac euthum am dro gyda Glenys a'r plant, a Bessie fy chwaer, i Nant Gwrtheyrn. Nid oeddwn yn teimlo'n dda yn y bore cyn cychwyn, ac wedi cyrraedd adfeilion yr hen bentref tywyllodd yr haul a disgynnais yn ddiymadferth. Drwy ymdrechion Glenys yn bennaf, tra cysurai Bessie'r plant, cyrhaeddais ben uchaf y ffordd o'r cwm ac euthum yn anymwybodol eilwaith. Mewn gwely cyfforddus yn ysbyty Môn ac Arfon ym Mangor y deuthum ataf fy hun drannoeth. Ymhen diwrnod neu ddau cefais nifer o brofion meddygol i geisio darganfod beth oedd wedi digwydd i mi. Cyn fy rhyddhau o'r ysbyty i fynd adref daeth Mr Owen, yr arbenigwr, at ochr fy ngwely i'm holi am fy ngwaith ac i ddweud mai rhybudd a gefais gan fy nghorff fy mod yn gweithio'n rhy galed ar draul gorffwys digonol.

'O hyn ymlaen,' meddai Mr Owen, 'bodlonwch ar beidio â gwneud dau ddiwrnod o waith mewn un, ac mi fydd eich iechyd yn iawn. 'Dydi'r mynd tragwyddol yma'n ddim lles i chi.'

Tra'n disgwyl am gael fy nôl adref o'r ysbyty gwneuthum englyn i'm hatgoffa o eiriau Mr Owen:

Ar y 'go' yn dragywydd, — yn gyrru'n
Top gêr nes gweld rhybudd
O 'mlaen nad oes dim lonydd
I'w cael heb droadau cudd.

Fis Mai 1967 daeth Miss Gwyneth Jones heibio gyda Mr Mel Harris, darlithydd yng ngholeg Cartrefle, Wrecsam a oedd wedi ei benodi i gyfarwyddo prosiect ar astudiaethau'r amgylchfyd yn yr ysgolion cynradd. Gwahoddodd ein hysgol ni i gymryd rhan yn yr ymchwil a'r prosiect dros gyfnod o dair blynedd. Cytunwyd â hynny oherwydd ein bod eisoes wedi gwneud llawer o waith ar y math yna o astudiaeth drwy brosiect Nuffield. Gwahoddwyd fi i fynd i wahanol ganolfannau i siarad am waith a wnaed gan blant ysgol Llanfechell. Dechreuwyd y gylchdaith yng Nghaerfyrddin, yna Aberhonddu, Cei Connah, Y Fenni a Phenarth. Bu raid i mi hysbysu Mel Harris na allwn orffen y daith gyda darlith yn Wrecsam ar 24 Gorffennaf 1968 gan fy mod wedi trefnu i fynd ar wyliau arbennig yr wythnos honno. Mynnai Mel Harris fy mod yn dod i Wrecsam rywsut neu'i gilydd ac meddai, *'I don't know where you're going on holiday, but if it's anywhere in Europe, we'll arrange for you to be flown to Manchester Airport and flown back again to your holiday resort after your stint in Wrexham on the 24th.'*

Mr T. E. Hughes, perchennog siop baent ym Mhwllheli, a chwaraewr drafftiau da, oedd wedi mynnu mynd â Gwilym Thomas, Gwalchmai a minnau i Glasgow i gystadlu am bencampwriaeth ddrafftiau Prydain am yr wythnos dan sylw. Pan ddywedais wrth Mel Harris mai yn Glasgow y byddwn trefnodd docynnau BEA i mi i ehedeg o Glasgow i Fanceinion, ac i minnau golli diwedd y gystadleuaeth.

Cefais hwyl reit dda arni hi yn ystod y deuddydd cyntaf, a gorffen nos Fawrth ymysg y detholion. Brynhawn Mawrth chwaraewn yn erbyn pencampwr Iwerddon, Bill Guerin, a threchais ef. Pan gynhaliwyd y bencampwriaeth ym Mhwllheli ym Mehefin 1972 'roedd Bill Guerin yn wrthwynebydd i mi yn y fan honno hefyd a phan eisteddais gyferbyn ag ef, cyferchais, *'Nice to see you again, Bill. I hope that our meeting will be similar to the last time we met in Glasgow.'*

Edrychodd ar fy enw ar y bwrdd ac yna arnaf finnau ac meddai, *'I read in the Draught Journal last year that you were dead. Yes, that's right — in the Obituary — yes, I'm dead certain. Oh! that's funny. I mean the dead certain. Are you sure you're Richard Jones?'*

'I'm not so sure now,' meddwn. *'It could be that I'm here only in the spirit.'*

Beth bynnag, ar ôl cael fy hedfan o Glasgow i Fanceinion daeth Mel Harris i'm nôl o'r maes awyr a mynd â fi i'r coleg yn Wrecsam. Trannoeth dangoswn waith a wnaethai plant fy nosbarth ar hen bedol, gyda gwyddoniaeth rhwd, rhifyddeg rhannu, hanes dyn a'i geffyl, tarddiad enwau caeau a ffermydd, daearyddiaeth, graddfa mapiau, chwarae coits (pedolau) ac astudiaeth fathemategol o'r cylch yn hynny, a llawer mwy o waith diddorol a sbardunwyd gan y plant ac weithiau gan yr athro.

Pan fo ddiddoreb plant yn eu gwaith edrychant yn fanylach, gwrandawant yn fwy astud, teimlant yn fwy sensitif, hynny yw, defnyddiant eu synhwyrau i'r eithaf a chyrraedd lefel uwch o ddeallusrwydd ac o falchder mewn cyflwyniad o'u gwaith wedyn.

Byddwn yn mwynhau gwneud i blant feddwl a dirnad.

Mwynhau hefyd eu herio a chyboli gyda hwy wrth inni gyd-weithio gan gadarnhau weithiau sylw R. H. Tawney (sylfaenydd y WEA) fod athro a phymtheg o fyfyrwyr mewn dosbarth llwyddiannus yn gwneud un ar bymtheg o fyfyrwyr.

Hoffwn hefyd adrodd straeon a barddoniaeth iddynt. Y duedd ers blynyddoedd yn y mwyafrif llethol o ysgolion yw gadael i blant ysgrifennu rhyddiaith mewn llinellau byrion a'i alw'n farddoniaeth. Mae'r wers rydd yn anodd dros ben hyd yn oed i feirdd profiadol. Credwn a chredaf fod yn rhaid i blant fynd drwy ddisgyblaeth odlau a sillafau a mesurau rheolaidd i ymgyrraedd at y wers rydd. Byddem yn cael hwyl wrth wneud penillion odledig a'r rheiny'n cynnwys enwau plant y dosbarth neu restrau o gartrefi a chaeau. Weithiau lluchiwn linell o gynghanedd fyrfyfyr atynt a byddai'r plant yn adweithio am fod sŵn y geiriau yn gogleisio'u clustiau a'u meddyliau. Peth da yw i sŵn geiriau gyfareddu plant.

Robert Wyn Owen yn dod ataf i ddweud ei fod wedi gwneud camgymeriad a minnau'n dweud wrtho, 'Twt! *Rub it out*, Robat Wyn.'

Ffrae ynglŷn â phwy oedd i fod i nôl dŵr i'r bwced ar gyfer rhyw arbrawf, ac un o'r bechgyn yn tynnu yng nghlust y bwced yn erbyn Rebecca a minnau'n gorchymyn, 'Rho'r bwced i Rebecca.'

'Sŵn digri' fyddai un o'r plant yn galw cynganeddu!

* * *

Yng ngwaelod hen iard y bechgyn, tu draw i'r toiledau allanol, 'roedd y carthbwll i dderbyn budreddi'r toiledau. 'Roedd y carthbwll tua chwe throedfedd o ddyfnder a llathen ar ei draws wrth saith troedfedd o hyd, gyda saith o fyrddau coed yn gaeadau cyfochrog arno. O un pen i'r carthbwll codai'r cwt pwmp i uchder o wyth troedfedd i weithio'r system. Ar ben y cwt pwmp hwn y penderfynodd pobl y Weinyddiaeth Amaeth osod eu hoffer i fesur effeithiau'r ymbelydredd a ddisgwylid o'r Wylfa. 'Roedd ffens uchel oddi amgylch y cyfan i gadw'r plant oddi yno ond weithiau âi'r bêl trosodd ac, er rhybuddio nad oedd neb i fynd yno, âi ambell blentyn di-ddweud tros y giât i'w nôl. Pryderwn am hynny, oherwydd imi hysbysu'r awdurdodau yn Llangefni sawl gwaith fod y caeadau ar wyneb y carthbwll wedi pydru. Ofnwn na ddaliai'r coed pydredig bwysau plentyn mawr cyfeiliornus ac yr âi drwyddynt a boddi mewn chwe throedfedd o hylif drewllyd. Ni chymerwyd fawr ddim sylw o'm llythyrau ynglŷn â hyn nes daeth Mr Jones, Fferm Llety, Rhos-y-bol i'r ysgol gyda dyn o'r Weinyddiaeth. 'Roedd y bonheddwr hwn, meddai Mr Jones, wedi dod i archwilio'r offer ar ben y cwt pwmp. Cefais wybod yn y sgwrs gyflwyno fod y dyn newydd briodi ac mai ar *working honeymoon* yr oedd o. 'Roedd ganddo siwt pin-streip amdano o dan ei gôt fawr lwyd-dywyll ddrudfawr, a het urddasol am ei ben. Yn digwydd bod, 'roedd hi'n lluwchio eira ac yn ddychrynllyd o oer. 'Roeddwn i'n rhynnu wrth agor cil o ddrws yr ysgol i ddangos y cwt pwmp iddynt.

Ymhen deng munud 'roedd Mr Jones, Llety yn ôl yn curo ar y drws mewn panig ac yn gofyn am hen sachau neu ryw hen ddillad neu ddefnydd. 'Roedd dyn y Weinyddiaeth wedi sefyll ar gaead pydredig y carthbwll ac wedi disgyn hyd at ei wddf i'r carthion. Aethai Mr Jones ag ef i un o'r toiledau lle'r oedd wedi ceisio ei swilio â phwcedaid o ddŵr rhewllyd i gael rhywfaint o'r baw oddi arno. Euthum yno i'w sychu gyda hen ddillad a oedd yn weddill o ffair sborion yr ysgol. Fe'i lapiwyd mewn sachau oedd gan Mr Jones yn nhrwmbal ei gar ac aed ag ef i Llety i gael ei ymgeleddu. 'Roedd golwg druenus iawn ar y creadur, a'r carthion wedi treiddio i'w wallt a'i drwyn a'i glustiau. 'Roedd o hefyd wedi colli oriawr aur werthfawr iawn yng ngwaelod y carthbwll. Anfonais dri englyn gyda fy llythyr i'r *clerk of works* yn Llangefni i'w hysbysu o'r ddamwain, ac un ohonynt oedd hwn:

> I ddwfn y carthion 'roedd o, — y Sais trwm
> Mewn pin-streip yn suddo;
> Aeth dyn o'r Weinyddiaeth, do,
> Yn iasoer i'th bwll piso.

Rhybuddiais Hywel Jones, y clerc, y byddai'r bonheddwr anffodus yn debyg o hawlio iawn ganddo am ei golledion. Ateb Hywel oedd, 'Mi siwia inna'r diawl yn ôl am falu 'nghaeada i!'

* * *

Wedi colli Mrs Thomas, Tŷ Newydd a Mrs Griffiths, Mountain Road o'r cantîn yn 1961 bu'r plant yn hynod o ffodus i gael Mrs Ethel Williams, Bryn Afon a Mrs Mair Pritchard, Tŷ Gwyn i ofalu am ginio dyddiol iddynt. Gwerthfawrogwn eu gwasanaeth yn fawr, nid yn unig fel darparwyr bwyd ond hefyd fel pobl hawdd cyd-weithio â hwynt ac mor dda wrth y plant.

Yn ystod fy mlwyddyn olaf yn Llanfechell bu raid symud i ddosbarthiadau symudol yn yr iard gan fod muriau'r hen ysgol yn cracio. Beth oedd i'w ddisgwyl, a honno, fel y cofiai fy nhad, wedi'i sylfaenu ar bwll dŵr? Dyna'r rheswm am y craciau ac nid, fel yr haerai Mr Prys Jones, fy mod i'n gweiddi gormod ar y plant!

Gyda theimladau chwithig iawn y daeth fy nhymor yn Ysgol Llanfechell i ben, a hynny ar 19 Rhagfyr 1969, wedi pedair blynedd ar ddeg a thymor mewn gofal yno.

'Madael

Wedi fy mhenodi'n ysgolfeistr yn Amlwch 'roedd yna ddisgwyl imi fynd i fyw i'r ardal ond dim rheidrwydd. Ein teimlad fel teulu oedd y dylem ymadael â Llanfechell, er caleted fyddai hynny. Aeth Glenys a minnau i weld tri neu bedwar o dai ar werth yn Amlwch neu ym Mhorth Llechog ond heb lyncu yr un ohonynt. Tra'n cysidro a phendroni daeth John Hughes, un o ddiaconiaid ein capel heibio. John Hughes a'i frawd Richie oedd perchenogion cwmni adeiladu Parry & Hughes, cwmni a sefydlwyd ar droad y ganrif ac sydd yn llewyrchus o hyd dan reolaeth Evan Hughes, mab John Hughes. 'Roedd yr hen ddiacon a fu ym mrwydrau Ypres yn y Rhyfel Mawr am i mi ailystyried ymadael â Llanfechell. Dywedodd nad oedd yn dymuno gweld teulu ohonom yn gadael Ebeneser a'i fod wedi deall fod y Methodistiaid am werthu Annedd Wen, eu tŷ gweinidog.

'Chewch chi ddim gwell tŷ na hwnna,' meddai wrthyf. ''Dwi'n cofio Annedd Wen yn cael ei adeiladu, a dau saer cerrig gorau'r sir yma'n ei godi. Chwarae teg i Huw Jones, Sarn, creadur digon bethma'n amal, y fo oedd yn gofalu am godi'r tŷ ac yn gofalu hefyd cael y gweithwyr gorau a'r defnyddiau gorau ynddo. Rhowch gynnig amdano. 'Awn i ddim ar gyfyl Amlwch 'tawn i'n chi.'

Aethom i weld Annedd Wen. Oedd, 'roedd o'n fwy dymunol na lle'r oeddem, a gardd fawr braf o'r tu cefn iddo gyda choeden anferth i Rhys i'w dringo! 'Roedd y syniad o'i brynu wedi gafael ynom a chynigiais bedair mil o arian 'Halifax' amdano a buom yn ddigon ffodus i'w gael. Symudasom hanner milltir ymhellach o Amlwch, i gyfeiriad Mynydd Mechell, a bodloni ar foduro dros ddeuddeng milltir yn ôl a blaen i ysgol Amlwch yn ddyddiol am tuag ugain mlynedd wedyn.

O'i chymharu â'r gymdeithas glós bentrefol yn Llanfechell lle'r oedd siop, capel, eglwys, gweithdy ac ysgol yn agos at ei gilydd, 'roedd yr awyrgylch yn llawer mwy amhersonol yn Amlwch ar y dechrau. Hyd yn oed pan oedd yna tua chant o blant yn ysgol Llanfechell adwaenwn bob plentyn wrth ei enw. Ond hyd yn oed wedi i nifer y plant yn Ysgol Amlwch ostwng o tua phum cant yn 1969 i dri chant a hanner pan adewais ddiwedd 1988, ni lwyddais i gofio enw pob plentyn. 'Roedd dau reswm am hynny, sef bod nifer y plant yn fawr a'm bod innau heb ofal dosbarth fy hunan yn yr ysgol. Troes yr athro-weinyddwr yn weinyddwr-athro a thrwy hynny golli cysylltiad agos â'r plant.

'Roedd adeiladau'r ysgol yn fregus iawn, a rhai athrawon mewn ystafelloedd gwael gyda dosbarthiadau mawr. Rhyw ddeufis cyn imi gymryd gofal o'r ysgol bu tân yno — ar y pumed o Dachwedd, yn arwyddocaol iawn — a llosgwyd dau neu dri o'r dosbarthiadau yn ddrwg iawn. Gan na fu perygl i fywyd neb gresynwn wedyn fod y frigâd dân wedi cyrraedd yno mor fuan! Buasai adeiladau newydd wedi bod yn fendith i blant Amlwch. Byddwn yn swnian yn wastadol am welliannau i'r adeiladau ac i'r amgylchiadau dysgu'n gyffredinol yno.

Goronwy Prys Jones oedd y Cyfarwyddwr Addysg o hyd

a, chwarae teg iddo, rhoes lawer o gymorth i mi. Wedi i mi wneud rhestr faith o ddiffygion ac anghenion i Prys Jones, cefais bron bopeth ond addewid am ysgol newydd yn fuan. Bu raid disgwyl am bymtheng mlynedd arall cyn cael adeilad hardd newydd yn ychwanegol at ailwampio'r hen adeilad fel bod hwnnw ar newydd wedd hefyd. 'Roedd angen o leiaf un ar bymtheg o ystafelloedd dosbarth i gynnwys y plant, ar wahân i ystafelloedd atodol eraill.

Pan gyrhaeddais adref o ysgol Amlwch ar y chweched o Fai 1971 'roedd llythyr tra phwysig yr olwg yn disgwyl amdanaf, gydag *On Her Majesty's Service* wedi ei brintio'n fras ar ben yr amlen ac yna *Urgent Personal* o dan hwnnw. Cefais sioc o weld mai o 10 Stryd Downing y daeth y llythyr a'i fod yn fy hysbysu o'r bwriad cyfrinachol gan Edward Heath, y prif weinidog, i gyflwyno fy enw i'r frenhines am OBE. Pwysid arnaf i anfon atebiad gyda throad y post os oeddwn yn cytuno. Ni wyddai Edward Heath am fy modolaeth o gwbl wrth gwrs, a chesglais wedyn mai'r Weinyddiaeth Addysg gyda chymeradwyaeth Arolygwyr ei Mawrhydi, a Miss Gwyneth Jones debyg iawn, oedd yn gyfrifol am yr enwebiad fel cydnabyddiaeth am fy nghyfraniad i ymchwil Nuffield. 'Roedd y fath gynnig yn annisgwyl iawn a'm teimlad cyntaf oedd gwrthod am nad oeddwn wedi bod erioed yn hapus ynglŷn ag anrhydeddau o'r fath a oedd, yn amlach na heb, yn drewi o ffafrau gwleidyddol. Euthum i bysgota gyda'r nos ac i feddwl tros y cynnig. Bûm mewn penbleth drwy'r penwythnos ac ymlaen i'r dydd Mercher canlynol ynglŷn â'r penderfyniad iawn. 'Roedd pobl llawer mwy goleuedig a dysgedig na fi ym myd addysg yn dymuno dangos eu gwerthfawrogiad o waith yr oeddwn wedi mwynhau ei wneud. Yn hynny o beth gwerthfawrogwn eu teimladau ac ni fynnwn fychanu eu barn a'u haelioni. Ar y llaw arall, nid oeddwn yn hapus gyda sianelau trosglwyddiad yr anrhydedd. Beth a wnawn i tybed pa bawn yn dod o hyd i bapur degpunt mewn tomen dail? Gan fod yna hefyd wahoddiad i'r wraig a'r plant ddod gyda mi'n ddi-draul i aros yn Llundain am dridiau, a gan mai creadur bach o'r wlad, prin ei liw a'i gyraeddiadau oeddwn beth bynnag, penderfynais dderbyn y cynnig.

Ddydd Sadwrn y deuddegfed o Fehefin cyhoeddwyd rhestr anrhydeddau pen-blwydd y frenhines yn y cyfryngau. Rhoes y *Daily Post* bennawd bras, *'Amlwch headmaster among honoured,'* i'r rhestr, gydag adroddiad byr i roddi'r rheswm dros yr anrhydeddu. Pennawd yr *Holyhead and Anglesey Chronicle* oedd, *'Sir gets the OBE'*. Gyda chymysgedd o falchder a chywilydd y darllenwn yr hanesion. Balchder oherwydd fy mod yn gwerthfawrogi'r gydnabyddiaeth gan Arolygwyr ei Mawrhydi yn ogystal â balchder o feddwl beth a fyddai hyn oll wedi ei olygu i 'Nhad a Mam. Cywilydd am fod fy nghydwybod yn dal i edliw imi nad oedd sianelau'r anrhydeddau wrth fy modd a bod eraill o'm cydweithwyr yn y 'Grŵp Nuffield' wedi cyfrannu llawer at lwyddiant y prosiect, a minnau'n unig wedi cael y gydnabyddiaeth. Cefais ugeiniau lawer o alwadau ffôn a llythyrau i'm llongyfarch, a'r teimladau'n gymysg iawn o'u derbyn. Er enghraifft, 'roedd cael gair o Gwrdd Chwarter Annibynwyr Môn yn rhoi llawer mwy o fodlonrwydd imi na'r llythyr oddi wrth y Gwir Anrhydeddus Peter Thomas, Ysgrifennydd Gwladol Cymru. Fel mae'n digwydd gydag unrhyw anrhydedd o'r fath caed draenen ymysg y blodau, a chedwais y ddraenen honno hefyd er amrywiaeth. Llythyr dienw yn yr *Holyhead and Anglesey Mail* ydoedd:

> *Honours to serving teachers*
>
> *Sir, — I was astounded to read of the headmaster being given the OBE at the tender age of 46 for a lifetime of service to education.*
>
> *I do not know the gentleman concerned; he may be worthy of such an award, but I am positive that there are men and women in Anglesey who have given of their best for forty years and more and received no glamour of acclaim.*
>
> *Is there not a teaching body that can look into this injustice, and safeguard that all future awards will be bestowed on individuals who have contributed so much to so many generations over the last forty years?*
>
> *NOT ONE OF THE BOYS*
>
> *Holyhead*
> *(Name and address given)*

O b'le cafwyd y syniad am '. . . *lifetime of service to education'* tybed? Gall ambell un fod mewn 'gwasanaeth' am ddeugain mlynedd a chyfrannu dim, tra gall arall gyflawni llawer iawn mewn pum mlynedd. Rhoes geiriau cyfeiliornus *'Not one of the boys'* fwy o flas imi rywsut ar dderbyn yr OBE, gan fy mod i wedi derbyn rhywbeth a olygai lawer mwy i'r dienw 'dewr' nag a olygai i mi.

Ddydd Sul, 2 Tachwedd, dair blynedd ar ddeg i'r diwrnod y bu farw fy nhad, aeth Glenys, Siân, Rhys a minnau i Lundain. Dydd Mawrth, wrth y bwrdd brecwast yn y gwesty daeth hen ŵr atom i'n holi yn Gymraeg. Cyflwynodd ei hun fel yr Arglwydd Maelor a chynigiodd ein cyfarfod yn y prynhawn i ddangos Tŷ'r Arglwyddi inni, chwarae teg iddo. Diolchwyd am ei gynnig a threfnwyd i'w gyfarfod.

Wedyn aethom i'r Palas i dderbyn yr OBE. Gan fod y frenhines yn cwyno gydag annwyd, ei mam a roes y fedal imi. Wedi gair neu ddau am ogoniannau Ynys Môn gyda hi euthum o'r ffordd i wneud lle i'r Jones nesaf. 'Roedd Rhys, a oedd yn wyth oed, ac wedi diflasu ers meityn, wedi dod o hyd i dwll yng nghlustog ei sedd ac wedi bod yn tynnu peth o'r stwffin o'r glustog. Bu un o'i fodrybedd yn trysori'r tipyn stwffin hwnnw am flynyddoedd!

Yn y prynhawn aethom i Dŷ'r Arglwyddi gyda'r Arglwydd Maelor ac wedyn cawsom baned o de yn Nhŷ'r Cyffredin gydag aelod seneddol Môn, Mr Cledwyn Hughes, yntau erbyn hyn yn Nhŷ'r Arglwyddi ond yn dal i fod yr un mor agos-atoch ag erioed.

Sut ma'i ers talwm?

'Mae arna' i ofn, Mr Jones bach, y bydd raid i chi fynd am driniaeth i'r *hernia* 'ma,' meddai Dr Arthur Thomas wrthyf ym meddygfa Cemais. Soniodd yn ganmoliaethus ac edmygol am arbenigwr yn ysbyty Broadgreen yn Lerpwl, sef Mr William Lloyd Jones, arbenigwr a ystyrid yn un o'r goreuon bob ochr i'r Iwerydd, ac at hynny, brodor o Fôn. Dywedais wrth Dr Thomas y byddwn yn hapus a dibryder yn mynd drwyddi dan ddwylo'r gorau yn ei faes.

Bu raid imi fynd i ysbyty Broadgreen yn nhymor y gwanwyn 1981 i weld yr arbenigwr. Aed â mi i ryw giwbicl bychan a'm rhoi i orwedd ar wely-trol cul yn wynebu cyrten ar draws talcen mewnol y ciwbicl. Ymhen ychydig clywais sŵn nifer o draed yn agosáu ac yn oedi wrth bob ciwbicl. O'r diwedd agorwyd cyrten fy nghiwbicl i gan y nyrs. Daeth *sister* i'r golwg ac yna dri neu bedwar o fyfyrwyr meddygol yn y cefndir; wedyn daeth meddyg neu ddau arall, a *matron* am wn i, gyda'r arbenigwr, Mr William Lloyd Jones, yn gynffon i'r osgordd.

Cyn i'r *sister* gael cyfle i'm cyflwyno ymhellach na *'This is Mr . . .'* torrwyd ar ei thraws gan yr arbenigwr gyda'i gyflwyniad ei hun, *'This gentleman taught me how to make an egg-holder for my mother.'*

Yr arbenigwr galluog hwn oedd yr hogyn bach hwnnw yn Nosbarth I Ysgol Syr Thomas Jones, Amlwch a atebodd 'William Lloyd Jones, Syr,' pan ofynnais iddo am ei enw yn y gwersi gwaith coed yn y pumdegau cynnar. 'Wil Deri' oedd o i'w gyfeillion gan mai fferm y Deri, Llandyfrydog oedd ei gartref. 'Roedd ei gyflwyniad imi wrth droed y gwely-trol yn cadarnhau fy athroniaeth addysgol mai trwy wneud rhywbeth i bwrpas y mae creu argraff barhaol a meistroli'r sgiliau a'r crefftau. Petawn wedi rhoi dau ddarn o bren bob un i William Lloyd Jones a'i gyd-ddisgyblion a dangos iddynt sut i wneud *butt-joint* byddai'r ymarfer wedi bod yn ddiflas a dibwrpas ac wedi hen fynd i ebargofiant. Gyda'r un darnau pren yn cael eu defnyddio i'r pwrpas o wneud rhesel i ddal hanner dwsin o wyau 'i Mam' 'roedd y prentisiaid bach yn gorfod ymarfer gwneud *butt-joint* yn ddiarwybod, a hynny'n rhan o gyflawni rhywbeth mwy, rhywbeth a roddai bleser a balchder iddynt. Felly hefyd gydag ysgrifennu er enghraifft. Nid oes fawr o bleser i blant mewn llunio brawddegau yn cynnwys geiriau o ben mympwyol athro o'i gymharu â brawddegu'n synhwyrol i gofnodi profiad, canlyniadau ymchwil neu stori o ddychymyg toreithiog plentyn.

Oedd, 'roedd William Lloyd Jones yn cofio'r profiad a'r balchder o wneud peth dal wyau i'w fam ddeng mlynedd ar hugain ynghynt. Yna, wedi cyfeirio at y ffaith iddo fy nghlywed ar raglen 'Talwrn y Beirdd' rai troeon, troes yr arbenigwr o Fôn i Saesneg i drafod, nid Richard Jones ond '*this case*'! Do, cefais feddyginiaeth wych gan Wil Deri.

* * *

Un arall nad oeddwn wedi ei weld ers pobiad neu ddau oedd Felix Brahm, yr hen filwr Almaenig. Trefnodd Llew fy mrawd, Margaret, Glenys a minnau i fynd gyda chwmni am wythnos o wyliau i ddyffryn y Rhine yn yr Almaen yn ystod Gorffennaf 1981. Deuthum o hyd i enw Felix Brahm yn y llyfr ffôn ym Mhrif Lythyrdy Koblenz, a phenderfynais ffonio ei gartref o'n gwesty. Medraf siarad ychydig o Almaeneg, sef yr ychydig a gofiaf o'm dyddiau yn yr Aifft gyda charcharorion rhyfel. Rhywbeth fel hyn mewn Almaeneg syml oedd y sgwrs:

'Brahm.'

'Felix Brahm?' gofynnais.

'Ia.'

'Fuoch chi'n garcharor rhyfel yn yr Aifft 1945-7?'

'Do.'

'Pwy, o blith y Prydeinwyr yno ydych chi'n gofio?'

'Iôns,' meddai.

'Wel, Iôns sy'n siarad,' meddwn, 'ac 'rwyf yn aros mewn gwesty ger Koblenz. Fedrwch chi ddod i'm gweld?'

'Iôns, sut ma'i ers talwm? Dyna falch ydw i o glywed eich llais. Yn anffodus, ni allaf ddod i'ch gweld, gan mai ddoe y deuthum o'r ysbyty, wedi cael torri rhan o 'nhroed i ffwrdd. Fedrwch chi ddod yma, os gwelwch yn dda?'

'Mi ddo' i yfory, Felix, tua thri yn y prynhawn.'

'Edrych ymlaen, Iôns.'

Drannoeth bu hen gofleidio a dathlu. Daeth potel o win ar y bwrdd ac meddai Felix, 'Hwn ydi'r gwin gorau y gellir ei gael, o ardal y Môr Du yn Rwsia. Bwriadwn ei gadw erbyn y dydd y byddai'r Rwsiaid yn concro'n gwlad ar eu ffordd i oresgyn y byd. Tybiwn y byddai cynnig diferyn o'r gwin gorau yn achub ein crwyn ni. Ond dyna fo, mae'r cyfarfyddiad yma'n bwysicach.'

Bu hen siarad, er mai cyfyngedig ac annigonol oedd fy ngeirfa. Pwyswyd ar Glenys a minnau i aros wythnos neu ddwy yn ychwanegol ar eu haelwyd groesawus, ond bu raid gwrthod oherwydd rhwymiadau'r cwmni gwyliau. Addewais fynd yn ôl yn fuan.

Prin ddwy flynedd wedi hynny bu Felix farw yn 62 mlwydd oed. Ychydig a feddyliwn wrth ei adael yn Limburg mai dyna'n *'Auf Wiedersehen'* olaf ni.

* * *

Mwyaf yn y byd o flynyddoedd o brofiad fel athro sydd gan rywun, amlaf yn y byd y daw rhywun atoch a gofyn neu ddweud, 'Ydach chi ddim yn fy 'nabod i?'

Yr hyn fydd yn codi 'nghalon i ydyw fod cyn-ddisgyblion yn dal i'm hadnabod i, wedi bwlch o ddeugain mlynedd yn achos rhai ohonynt. Ynteu, ai bod yn garedig y maent wedi iddynt ddeall pwy ydwyf! Mae'n anos i mi eu hadnabod hwy gan mai wynebau plant oeddynt pan welais y rhan fwyaf ohonynt ddiwethaf.

Mwynheais bob munud o'm bywyd fel athro, diolch i rai fel Mr Breese, Miss Gwyneth Jones a'r holl athrawon a fu'n cyd-weithio â mi, a phawb arall a fu ynglŷn ag addysg yn ei holl agweddau yn ystod fy nhymor gwaith. A diolch wrth gwrs i'r plant a gadwodd fy ysbryd yn ieuanc, er gwaethaf ambell sefyllfa o embaras, fel yr hyn a ddigwyddodd yn y Gwasanaeth boreol un tro. Yn Amlwch byddwn yn cymryd Gwasanaeth y bore gyda'r plant iau yn neuadd yr ysgol. Rhyw ddau gant a hanner i dri chant o gynulleidfa ynghyd â naw neu ddeg o athrawon. Cymerid Gwasanaeth y babanod ar wahân, drwy ddiffyg lle yn yr ysgol i bawb gyda'i gilydd. Plant y dosbarthiadau, dan arweiniad pob athro yn ei dro a gymerai'r rhannau arweiniol ar thema amserol ac addas a byddwn innau'n ychwanegu rhyw air neu ddau ar y thema i gloi.

Un tro, Gandhi oedd y testun, a'r Gwasanaeth yn talu teyrnged uchel i'r gŵr mawr hwnnw. Penderfynais ychwanegu'r hanesyn am Gandhi yn cael ei wrthod i fynd i eglwys yn Ne'r Affrig oherwydd lliw ei groen. O'm blaen yn y rheng gyntaf, newydd ddod i fyny o'r Babanod, 'roedd bachgen gwalltddu, tenau. Esgyrn ei ben-gliniau oedd mannau tewaf ei goesau ac o'i wyneb main gwaeddai ei lygaid mawr duon am sylw. Codasai ei law ond ni chymerais unrhyw sylw ohoni gan fod daliadau ac aberth Gandhi wedi gafael ynof fi a'r plant. Daliai'r bychan i godi ei law a dywedais wrtho am ei rhoi i lawr nes imi orffen fy stori. Cododd ei law wedyn yn eiddgar. 'Wyt ti eisiau mynd i'r toiled?' gofynnais. Ysgydwodd ei ben ond ni roddodd ei law i lawr ac euthum innau ymlaen i fynegi fy edmygedd o Gandhi. 'Roedd yr hogyn bach yn tynnu sylw pawb ato'i hun erbyn hyn gyda'i ddycnwch di-ildio a gofynnais iddo'n ddiamynedd beth oedd yn ei boeni. 'Ges i gynta' am 'neud Gandhi yn carnifal Amlwch yn holides 'rha,' meddai, a dyna ddwsin o eiriau'n difrïo'n gyfan gwbl fy mhregeth ddwys a chwalu sancteiddrwydd Mahatma Gandhi yn racs gyrbibion mân!

Pan ofynnodd rhywun i Adlai Stevenson sut 'roedd o'n teimlo wedi iddo golli etholiad am Arlywyddiaeth yr Unol Daleithiau, atebodd, *'It hurts too much to laugh and I'm too old to cry.'* Felly y teimlwn innau, er y bu bron imi â dweud, 'Llongyfarchiadau, 'machgen i, am gael gwobr gyntaf mewn carnifal.' Hynny oedd yn bwysig iddo fo!

Dro arall, thema'r Gwasanaeth oedd y newyn a'r angen yn Ethiopia. Apeliais, nid yn unig am gydymdeimlad â'r anffodusion ond am inni wneud rhywbeth fel codi arian yn yr ysgol i anfon cymorth iddynt. Y bore Llun dilynol daeth mam un o enethod bach ieuengaf yr adran iau i adrodd hanes rhyfedd wrth athrawes y ferch fach.

‘’Roeddwn yn Debenhams ym Mangor brynhawn Sadwrn gyda Siân,’ meddai, ‘pan ofynnodd am rywbeth i’w fwyta. Rhoddais frechdan iddi ac aeth yn syth at ryw ddyn du wrth gownter yn ymyl a cheisio stwffio’r frechdan i’w law. Euthum atynt i nôl Siân oddi yno ac i ymddiheuro i’r dyn du. Doctor yn Ysbyty Gwynedd oedd o. Nefoedd fawr, ’roedd gen i g’wilydd.’

Mae’n rhaid fy mod wedi pregethu gydag arddeliad arbennig nes peri i Siân fach gymryd yn ei phen fod pob dyn du eisiau bwyd!

Fore arall soniwn am Iesu Grist yn y deml yn ddeuddeg oed ac yn holi’r doctoriaid, a’r Iesu’n dweud wrth ei dad a’i fam fod yn rhaid iddo wasanaethu ei Dad yn gyntaf. ’Roedd plant un dosbarth yn ysgrifennu’r hanes wedyn yn eu llyfrau, a dyma fel ’roedd un plentyn yn cofio fy ngeiriau: ‘Dywedodd Mr Jones fod Iesu Grist wedi dweud wrth Mair a Joseff pan gafodd o row ganddynt am fod yn y deml bod yn rhaid iddo fo saethu ei dad yn gyntaf.’

‘Sgersli bilîf!’ chwedl Ifans y Tryc.

Ymddeol

Yn Nhachwedd 1971 daeth Sbaenwr o'r enw José Martine i ysgol Amlwch i gael gair â mi. Daearegwr ydoedd, un o'r goreuon drwy'r byd, ac yn gyflogedig gan gwmni mwyngloddio o Ganada a oedd yn gwneud arolwg o fwynau ym Mynydd Parys. Dim ond gair neu ddau o Saesneg oedd ganddo a'i ddymuniad oedd i mi ddysgu rhagor iddo er mwyn ei gynorthwyo yn ei waith ar Fynydd Parys. 'Roedd o'n ddyn deallus iawn, wrth gwrs, ac yn cymryd at ieithoedd yn naturiol ddigon. Ni fu fawr o dro cyn dod i sgwrsio'n eithaf rhwydd ar lefel elfennol.

Cyn i José Martine adael Amlwch am y tro olaf holais ef am ei ddarganfyddiadau ar Fynydd Parys a'r rhagolygon am ailddechrau cloddio copr yno. Oedd, 'roedd yno ddigon o gopr ar ôl dan y ddaear, yn ogystal ag ychydig o blwm, arian, sinc ac aur. Aeth ymlaen i egluro imi fod swm enfawr o gopr ar wyneb Mynydd Parys hefyd. 'Mae 'na,' meddai José, 'o leiaf ddwy filiwn o dunelli o gerrig rhydd neu rwbel hyd yr wyneb. Cerrig ydynt oedd yn cynnwys helaethrwydd o gopr ac a dyrchwyd o grombil y mynydd. Wedi'u cael i'r wyneb byddai'r gweithwyr a'r 'copar-ladis' yn tynnu'r copr o'r cerrig ac yn eu gadael yn ddiwerth ar yr wyneb. Ond gan mor amrwd oedd eu dulliau o dynnu copr mae o leiaf 2% o gopr ar ôl o hyd yn y cerrig yna.'

'Mae dau y cant o ddwy filiwn o dunelli yn ddeugain mil, José,' meddwn.

'Ydi,' meddai, 'mae'n debyg fod yna ddeugain mil o

dunelli o gopr ar wyneb Mynydd Parys yn disgwyl i wneud miliwnydd o rywun!'

Proffwydodd José Martine y byddai'n talu i rywun ailddechrau mwyngloddio yno pan ddeuai pris copr i lawr wedi i'r chwarelu agored am gopr ddarfod yn Zambia a lleoedd eraill.

'Beth ydi pris copr ar hyn o bryd?' gofynnais.

'Naw cant o bunnoedd y dunnell,' meddai.

'Nefoedd fawr! Dyna werth tri deg chwech o filiynau o bunnoedd!'

Deuai'r wybodaeth a gefais gan José Martine yn ôl imi rŵan ac yn y man yn ystod y blynyddoedd, yn enwedig pan holid fi ynghylch beth oeddwn am ei wneud ar ôl ymddeol. Fy ateb yn aml fyddai, 'Prynu dwy filiwn o dunelli o gerrig wâst a'u troi'n werth £36,000,000 o gopr mewn pum mlynedd.' 'Roedd y cynllun yna yn ddigon o symbyliad i unrhyw un ymddeol debyg! Ond na, 'roeddwn wrth fy modd fel ysgolfeistr yn Amlwch, yn mwynhau cymdeithas y plant, athrawon, rhieni, staff y gegin a'r glanhawyr. 'Roedd y tri gofalwr a fu yno gyda mi yn dipyn o gymeriadau.

Iorwerth Griffiths, y gŵr a'm dysgodd i bysgota pluen, oedd y gofalwr yno pan ddechreuais yn yr ysgol. Yn enedigol o Dal-y-sarn ni wyddai ddim am R. Williams Parry pan holais ef amdano ond fe ddywedodd rywdro pan adroddais englyn wrtho, 'Bob Rhiwafon oedd yn un da am ryw bill, Mr Jôs, a hen hogia', fel maen nhw, yn gweiddi Bardd yr Ha' ar ei ôl o.' Wrth gwrs, R. Williams Parry oedd Bob Rhiwafon, ac oedd, yr oedd o'n un da am ryw bill!

Tom Jones ddaeth yno wedyn ar ôl Iorwerth Griffiths,

ac 'roedd o mor ddifrifol ynghylch popeth, yn enwedig undebaeth. Cofiwn ef yn Llanfachraeth, ac yntau'n ddyn ifanc, pan oeddwn i'n blentyn ysgol. Dilynwyd ef gan Huwi Griffiths, yn afiaith i gyd, yn gymwynaswr ac yn hwyl i'r plant. Wedi penodi Huw'n ofalwr ni feiddiai'r un hwligan ddod yn agos i'r ysgol, Sul, gŵyl na gwaith, a phan ymddeolodd oherwydd afiechyd yn ddiweddar, gwneuthum benillion i'r achlysur a hwn yn un ohonynt:

Ti'n cofio'r hwliganiaid
A ddeuai yn eu tro
Ar gyda'r nosau i'r ysgol
I herio bar a chlo,
Nes iddynt ddod i'th afael,
A dweud rhwng marw a byw,
Fod Bwldog a Rottweiler
Yn saffach na chdi, Huw!

Cefais oriau o ddiddanwch yng nghwmni Dewi Williams hefyd. O'r holl athrawon a adnabûm ef oedd y mwyaf gwreiddiol ei sylwadau. Pan ddaeth y Cwricwlwm Cenedlaethol i fod, a minnau ar fin ymddeol, treuliem ambell nos Fawrth yn trafod ac yn anghytuno â'r bwriadau i brofi plant o hyd. 'Pwy sydd tu ôl i hyn i gyd?' gofynnodd Dewi. 'Ai'r Llywodraeth?'

'Y Llywodraeth sydd am ei roi mewn grym,' atebais, 'ond athrawon sydd o'r tu ôl i'r syniadau ynddo.'

'Athrawon!' meddai. 'Nefoedd fawr, mae hyn fel tase criw'r Titanic wedi bildio *iceberg* i'w suddo nhw'u hunain!'

Ar wahân i'r ffaith fy mod yn hapus yn fy ngwaith, penderfynais ohirio ymddeol hyd nes byddai'r gwaith adeiladu wedi'i gwblhau ar yr ysgol newydd, ac imi gael hefyd rhyw flwyddyn arall o fwynhau'r adeiladau newydd. Felly, oedais am ddwy flynedd wedi fy nhrigain oed cyn anfon hysbysiad o'm hymddeoliad i'r Cyfarwyddwr Addysg yng Nghaernarfon. Ar ffurf tri englyn yr anfonais y rhybudd at Mr Gwilym Humphreys:

Mi ddaw amser ymddeol — yn y man
I minnau o f'ysgol,
Awr i ffoi o ruthro ffôl
A sŵn, i hedd pensiynol.

Ac eto gwerthfawrogaf — a gefais,
'R atgofion drysoraf,
Oes o weithio mewn bro braf,
Oes o hwyl i'r wers olaf.

Diofal ddyddiau difyr — ddaw arnaf
Ddiwrnod d'wethaf Rhagfyr,
Wyth deg wyth, dyma lythyr
Fy notus yn felys fyr.

Fy rheswm pennaf dros fod eisiau ymddeol mae'n debyg oedd fy awydd i gael treulio mwy o amser gyda fy niddordebau — darllen, ysgrifennu, barddoni, pysgota, gwaith llaw, gwyddbwyll, snwcer, tynnu lluniau, garddio, gwylio chwaraeon, mynd ar wyliau a golffio ac ati. 'Roedd paratoi anerchiadau i gymdeithasau a phregethu tipyn ar Suliau hefyd yn galw am fwy o sylw gennyf. Tra'n gweithio ac wrth chwenychu mwy o'r mwynhad a gawn o'm horiau hamdden prin 'roedd yn rhaid wynebu'r ystyriaeth a glywais gan fy nhad ers talwm — 'A faint o flynyddoedd wyt ti'n feddwl sydd gen ti ar ôl, Rhisiart?' Ie, 'roedd yn amser rhoi pleser gwaith o'r neilltu a cherdded i bleserau diddorol, hamddenol a dilyffethair ymddeoliad.

Ar y dechrau, teimlwn yn chwithig iawn o fod gartref, neu yn hytrach, o beidio â bod yn ysgol Amlwch. Gan fod y ffliw wedi fy nal, swatiais yn fy ngwely. Yn ddiarwybod i mi fy hun efallai fy mod yn ceisio fy nghysuro fy hun mai gartref yn sâl yr oeddwn ac nid wedi ymddeol am byth o'r ysgol. Wedi i'r ffliw glirio dechreuais fwynhau o ddifrif y gwyliau hir oedd yn ymestyn o'm blaen. Er mwyn cael y mwynhad mwyaf o bleserau hamddena, rhaid i mi, beth bynnag am eraill, drefnu fy mywyd yn weddol ofalus. Ond trefn ydyw y gellir ei hystwytho yn ôl fy mympwy fy hun neu ofynion rhesymol aelwyd a chymdeithas — neu'r dywydd! Mae trefn o ryw fath yn hanfodol i gyflawni un o amodau Rudyard Kipling yn *'If'*:

. . . to fill the unforgiving minute
with sixty seconds worth of distance run.

Byw pob munud, gan na fwriadwyd i mi wybod sawl curiad calon sydd gennyf ar ôl.

Ni allaf eistedd yn llonydd a gwneud dim. Ni allaf ychwaith hefrian yn fy ngwely yn hwyr yn y bore er fy mod i'n ddicra iawn o fynd iddo nes daw hi'n hanner nos neu hwyrach — ynteu boreuach!

Treuliaf lawer o'm hamser yn cymdeithasu. Mae rhai o'r cymdeithasau y perthynaf iddynt o natur fwy amhersonol, fel Y Ford Gron yn Amlwch, Clwb Cinio Ynys Cybi, Dosbarth Addysg y Gweithwyr, Llanfechell ac ati. Ffurfiwyd Cymdeithas i 'Athrawon Wedi Ymddeol' ar ôl i Ellis R. Jones o Gaernarfon a minnau fod yn Stoke Rochford ar gwrs 'Ymddeoliad Athrawon'. Mae'r gymdeithas hon wedi mynd o nerth i nerth yng Ngwynedd hyd at tua chant o aelodau bellach, ac yn cyfarfod yn rheolaidd ddeufisol yn y Victoria, Llanberis, gyda rhaglen amrywiol o sgyrsiau a gwibdeithiau a chlebran am bopeth ond addysg. A dyna f'aelodaeth yng nghapel Ebeneser, Llanfechell wedyn; fel Annibynnwr, byddwn yn ddigon hapus i weld un capel yn ein hardal yn lle'r pedwar a geir yno. Hoffwn weld chwalu'r enwadau i uno Cristnogion.

Mae chwarae snwcer yn wythnosol yn Nhrearddur gyda Len Roberts, Llew fy mrawd a Dennis Jones yn esgus dros gymdeithasu mwy personol. Gan gymaint fy hoffter o chwaraeon 'does dim rhaid i neb swnian arnaf 'Ji-Ji Wa-Wa'! Gan fy mod yn hoff iawn o wylio rygbi mae gemau rhyngwladol Cymru yn tynnu rhyw griw bach ffyddlon at ei gilydd i'n tŷ ni i gymdeithasu'n felys. Mae Clwb (Gwylio) Rygbi Annedd Wen yn dathlu chwarter canrif yn fuan iawn ond 'dydi'r chwarter canrif ddim wedi newid llawer ar Dewi Wiliams, Don Pritchard, Emyr Griffiths, Richard Coupe, Richard Griffiths a Dennis Jones. Mae cymdeithas gyfyng deuluol hefyd i'r rheiny ohonom o'r teulu fydd yn croesi i Iwerddon weithiau i fwynhau'r môr a'r llong, gyda Lena a Marian yn drefnyddion brwdfrydig.

Pan gytunodd Telynfab i ffurfio tîm i gymryd rhan yn rhaglen radio Talwrn y Beirdd yn 1979 cychwynnwyd cymdeithas o ddiddordeb arbennig i mi. Am ryw reswm newidiasom enw'r tîm yn flynyddol — Ynys Môn, Bro Goronwy, Cantref Cemais, Mynydd Parys, Cylch y Garn, Leinws, Sgeris, Talybolion, Derwyddon, Tuduriaid, Bro Mechell, Gwlad y Medra', 'Rhen Deulu a Bro'r Arwydd. Mae cwmni Telynfab, Glyndwr Thomas, Dewi Mathafarn, Geraint Persi Jones a Richard Coupe wedi bod yn wleddoedd o seiadu barddol i daclo tasgau'r Meuryn. Bu eraill hefyd yn ein tîm o dro i dro — Mair y Wern, Machraeth a 'J.W.' Llannerch-y-medd. Mae un peth yn hanfodol i aelodau'r gymdeithas hon, sef derbyn beirniadaeth cyd-aelodau er lles y tîm, ac o hynny mae'n bosibl i hunan-feirniadaeth aeddfedu. Buom yn ddigon gloyw i ennill y Ffeinal ddwywaith ac yn ddigon di-liw i golli gornestau sawl gwaith. 'Roedd yr hwyl a'r blas a gawsom ar gyfansoddi a phaldaruo yn y 'seiat' yn llawer mwy nag unrhyw siom o golli o flaen y meic.

Hoffwn petae'n bosibl mynd yn ôl i orwedd ar y mat racs ar lawr cegin Tŷ Capel a chychwyn eto i'r croesffyrdd yn fy mywyd a gweld beth fuasai fy rhawd wedi bod i gyfeiriadau gwahanol. Beth petaswn, er enghraifft, wedi dilyn dymuniad fy nhad a mynd yn weinidog gyda'r Annibynwyr? Ymhle y byddwn i wedi treulio'r rhan fwyaf o'm hoes tybed? Neu beth petawn i wedi mynnu mynd i'r môr fel fy nghyfeillion ysgol Eric March, John Emlyn Williams ac Arfon Jones a fu'n brif beirianwyr ar longau Caergybi am flynyddoedd? Ymhle y byddwn i wedi setlo i lawr wedyn? 'Roedd hi hefyd yn bosibl i mi fod wedi aros yn yr awyrlu am oes a phriodi a chartrefu ymhell o Fôn. Beth petawn wedi derbyn y cynnig i fynd yn athro i Slough . . .

Petawn a phetaswn. . . . Clytiau cymysg o'r di-liw a'r lliwgar wedi eu cyfrodeddu ynghyd yw bywyd wedi'r cwbl. Nid annhebyg i'r mat racs y gorweddais arno 'i farw' dros bum mlynedd a thrigain yn ôl.